A HISTORY OF
ADVERTISING
STUDY
IN CHINA

北京大学广告学丛书 | 陈刚 主编

中国广告学术史论

祝 帅 | 著

图书在版编目（CIP）数据

中国广告学术史论/祝帅著.—北京：北京大学出版社，2013.4
（北京大学广告学丛书）
ISBN 978-7-301-22339-0

I.①中… II.①祝… III.①广告－历史－中国 IV.①F713.8-092

中国版本图书馆CIP数据核字（2013）第062732号

书　　　名：	中国广告学术史论
著作责任者：	祝　帅著
责 任 编 辑：	黄敏劼
标 准 书 号：	ISBN 978-7-301-22339-0/G·3600
出 版 发 行：	北京大学出版社
地　　　址：	北京市海淀区成府路205号　100871
网　　　址：	http://www.pup.cn　新浪官方微博：@北京大学出版社 @培文图书
电 子 信 箱：	pw@pup.pku.edu.cn
电　　　话：	邮购部 62752015　发行部 62750672　编辑部 62750112
	出版部 62754962
印 刷 者：	三河市腾飞印务有限公司
经 销 者：	新华书店
	650毫米×980毫米　16开本　19.5印张　322千字
	2013年4月第1版　2013年4月第1次印刷
定　　价：	39.00元

未经许可，不得以任何方式复制或抄袭本书之部分或全部内容。
版权所有，侵权必究
举报电话：010-62752024　电子信箱：fd@pup.pku.edu.cn

目 录

序　广告研究的历史感与理论感　　陈刚　001

绪　论　"历史"与"理论"维度中的中国广告研究　001
　　　第一节　研究对象与范围　001
　　　第二节　研究现状与综述　010
　　　第三节　研究方法与体例　017

第一章　"广告学"在中国的诞生
　　　　——二十世纪上半叶的中国广告研究综述　025
　　　第一节　清季民初"广告"概念在中国的出现　026
　　　第二节　"广告学"及其在中国生成的谱系　039
　　　第三节　早期中国广告学研究的总体风貌　049
　　　小　结　056

第二章　在商业与政治之间
　　　　——新中国前三十年广告研究的格局及其主题　057
　　　第一节　广告研究主题的分化与拓展　059
　　　第二节　文化 — 政治广告与广告文史研究的兴起　063
　　　第三节　中央工艺美术学院及其商业美术研究　068
　　　第四节　"后文革时代"的外贸商业广告研究　074
　　　小　结　080

第三章　从"思想"到"学术"
—— 改革开放以来中国广告研究的学思历程　081

第一节　1979－1991：中国广告的正名与启蒙　081

第二节　1992－2001："实务导向"与"学科建设"　093

第三节　2002至今：中国广告学研究的机遇与挑战　104

第四节　中国媒介调研行业的反思与前瞻　111

小　结　124

第四章　"广告"与其他学科
—— 广告学的学术源头及其当代资源　125

第一节　心理学、经济学与中国广告学的发生　125

第二节　早期新闻、美术、伦理视角中的广告　143

第三节　广告文化研究的四种进路　158

第四节　"创意产业"在中国的诞生　168

第五节　广告学学科定位问题的讨论　174

小　结　181

第五章　从"本土情怀"到"中国模式"
—— 广告研究的全球化与本土化　183

第一节　本土情怀与家国想象　183

第二节　西方广告理论的引介与接受　190

第三节　围绕"中国元素"的实践与研究　198

第四节　"中国模式"的提出与理论创新　203

小　结　208

第六章　广告研究方法的范式转换
　　——兼论广告学研究的定量与定性之争　209
　　第一节　中国广告学"研究方法"意识的兴起　209
　　第二节　广告实证研究方法的历史性登场　216
　　第三节　广告定量研究的进展与方法论反思　223
　　第四节　广告定性研究方法与批判研究的复兴　228
　　小　结　233

第七章　实务·理论·历史·批评
　　——广告学研究框架的建立　235
　　第一节　实务研究主流格局的确立　235
　　第二节　理论体系的构建与交叉学科研究的兴起　242
　　第三节　广告史的形成与建构　254
　　第四节　当代中国广告批评的三个问题　278
　　小　结　286

结　语　"学术史"研究范式及反思　287
　　第一节　本书的意义与贡献　287
　　第二节　本书的局限与讨论　290
　　第三节　本书的方法论反思　293

主要参考文献　299

后　记　305

序
广告研究的历史感与理论感

当年在我读博士的时候，恩师叶朗先生经常强调做美学研究应该在三个方面着力：审美感、历史感、理论感。审美感是对现象的敏感性，是对问题的准确意识。历史感是在学习、研究和生活的过程中，对特定历史时期变化的总体感悟。历史感是判断和分析问题的基础，只有基于历史感，才能对现象和问题的价值与局限有深刻的理解和认识。理论感则是在审美感和历史感基础上的提炼、概括和表达能力。真正有价值的广告研究，实际上也是需要在三个方面着力：对行业的敏锐感受，对历史发展的整体把握，从理论层面的准确表述。

近年来，北京大学的广告学研究群体特别关注当代中国广告史的梳理和分析。这些年在很多场合，我都在讲中国的广告业缺乏历史感。正如只有研究一条河流的发源和流动的轨迹，才能更好地判断现在的位置，以及将来的流向变化。没有历史感的行业，一定是浅薄而轻浮的，因为我们无法确定自己的特质是什么，我们不知从哪里来，也不知要到哪里去。我们无从判断各种现象的价值和局限，于是只能纯粹描述性地就事论事，或者盲目地同其他国家和地区的广告业发展进行没有可比性的比附。由于没有历史感，也导致了广告研究领域很多混乱荒谬的观点和研究的出现。作为广告研究的学者，尤其应该推动广告业历史感的形成和塑造。

祝帅于2006年从中央美术学院考入北京大学，成为我指导的第一届博士研究生。祝帅具有很好的学术素养和学术积累。他在攻读博士学位之前，已经从事了多年的艺术和设计批评，是国内设计领域一位重要的评论家，这保证了他对行业有较长时间的关注和参与，能深入其中，而又能抽身而出；美术史、书法史等领域的学术背景，则保证了他有很好的判断力洞察广告研究领域出现的细微的变化，加以分析解读；在北京大学所接受到的人文社会科学综合的学术训练，又使得他熟悉各种研究方法，具备用准确的语言进行概括、提炼和传达的理论才能。这一切都保证了祝帅既能写作有见地的设计批评文章，也能进行学理性的历史和实证研究，并在这两个领域中都取得了大量的学术成果。

也因此，在我的建议下，祝帅把学术史的研究作为自己的一个主要学术方向，并做出优异的成绩。攻读博士学位期间及获得博士学位并进入中国艺术研究院从事研究工作后，他接连在《新闻与传播研究》、《国际新闻界》、《文艺研究》等新闻传播和艺术史领域重要期刊上发表学术成果，获得北京大学研究生学术十杰的荣誉称号；同时远赴南京、上海、重庆、杭州等地图书馆、资料馆搜集民国时期学术文献，他在广告学领域的研究全面地论述了从晚清五四以降，"广告"观念在梁启超、徐宝璜、苏上达等几代学人的推动下，经由日本传入中国并逐步建立起整体学术框架的历史进程，并在此基础上反思了改革开放以来中国广告学学科建设的诸多议题。他的博士论文获得校内外专家的一致好评，并被评为北京大学优秀博士论文。

眼下呈现在学术界专家和各位读者面前的这部《中国广告学术史论》，便是祝帅积博士期间所学所研，并整合最新的研究进展的一部专著。这是他的第五本书，但却是中国广告领域中第一部以百年中国广告学术流变为研究对象的专著。因此，这本书对于行业的意义或许比对于作者本人的意义更大一些。这是因为研究中国广告学的发展，一定要有历史和理论两方面的意识，这样才能准确地判断中国广告学术发展和流变的特点。而广告学的发展始终是在延续中向前推动，也只有从学术史发展的整体视角切入，才有可能探究和把握中国广告研究演进的规律及其未来走向。

我相信，随着学术研究的细分，广告史和学术史将在广告研究和教育领域内扮演越来越重要的角色，我也相信年轻有为的祝帅的这部专著，将在这个过程中发挥积极的作用。正因此，我和作者共同期待这部专著在广告学界及相关领域引发更多的反响与倾听。

是所望焉，谨序。

陈　刚
2012年12月31日
于北京大学新闻与传播学院

绪　论
"历史"与"理论"维度中的中国广告研究

本书的叙述围绕"历史"维度中的中国广告研究而展开。标题中所说的"学术史论",是对广告学领域业已出现的理论研究著述的"元"研究——针对现有广告史论成果所进行的历史研究与理论反思。在中国,现代意义上的广告已经有了一个多世纪的发展历程,百余年间,除了诞生了一些将被记载在广告史上的经典广告案例之外,还出现了许多极其精辟的对于"广告"的理论论述,这一部分成果是相对容易被人忽视的。长期以来,学术界对于这些研究成果的历史梳理和理论研究还并不多见。本书即是从学科建设和学术理论的高度,对广告学在中国兴起以来的一个多世纪中,几代学者对于广告的理论思考的"再研究"。

第一节　研究对象与范围

需要看到,20世纪中国与广告相关的学术与思想言论即便不算是"汗牛充栋",也足以让不少希望真正进入学术史领域的研究者望而却步。从晚清到今日,中国文献中有关"广告学研究"的议题浩如烟海,事无巨细地做一部"道藏"或者"全唐文"式的"汇编",在我看来既不可能,也无必要。在将近一个世纪以来的"广告"文献中,究竟哪些文字可以成为学术史的史料?我们选取、甄别史料的价值标准是什么?这些问题如果不加以明确,很有可能使得广告学术史成为一部事无巨细的"史料长编",从而缺乏理论的意义与价值。因此,有必要对广告学术史的研究对象与范围进行界定。

1. "广告学"与其他学科的边界

如何区分"广告"、"设计"、"工艺美术"、"商业美术"、"营销"乃至"新闻"等几种边缘学科的界限，确立明确的广告学学术史的研究对象，首先成为本书一个必须回答的问题。应该说，这是一个自从 1984 年"广告"学科正式建立后便一直受到关注的问题，但现有的一些结论都过于理想化或者不得要领。这在很大程度上是因为在英文中，用来指涉"广告"的两个名词"Advertising"和"Advertisement"的不同，在翻译成中文的过程中常常被人们所忽视。在中文文献中这两个词都被译为"广告"，但其实前者指的是一种科学的广告营销传播运动，而后者指的是一条条具体的广告作品。如果只阅读中文的话，往往容易忽视这两个词在内涵上的细微差别。于是，很多误解以及不在一个层面上的讨论便应运而生。这其中一个集中的表现便是我们国家广告学界 80 年代产生的"广告是艺术还是科学"的大论争。

那场论争是以"科学派"的大获全胜而告终的。但也许不为很多广告界学者所熟悉的是，其实在我国工艺美术界内部，80 年代也曾经出现过所谓"工艺美术"与"现代设计"的争论。在很多学者的使用中，"现代设计"这个提法已经开始呈现出一种脱离艺术学话语的倾向。[1] 已经具备了市场研究和营销观念的现代设计研究，应该成为广告学学术体系中的组成部分。这种现代设计与传统的"工艺美术"有着很大的不同。毫无疑问，尽管我们"不应把传统手工艺和现代工业美术对立起来"，[2] 但作为一种 20 世纪以来才出现的行业，"现代设计"与传统的图案、工艺美术的区别总还是客观存在的。尤其是在学术史研究中，这些概念同样不能完全等同起来。

学术界公认，广告学是一门交叉学科：一方面，广告创意设计作为一种文化现象或者设计艺术的门类，自然有人文学科的重要品性，眼下中国很多"艺

---

[1] 例如，许多研究者注意到陈之佛等人当时使用的"图案"一词就是英文"设计"（design）的汉译。但指出这一点，并不等于说陈之佛对"design"的理解就是现代意义上的广告，可以说，他对"图案"的理解尽管要广于雷圭元时期的理解（纹样），但至少仍有两方面与今天的"设计"有明显不同：其一，"图案"仅仅指方案、图纸，而不会用来指称最终的设计完成品；其二，从陈之佛个人的实践来看，"图案"相对集中在平面艺术方面，我们不可能指望陈之佛的"尚美图案馆"设计建筑、汽车、服装、现代工业产品等其他"广告"门类。当然，"图案"一词在不同时期、不同学者甚至同一学者的不同文章中往往都有不同的用法，不能一概而论。

[2] 张道一：《实用美术的类别》，本社编《实用美术》（14），上海人民美术出版社，1983 年。

术设计类"的广告学专业的普遍存在和被社会接受也证明了这一点；另一方面，"广告"又是一个典型的"现代性"概念——它是伴随着20世纪工业生产的发展而建立起来的，不可避免地要与20世纪每个具体历史时期的经济、政治、新闻传播甚至法律发生密切的关系。在80年代"艺术派"的广告研究中，很多人都注意到了广告的"审美教育"职能，无疑这是广告的一个重要属性，是由其人文学科（艺术）这一方面的特点决定的。但好的广告同时还在潜移默化地承担着对公众进行"现代性启蒙"的任务（事实上20世纪以来人类的生活方式在很大程度上受到了现代广告的支配），这是其社会学科一方面特点的体现与流露。这一点却很少受到广告理论研究者的关注，或者没有把这两种职能从理论表述上区分开来。

从这个意义上说，我们在当今的学术体系中谈及的"广告"，在根本上只能是"现代广告"，这既使它区别于"工艺美术"、"图案"等等传统的学科和职业，也是与文学、美术等传统的艺术门类有着很大区别的地方。尽管完全可以说古代的匾额、招幌等在那个时代承担了"广告"的某些职能，但这样大而化之、无所不包的研究，对于塑造广告学作为一门具有独特品性的学科不具有根本性的意义。这样看来，"广告"作为一种只可能出现在现代经济形态和工业化大生产之后的人类行为活动，与历史中的"工艺美术"有必要明确地区分开来。至于现有的"中国古代广告史"研究，在现代广告学的视野中是不成立的。本书谈及的"广告"仅仅是一个现代性的概念，并不存在于中国古代，这些以"古代广告"为名的广告史，很多只是商业史、经济史或工艺美术史的"更名复制"，在某种程度上是广告学界整体环境中急功近利心态所促成的。[1]

还应该注意到的一个现实，就是近三十年来，随着专业划分的细密化，"学术"和"广告"逐渐隔阂，"广告学"成为一门专门化的学科，这种情形与20世纪上半叶经济学家、艺术学家、文学家来谈论"广告"的情况相比已经发生了很大的变化。原国家工商总局广告司司长郑和平曾经这样描述这种变化："我国广告理论研究已经不再是分散在企业经营管理、媒介传播，以及文学、艺术等多学科内部的边缘理论研究，而是从多学科出发，汇集成一股有中

---

[1] 如一本《中国古代商业广告史》专著，竟把当代书法家康雍为老字号的"同仁堂"题写的对联，错注为"雍正题写"。

国特色的广告专业学术主流。"[1]这种说法反映出广告学作为一门高等教育的学科独立建置以来朝着专业化发展的某些实情,但学术研究的专业化并不必然意味着学术共同体对于研究对象的垄断。至少作为一种现象,在今天,其实广告研究已经形成对于同一门知识(广告)分别从外部(如广告美学、批判学派、文化研究)和内部(如广告产业、广告心理、创意制作和营销传播)两个圈子、两条线索的研究格局。本书把研究视角定位于以"广告"作为研究对象的来自于人文社会科学领域研究者所从事的学术研究,这当然是以狭义的"广告学"学术共同体的研究进展为主体,但也不可避免适当涉及文学、文化、美学、艺术、营销、经济等领域研究者关于广告的研究与思考。这是因为在学术史研究中,对这些来自不同领域的研究成果进行超越专业壁垒的整体论述是很有必要的。广告研究当然要以"广告"为本体,广告本体的研究无论什么时候也应该成为广告研究的主流,但广告的文化研究、社会学研究等作为一种外围必要的补充也有其存在的价值,不应该被完全忽视。当然,来自于其他领域学者对于广告的研究,也应该建立在对于广告本体的把握上,只有了解广告本体的外围研究才具有广告学术史的意义和价值。

2."学术史"与相关研究的区别

如果说以上我们已经从一个维度厘清了"广告学"学科内容的话,那么"学术史"与文献史、思想史、学科史、史学史等邻近研究的关系,就成为接下来本书必须处理的一个问题。在"学术史"向各个具体人文领域内部狭义化的过程中,一个至关重要的学科问题也逐渐凸显,即学术史与原先的学科发展史如何严格区分?这种区分是否有必要,以及如何可能?以哲学为例,作为一门理论学科,哲学首先就应该区分于不能形成理论体系的"思想",哲学史自然也就可以看作哲学理论的发展史。那么"哲学学术史"是什么呢?如果我们肯定存在这样一门学科的话,则这个学科至少应该包括两方面的内容:其一,哲学史写作的历史,即"哲学史学史";其二,哲学理论著作的历史与评价,包括研究方法、著作体例以及语言写作方面的一些特色,可以附带谈到作

---

[1] 郑和平:《龙媒广告选书·序》,见马谋超《广告心理——广告人对消费行为的心理把握》,北京:中国物价出版社,1997年。

者的主要哲学思想,但无论如何不能以此为中心,以区别于"哲学史"。这两方面,如果说前者很容易做到的话,那么后者对于一位学术史研究者来说,是必须加以细致分梳的一个略显棘手的问题。

首先,是"学术史"与"思想史"的区分。"学术史"毕竟不完全等同于思想史,梁启超、鲁迅等人毕竟不适合作为广告学者来进行个案研究。20世纪前半期,广告研究尚部分地保留着传统学术"文史兼修"、"四部不分"的学术特色,因而如梁启超、蔡元培、鲁迅、闻一多等人都不是独立意义上的"广告学者"。以蔡元培为例,恐怕撰写中国现代的民俗学史、美学史、伦理学史、教育学史的时候都要提到他,而很难用现代学者这样"专业化"的标签去禁锢之。不光是广告,几乎任何一个学科在建构初期都不免会发生这种情况(例如古希腊的亚里士多德),至于所谓"专业化"仅仅是后来学术发展的产物。这就产生了这样一个问题:是否能够把这些学者的广告思想甚至广告理论和他们的文化观、文学观甚至实业观孤立开来?从史料的角度这样做当然并不困难。但是如果这样做,不但留给"广告"的文字数量有可能就不足以支撑"学科建构",更重要的是无法从整体上把握他们对于作为"艺术"重要门类的"广告"的思考。所以我并没有轻看早期学者们虽然没有直接谈论广告,但却与广告密切相关的一般文艺与文化教育的论述。例如对于鲁迅,他有一些精辟的见解虽然是由文艺的话题引出的,但却具有较为宏观的文化理论色彩,同样适用于广告和设计,这些论述可以被当作研究鲁迅广告思想史的重要史料和背景。只不过广告学术史更加关注的是通过论文或专著形式表达出来的学理著述,这些散见于书信、笔记中的非学理化的广告思想,只是本书进行相关学术史研究的背景资料,而并不是学术史研究的直接对象。

其次,是"学术史"与"教育史"的区分。在教育方面,新中国成立前期的燕京大学、圣约翰大学、岭南大学等教会院校即在新闻系中开设有关广告或报馆经营的课程,但这种探索很快便被变化的时局所中断。新中国成立后的广告教育在很长的一段时间内附属于商业美术教育,直到1982年"中国广告学会"成立,仍然是工艺美术领域中的学者占据广告学研究的中心位置。20世纪80年代以来,随着国家"工艺美术"教育的大规模建立,庞薰琹等商业美术领域中的学者写作了大量谈工艺美术学科及其教育的文章,庞本人也在"中国广告学会"(即中国广告协会的前身)成立时担任二顾问之一(另一位是徐百益)。作为工艺美术教育家,其理论色彩并不浓郁,仍然处于"思想"向"学术"的过渡阶段。严格地说,这种"过渡"指向的是"学科"而非"学术"。然而这一起点可谓命运多舛。接连发生的中国内部政治运动却造成了这样的局面:20世纪50—70年代的中国学术(包括广告研究)成果的整体价值,反倒比不上自由主义思潮浓郁的20世纪前半期。不过无论如何,庞薰琹等人在1949年后到"文化大革命"前夕这一阶段的文章却是20世纪中国广告学科建构过程中的一个重要环节,也是学术史上至少需要提及的。

这里涉及"学术史"与"学科史"的关系。孤立地看,"学术史"是超越了各个学科的边界的,但如果放在一个具体学科(比如广告)的语境中,这样的"学术史"就难免与"广告学科史"发生交叉,二者有重合之处。比如,"学术史"中不可避免要提到广告教育研究的一些重要成果,但学术史不是"广告教育思想史",而广告教育发展历程中的一些具体史实、当今广告教育格局等教育史内容,更不属于"学术史"的关心范围。这些内容是"广告学科史"的一部分;但"学术史"在广告教育方面则只需要关注那些具有"范式"价值并形成学术体系的广告教育思想和理论,它没有必要去关注当今各大院校广告专业的办学思想、宗旨和言论等微观层面的教学问题。

最后,是"学术史"与"史学史"的区别。"学术史"不能等同于"史学史","史学史"只是"学术史"的一个必要组成部分。"中国广告史学史"指的是对已有的"中国广告史"成果的分析、评价与综述。不过,广告史研究一直是中国广告学研究中的薄弱环节,新中国成立以前广告史著作的数量远远落后于体系性的广告学著作,如来生的《中国广告事业史》是最为系统的一部,值得进行个案式的解读。而新中国成立后的广告史研究,也一直要到陈培爱出版《中外广告史》(1997)教材和余虹撰写出第一部《中国当代广告史》(2000)之后才真正形成广泛的学术影响。因此中国广告学学术史研究,应该把史学史作为一个不可或缺的组成部分,但也不能像现代文学等相对成熟的学科那样,完全以"史学史"(如"现代文学史编纂史")作为学术史论述的线索。相反,我们必须把视野延伸到一个更广阔的天地——关注广告理论研究自身的发展历程。

在厘清了上述两重关系之后,应该说对于"广告学术史"的史料,就有了一个大致清晰的判断。但是,在面对史料的时候,除了尽可能多地占有一手材料，怎样根据自己的理论判断和学术视点进行"筛选"，进而从海量的文献中把握出那些在笔者的判断中具有学术节点价值和里程碑意义的文献，自然成为本书的一个中心任务。在学术史上，有关"源"与"流"的辨析，也自然伴随着大量的史料筛选。学术史研究没有必要事无巨细统统罗列，它只要去选取那些有历史价值和代表学术范式的成果进行论述，对于这样的成果不能有遗漏，并且必然是建立在全面获得已有成果的基础之上的。本书四、五、六、七各章的几个专题，就是笔者通过学科"元理论"层面的几个视角，根据对于"广告学"这门学科同其他人文社会科学的比照，对于学界的一些集中的思考进行的归纳。这些角度并没有穷尽广告学科反思的各个层面，但是它们对于学科建设是具有"范式"意义的几个重要问题。

总的说来，如果说史料获取的全面性是进行学术史研究的必要前提和准备，是一种纯粹"硬功夫"，那么，对于史料的大胆筛选，则更加体现出研究者的理论眼光和问题意识，即"史识"。这是本书始终高悬的一层学术史的追求。

3. 广告学术史史料的分类与甄别

对于广告学学术史来说，其"史料"主要体现为文字的形式。具体地看，广告学术史的史料，包括一般文章（报刊文章、演说辞、日记、讲义等）、学术论文（期刊论文、会议论文等）、著作（文集、专著、译著、教材等）等几大部类。[1] 在不同的历史阶段，广告研究者研究成果的发表平台可能有不同侧重。但是必须承认，并非所有的谈论广告的文字都属于"广告学"和严格意义上"学术史"的研究范围。从研究对象来看，对于"学术史"史料的甄别，涉及对于"学术"的标准，但是这个标准目前并没有形成量化的指标体系，因而需要靠作者个人来建构。

严格地说，"学术规范"应该是我们判断现代学术的一个必要条件和最低标准，但是"学术规范"的问题在中国学术界是经由《学人》、《中国书评》、《中国社会科学辑刊》等民间学术刊物的推动，于20世纪90年代之后才逐渐

---

[1] 本书对于"研究成果"的形态的界定，参见笔者在《2006年的中国广告学人与广告学研究》一文中的有关说明，载《广告研究》（即《广告大观·理论版》），2007年第1期。

提出来的。[1] 对于中国广告学界来说，作为一种"现代性的后果"，它属于中国广告学界正在解决和建立之中的一个问题。用这一标准去评价、判断百年广告学术史难免有些不公，那样的话会把很多对于学科建构有价值的文字排除在外。例如按照这一标准，大众传媒上的许多对于低俗广告的批评或者评论，乃至许多期刊（包括一些专业期刊）所发表的"学者型广告人"的"随笔"一类感想性质的文字，都不属于"广告学"的范围，这是因为如果按照严格"学术"标准来看，广告批评文章仍然属于"实践"的范围，只有对广告批评的理论反思——"广告批评学"才属于"广告学"。但是如此把"广告学"与一般的谈论广告的文字严格地区分开来，容易忽视广告学术史"历史性"的这一特点。因此，所谓"学术规范"这种"现代性的后果"，本身并不能够充当衡量历史上一切有关广告的文字的学术价值的判断标准。

事实上，任何一门学科的研究，都是经历了一个从简单到复杂的阶段的，我们不能说不符合学术规范的文字就是没有意义的文字。在任何一门学科发展的初期，想要把"思想"和"理论"作截然的划分都是很困难的，这也是几乎所有的"中国美学史"著作都要从老子、孔子这些并非严格意义上的"美学家"讲起（有的还会更宽泛地提到先秦时期"审美意识"的发展）的原因。正如同蔡元培所说的："我们知道，不论哪种学问，都是先有术后有学，先有零星片段的学理，后有条理整齐的科学。"[2] 在广告学理论发展和学科建构的历程中，也并不仅仅只有那些严格的"广告学"成果才具有学术价值。在"思想"与"学术"并没有获得严格区分开来的广告学建构之初，很多只是初具体系性的广告思想很有可能具有重要的学术价值，他们与狭义上的"广告学学术史"有承接的历史联系，甚至成为后来科学理论发展的必要前提，二者是紧密联系、不可分割的。这些具有特殊价值的早期的"广告思想"（当然这不是指当时一切有关广告的言论），同样是广告学科建构历程中的值得关切的方面。

随着1979年以来的拨乱反正与"为广告正名"，特别是1984年厦门大

---

[1] 关于中国学术界对于"学术规范"问题的集中讨论，参见杨玉圣的综述文章《九十年代中国的一大学案——关于学术规范讨论的备忘录》，载《中国书评》（香港），1998年创刊号。邓正来主编《中国学术规范化讨论文选（修订版）》，北京：中国政法大学出版社，2010年。

[2] 蔡元培：《美学的进化》，载文艺美学丛书编辑委员会编《蔡元培美学文选》，第122页，北京大学出版社，1983年。

学广告学专业建立以来,广告学学术也发展到一个新的阶段。在近三十年的历程中,"学术规范"乃至"广告学"的学科名称获得了确立,但随之而来的问题在于,有些经验性质的文字对于学科发展是很重要的,相反,有很多符合学术规范的文章却并无实际的价值。1980年以来,则有另外一种现象愈演愈烈,那就是"体系"性著作泛滥,低水平重复建设。这种现象的出现,固然与学科建设以及教材的需求息息相关,但同样很难把它们全部作为严肃学术史的对象。在学术史的写作中,当然没有必要对所有的成果都"兼容并包",它不应该(事实上也不可能做到)事无巨细地记载并描述所有符合"学术规范"这一最低要求的全部成果,而是要求研究者以史家的眼光对截至目前所出现的各种广告学论著作出严格的价值判断与清晰的学术源流梳理,在强调研究者的问题意识的同时,给予那些有特殊价值和"范式"意义的重要成果以应有的地位。因此,对于广告学这样20世纪以来的新兴学科而言,我们有必要在一个更为广阔的意义上来理解"学术史"——也即如上所述,将一些通常不被认为是理论形态的"思想史"的内容纳入资料收集的视野。

广告学术的评价标准,只有放在不同的历史时期和特定的环境中才能够确定。换言之,一个时期广告学术的价值,在于对那个时期广告业发展的回应,只有回应了广告业发展的时代议题的研究才是有价值的实务研究。没有回应业界的时代问题的研究有这样两种可能性:或是脱离了业界实务的外围研究,或是过于超前的实务研究。前者很难成为广告研究的主流,它们只能作为一种现象存在,而缺乏对于行业的实际贡献,这种广告研究常常在实质上只是其他人文社会学科理论的照搬,例如一些从其他学科(特别是人文学科)转而从事广告研究的学者,往往从事"广告美学"、"广告文化学"、"广告哲学"等研究,但这些研究的问题意识常常是对于其他学科的模仿,缺乏结合广告学本体的创新,因而能够得到广告学界认可的还并不多见。当然,这并不是否认外围研究的价值,而只是说,广告外围研究也必须建立在对于广告本体的了解和把握之上。难以得到学界和业界的关注和认可,就难以形成话题,从而无法对于业界产生真正的影响。而形成话题和学术讨论的跟进是一个问题从提出到真正深化的必要条件。例如,早在20世纪90年代中期,黄升民就在中国广告学界提出了媒介购买公司、广告集团化、公益广告的问题,但是这些话题在当时并没有引起人们足够的关注,围绕着这些议题的深入的学术讨论要到新世纪的广告学界才得以展开，因此，只有建立起这样一种动态的标准，我们才能够对广告学术史料作出正确的把握与判断。

但是，实务的价值又不同于学术的价值。对于广告学这门实用学科而言，真正的学术价值，是从所有具有实务价值的研究中筛选出来的在学术史上有永恒性的精华。在学术史的长河中，回应时代问题的广告学研究既有昙花一现的流星，也有一些真正触及根本问题，能够积淀下来成为学术传统的研究。一般来说，这种研究往往是触及一些深层次本质的问题，它们具有一种"范式（paradigm）"的开辟和更新的意义。这种研究或者是在方法论上的创新和贡献，或者是从理性认识的层面对于问题的深度追问和解读，它们往往是业界在不借助学界的力量和智力支持的时候无法独自承担的。这些真正具有学术价值的研究，往往才能充分体现出学界之于业界的特殊价值，以及学术自身发展演进的关键节点。这种研究恰恰需要学术史研究对它在学术发展的历程中做出正确的定位。

第二节 研究现状与综述

据笔者所掌握到的情况而言，目前国内大量的广告学研究者投入实务研究或者"广告学原理"、"广告学概论"这一类教材的写作，但至今没有一本研究中国广告学术史的专著问世。不仅如此，在各个"广告学"硕士、博士研究生招生单位（包括高校和研究机构）所开设的研究生课程中，长期以来也难觅"学术史"的字样。在广告这门学科不断走向成熟的今天，这已经不能适应本学科深入发展的需要。尽管在文学、史学、哲学、艺术等传统的人文学科领域中，学术史研究已经逐渐形成了一门"显学"，但在偏重于营销传播实务研究的中国当代广告学领域，20世纪中国广告学术史研究可算是一个名副其实的冷门。近年来，除笔者本人的相关研究之外，有一些学者围绕20世纪（特别是近三十年）中国广告学术研究历程写作了专门的论文，部分广告学概论、广告史教材或著作中对此也会有所涉及。

1. 文献基本情况

本书资料收集的范围和程序。对于不同历史时期，相关文献的收藏与获得方式几乎完全不同。

在20世纪上半叶的文献的收集方面，本书主要借助的是图书馆以及一部分网络资源。由于已经有郭瑾、张亚萍等学者对20世纪上半叶中国广告学文献的收藏与检索情况进行过专门的研究，虽然这些研究不多也并不深入，但是却是一个重要的起点和基础：这为"按图索骥"提供了方便。本书撰写的过程中，笔者比较广泛地利用了北京大学图书馆、中国人民大学图书馆的旧书刊、旧报刊阅览室，中国人民大学新闻学院资料室的旧书区，中国国家图书馆的缩微文献阅览室，并多次亲赴国内收藏民国图书较多，检索、取书也极为方便的南京图书馆进行原始文献和部分古籍的查阅与研究。这几所图书馆为我提供了绝大部分20世纪上半叶中国出版的广告学图书的原书阅览，与部分期刊、报纸的检索条件。由于古籍馆的调整和新馆的建设，国家图书馆在检索古籍和20世纪上半叶出版物原书方面有诸多不便，但是该馆正在陆续开放的旧图书全文扫描上网的数字检索系统，以及大成老旧刊数据库为笔者补充了包括《东方杂志》在内的许多原始资料。但这些系统在本书资料收集阶段还没有开发完成，因此只有一小部分民国图书是通过网上阅览而得，这也影响了对于期刊资料的全面收集。另外，或有极个别的孤本，因精力所限未能查阅原书；或有存目，但国内几家大图书馆都未见入藏。但总的说来，笔者利用北京、南京、上海等地的图书馆馆藏和网络资源，对于20世纪上半叶的老广告书进行了较为全面资料收集。这方面文献的工作，是本书第一部分的研究得以展开，并且在论述方面比较有心得和把握的重要前提。

在新中国前三十年的文献收集方面，情形与此有很大的不同。一方面，由于这三十年属于中华人民共和国（在学术界常常约定俗成地称之为"当代中国"或"新中国"，从而区别于"现代中国"或"旧中国"）的一部分，所以尽管在学术成果的形态方面与今天有很大的不同，但国内的图书馆几乎不会为这三十年设立单独的阅览室。另一方面，这一时期的广告学学术成果的形态与前一个阶段极为不同，从笔者的检索情况来看，除了几本20世纪50年代出版的"工商业美术作品集"或有关"宣传画"、"美术字"的书籍之外，并没有任何独立的广告学理论著作问世。因此经济、工商、美术类期刊论文，自然成了广告类文章发表的一个集中的阵地。清华大学研发的 CNKI 中国期刊全文数据库目前已经开始陆续上传 1919—1978 年间的期刊文献，对此笔者检索了 CNKI 收录文献中比较全面的文章。检索方法是：首先限定时间范围（1919—1978），之后同时按照广告相关主题词和笔者通过前期研究已知的重要作者姓名进行双重检索。此外，北京大学图书馆期刊部相关外贸、美术专业期刊的藏书则补充了另外一些文献。相信笔者对于这一时期的广告学文献的相关检索，在国内广告学界是比较早和比较全面的。

相对而言，改革开放以来的文献检索，由于有"CNKI"等论文检索数据库，似乎应该顺理成章地成为比较方便的事情，但其实在广告学界则不然。这是因为，《现代广告》、《中国广告》、《国际广告》等广告界的重要刊物，都不属于 CNKI 中国期刊全文数据库收录之列。也许在学术期刊论文检索系统看来，这三大广告期刊所刊登的文章，基本上都不符合"关键词—摘要—参考文献—注释"等学术论文的格式，然而恰恰是这些期刊（包括已收录的《广告大观》综合版及其理论版）和近年来一些"以书代刊"的连续出版物（如厦门大学主编的《广告学报》），为广告学研究贡献了重要的力量。在文献收集方面，本书通过北京大学图书馆相对比较全面的藏书，比较容易地找到上述几种杂志并进行全面的检索，从而对 CNKI 的遗漏进行某种弥补。

2. 广告学界内部自身的反思与梳理

从写作方法来看，广告学界内部的一些研究已经为学术史的研究作了很好的史料准备工作，但是，由于理论意识还有所不足，使得这些研究还更多停留在资料准备的阶段。在历史研究中，理论意识的觉醒是体现研究者"史识"的一个重要方面，也是"史"的专著区别于"综述"、"资料长编"、"大事记"等等其他非史学文体的一个重要特点。对于后一类的著作，比如一些学者每年发表的《xx 年度中国广告学研究报告》，或某次广告学术会议的"综述"等等，这些文献有很重要的资料价值，但它们本身并不是"史"的研究。再如年鉴、图典类著作，如 1988 年起连续出版的《中国广告年鉴》，龙之媒广告文化书店策划出版的《广告学术书香路》、《广告书香二十年》等中国广告学著作成果展图片集等，这一类辞书或按"大事记"的形式编排，甚或带有了某种"专题"性,但其题材决定了其著作图片丰富并配有简要介绍,具有很强的资料价值,但学术性及研究部分则嫌不足,因而只能为广告学术史学者提供研究所必需的背景素材,同样也不是广告学术史本身。因此严格地说,这些体例的著作本身都并不是"广告学术史"。

广告学界内部对于广告学自身历史的研究虽然不是很多,但作为一种史料的积累仍然是不能忽视的。首先是对中国将近一个世纪广告学术发展的综论。1999年,厦门大学教授陈培爱发表《20世纪中国广告学理论的发展》一文(《厦门大学学报·哲学社会科学版》1999年第4期)。作为中国广告恢复后的第一批广告专业的缔造者之一,陈培爱的学术背景是中文系中国现代文学专业。中国现代文学专业的研究对象的历史仅仅有30年(1919—1949),但由于新中国成立后特殊的意识形态的影响,使得中国现代文学史研究占据了中国现代文学研究的主体地位,出版了大量的《中国现代文学史》著作。因而,文学史的写作和体例,对于陈培爱来说毫不陌生,这种相关的专业背景也是他撰写出一部影响甚广的教材《中外广告史》的必要保证。但相比《中外广告史》中的有关论述,《20世纪中国广告学理论的发展》一文却并不是一部严格意义上的学术史,而更像是一篇学科发展的百年综述。这种体例也决定了该文并不将史料的考辑作为主要目的,而更多是在谈论作者对于广告学理论研究的个人见解。除《中外广告史》外,其他中国广告史研究的著作和教材中往往也会涉及有关学术史的章节或文字。但"教材"的体例决定了它们多是通史性质、适合初学者阅读的,而往往在史料方面欠缺深入的发掘,很多陈述还多有雷同肤浅之处,更遑论提炼史家独有的史识与论点等更高的要求。

新中国成立前国统时期(1911—1948)的广告学术史研究目前处于一种向纵深发展的深化阶段,已经有学者比较认真地搜集整理了中国国内藏书中目前所见较为全面的此时期出版物及其基本内容。2005年,中国传媒大学张树庭出版《广告教育定位与品牌塑造》一书(中国传媒大学出版社,2005)。该书前半部分为对于中国当代广告教育的大规模问卷调查,后半部分为几篇广告教育与广告学术研究的专论。其中包括《民国时期广告学术风貌初探》一文,作为该书的第九章,作者为中国传媒大学科研处的张亚萍。该文是一篇难得一见的对20世纪上半叶中国广告研究进行学术史探索的开创性作品。理论与考证的结合是该文的一大特色,作者提出了"中国广告学的生成"这一理论观点,并明确提出"广告学术史是广告史研究的一部分",极有创见。不足之处在于,由于作者的资料收集的局限,有大量的一手文献没有纳入作者的分析框架,使得理论和历史文本的结合有时显得并不紧密;与此同时,限于篇幅和思力,一些理论上的结论也有待于论证和深化。2006年,在读中国传媒大学广告学院博士研究生的郭瑾在北京、上海各大图书馆大量收集查阅一手文献的基础上,撰写了《民国时期的广告研究及其当代意义》一文(载《广告研究》2006年第6期)。作者前期大量的史料收集工作是本书具备较高学术价值和参考价值的前提。该文中作者对20世纪上半期中国广告学著作进行了检索与列表,并按照内容进行了初步的归类与统计,这些都对本书进行进一步的研究提供了极大的便利。这些都保证了该文将成为本研究领域中一段时间之内很难绕开的一篇研究文献。但由于篇幅的限制,该文的遗憾之处也在所难免:一是作者对于文献的检索集中在广告学专著方面,对一些散篇的论文,特别是其他学科的学者对于广告研究的论说没有被纳入进来;二是在"当代意义"这一部分,结合当代广告学研究发展阶段和状况的反思也还有待深入。

新中国广告学术的研究则分为两个时期,一个时期是建国后前三十年,由于这段时期曾经一度被人们想当然地认为是广告的空白时期,因而对于这一时期的广告史的研究尚不多见,更遑论对于广告学术的梳理和研究。相对而言,对于改革开放以来的三十年广告学术的发展,学术界的思考就多了起来。2008年以来,中国广告业界通过各种方式庆祝中国现代广告恢复三十年的契机中,也有很多学者开始反思中国广告学术发展三十年。在这方面主要的学术成果,体现为许正林、张惠辛主编的《中国广告学研究三十年文选》(上海交通大学出版社,2009)和陈培爱主编的《中国广告理论探索三十年》(厦门大学出版社,2009)两本论文集。前者的意义在于其史料价值,后者则收录了一些当今活跃的广告学人对于近三十年广告学术史的论述。此外,还有几类文献是本书进行广告学术史相关研究的基础。如广告学者的个案研究、广告学学科综述、广告研究方法论反思、广告教育教学思想研究类的文章。这方面的文献虽然不多,但是几乎每位成熟的广告学者都会在各种场合发表自己对于学术发展的意见和反思,这些反思很大程度上都带有学术史及对学术史进行理论判断的色彩。另外,《广告研究》(即《广告大观·理论版》)2008年还曾开设"广告学者研究"的专栏。这些文章也构成了"学术史"上一种独特的研究对象。

但目前的问题在于，很多广告学者由于并非学术史研究的专家，并没有真正广泛接触一手文献，对于三十年广告学术史的梳理不够，而是谈感想比较多，在学术史上的定位不甚清晰。尤其是近三十年学术成果与建国后前三十年以及建国之前广告学的内在脉络和历史联系还缺乏理论的梳理。目前虽然已经可以见到对于广告学术史上某家某派（比如徐百益）的详尽的个案研究，但还缺乏在一个更加整体的意义上——即从中国广告学术史的大背景中——对于这一类研究成果的整体观照。在广告学这门学科不断走向成熟的今天，这一类"点"的研究急需梳理。

3. 其他学科的学术史方法与思路

除此之外，来自于其他兄弟学科（如文学、新闻学）的学术史著作也是本研究的重要基础。在新中国成立之前，曾经有两位燕京大学新闻系的学生在毕业论文中采用了"引得（论著索引）"的形式，以传统目录学与现代图书馆学相结合的方式，梳理当时的新闻学研究的论著目录，其中就包含了广告研究的部分。[1] 但学术界方兴未艾的"学术史"讨论，似乎也天然地设定了人文学科的主导地位，即便在新闻传播学界内部也几乎遗忘了作为边缘的广告学学术史的存在。[2] 然而，其他学科的学术史的研究，在思路和研究方法等方面，未尝不能够为广告学术史研究提供若干可以借鉴的资源。

以中国现代文学学术史研究为例，文学史家反思专题史写作的理论构思本身，在中国现当代文学研究界有很好的学术建设。比如 20 世纪 80 年代的《"二十世纪中国文学"三人谈》在学界引起强烈的反响；早在 1995 年，黄修己就写作了《中国新文学史编纂史》这样的学术史著作。此外还有"重写文学史"这样口号的提出；并陆续出版有《小说史：理论与实践》（陈平原）、《返

---

[1] 这两部索引分别是高向杲《中国新闻学文字索引》与汤健文《新闻学文字书目引得》，现藏中国人民大学新闻学院资料室。

[2] 如陈平原 1995 年起在北京大学出版社主编《学术史丛书》，主要包括文学、史学、哲学、宗教学、地理学等；《云梦学刊》自 2003 年起开设"当代学术史研究"专栏，截至 2007 年共发表文章 158 篇，但其中从篇名上可统计出的属于社会科学（区别于人文学科）领域的研究论文仅有 9 篇。参见余三定主编《当代学术史研究》，北京：人民出版社，2009 年。

观与重构——文学史的研究与写作》（钱理群）、《文学史的形成与建构》（陈平原）、《问题与方法——中国当代文学史研究讲稿》（洪子诚）、《中国现当代文学学科概要》（温儒敏等）等一系列有意识的学科反思，大学中开设的相关课程更是不计其数。孤立地看，"学术史"是超越了各个学科的边界的，各个学科自身的学术史在方法论层面有很多理论是可以相互借鉴和沟通的。而在新闻学领域，相关类型的研究也已经开始大量涌现。这一类著作的出现和丰富，都为本书的写作提供了重要的参考资源。

2001年，笔者撰写了《中国大陆艺术设计理论二十年反思》一文。[1]该文以系谱学作为设计学术史研究的一种进路，初步尝试了历史与理论相结合的叙述方式，但由于研究主题的观照，该文只是谈论了1980年以来设计领域的学术研究的发展状况，从广告学术史角度来看，这种视野势必还要进行进一步的深化和拓展。

总的说来，广告领域的相关研究远远落后于文史界甚至美术界，这种情况相比较新闻学、传播学、社会学等其他同级相关学科也是落后的。对于广告业界的从业者甚至广告专业本科教学而言，"中国广告学学术史"相关知识和课程的缺席可能无关宏旨，但在"广告学"学科升级和广告学专业硕、博士研究生教育的层面上，如果不为学术史研究准备一席之地，则是一个很大的缺憾。加强对中国当代广告学术史上一些著作的产生背景、研究方法与学术价值的梳理、评价与研究，有助于摆脱当前广告研究中的低水平重复建设，对于学科的发展、理论体系自身的完善和推进理论与实践的互动都具有重大的意义和价值。可以说，广告学术史的梳理与建设，既是面向新世纪建设具有中国特色的广告学学科的客观要求，也是在目前广告学研究领域内各门分支学科朝纵深化发展的必要基础。

---

[1] 原载《美术观察》，2002年第9期。中国人民大学书报资料中心复印报刊资料《造型艺术》2003年第1期全文转载，《美术》、《装饰》等杂志转摘。

第三节　研究方法与体例

学术史的研究同样需要研究者掌握一定的研究技术和方法，才能达到"事半功倍"的效果。一般而言，人文与社会科学研究论著所使用的研究方法，可以概括为实证研究方法（定性研究、定量研究）与非实证的研究方法（如历史学方法、语言学方法、文艺学方法等）两大部类。相对而言，社会科学侧重于使用实证研究方法来解决问题，但人文学科则侧重于用非实证的研究方法来思考问题。广告学作为横跨人文学科与社会科学的交叉学科，在研究方法方面是多元综合的方法，应该有很大的可能性丰富研究方法的理论体系。

对于广告学术史研究来说，由于历史尚比较短暂，目前同样没有形成独立的研究方法的体系和学术传统，所以在方法论方面发挥的空间比较大。但是无论如何，广告学术史研究不能照搬其他学科学术史的研究方法，而是需要结合自身的特点，由不同的研究对象和不同的问题来决定并选择所使用的研究方法。强调研究方法，不是盲目崇信一种新的研究方法就一定能带来新鲜的思想，而是把方法当作一种手段，从而凸现研究的问题意识。因此，本书的研究方法是以问题为导向而不是方法本身为导向。本书并非是对于某些研究方法的刻意应用或例证，相反，凡是能够解决本书所提出的问题的方法就是有效的研究方法。

1. 本书的研究方法

从学术史角度展开谈论中国广告学研究的学术转型与发展前景，与本书的研究方法，尤其是对于"广告学"的理论定位密不可分。广告学学术史资料收集的方法与广告史并没有严格的对立，只不过是把研究对象从"广告"置换为"广告学"，因此本书以非实证的历史研究方法为主。本书主要使用的研究方法可以归类为文献法。正如袁方等所说："这一研究方式的基本原理与其他几种社会研究方式并无大的区别，只是由于这种资料来源上的差异而导致在具体的操作程序上有所不同而已。"[1]

---

[1]　参见袁方主编：《社会研究方法教程》，第392页，北京大学出版社，1997年。

当然，对于文献资料的收集并不同于对于它们的研究。"在严格意义上，文献法并不是一种资料收集的方法，而是一种研究方式——即既包括资料的收集方法，也包括对这些资料的分析方法。"[1]因此，本书在以文献法为主的同时，带入非介入性研究方法之一的"历史／比较分析法"，即在文献史料选择的时候加入研究者的理论意识和价值判断，展开总体性的研究。[2]受到早期法国年鉴学派的影响，这种研究方法具有"长时段"的特色，注重宏观、整体历史的研究，并将其放置于与其他学科对比的参照系之内，呈现出"整体史学"的特点。历史／比较分析方法并非不重视囿于纯粹史料分析的个案研究，而是更重视个案在历史时段中的定位和作用；但它也不同于"大事记"，而是对研究者的理论思力提出了进一步的要求。在本书的研究过程中，笔者收集了大量的史料，其中不乏广告研究诸家的作品，但最终很多论著没有进入笔者的学术史观照范围，这并不是说笔者对于它们占有不充分，而是基于自家问题意识所进行的史料的筛选。正是靠这种伴随着问题意识的筛选，笔者重新解读了中国广告学术史百年历程中的一些有历史价值的重要文献，从而对于中国广告学术史上若干理论问题进行了辨析。

从结构上来说，本书也是一种谱系学（Genealogy）方法的研究实践。按照福柯的说法，"谱系学"作为一种知识考古学与思想史观的研究方法源自尼采，但经过福柯创造性的发挥之后，这个概念主要旨在质疑传统的形而上学式、拥有一成不变逻辑内核的传统历史观，甚至年鉴学派的"长时段"史观也在福柯的质疑之列。福柯认为，世界是由大量错综复杂的事件构成的，而谱系学作为一种细致的文献工作，其目的就在于从一堆凌乱的现状之中发现知识生成和演变的过程，以及过程背后的权力关系。[3]但与福柯不同的是，本书只是借鉴福柯追根溯源的细致的文献工作方式，从而从文献中还原"广告学"生成的线索和轨迹，而并没有预设"权力"这一理论前设或者基础。虽然在这种谱系学的过程中能够展现"广告学"从无到有的建立过程，但是本书的回溯式研

---

[1] 参见袁方主编：《社会研究方法教程》，第392页，北京大学出版社，1997年。
[2] 参见[美]艾尔·巴比：《社会研究方法》（第10版），邱泽奇译，第324—330页，北京：华夏出版社，2005年。
[3] 参见[法]米歇尔·福柯：《尼采·谱系学·历史》，苏力译，收入刘小枫、倪为国选编《尼采在西方》，上海三联书店，2002年。

究并不是单纯的拆解并试图重新使这一过程发生断裂，而是立足于历史反思基础上进入历史的进程，并指向未来的学科建设。

基于实证主义方法论立场，"谱系学"只能说是一种宏观的理论而不是中观或者微观的操作方法，因此在文本分析与文献研究（全面接触作为研究对象的各种研究文献的一手版本）的同时，也适时采取"新史学"的某些研究方法和思路，特别是对于心态史的关注，以及口述历史等新方法。本书对学术史（主要是近三十年来）一些重要的广告学者进行深度访谈，通过访谈的方式，以口述历史适当补充了文献史料的局限。这种深度、半结构性的访谈的目标主要分为三个方面，一为获取或者充实有关史料（包括文献史料、实物史料和图像史料）；二是了解当事人撰写某一文献的历史语境与社会背景；三是获得不同专家对于中国广告学术史自身及其研究现状的观点和研究建议。

在资料分析方面，本书以定性的文本分析为主。与此同时，一般偏重于文史背景的学术史研究所很少采用的描述统计等实证研究方法，在近期出现的一些广告学术史研究的文章中得到了比较普遍的应用，但是本书对于这种"文献计量学"方法的应用是非常谨慎的。综合考虑到广告史与文献计量学交叉学科研究的进展以及中国现阶段广告学术论文的特殊性，本书并没有展开对于文献计量学方法的应用，这种方法的提炼和实践，还有待于今后的研究。

2. 本书的体例与结构

仅仅靠分期的方式来写作一部学术史，很有可能对于学术发展史做出了很好的梳理，但是却对一些更加具有理论价值的内在线索的个案和问题深入把握有所忽视。但如果以一位学者或一个学派等为主题，同时在各章的论述中相对搁置诸如生平、著述等常识性内容，进而突出各家各派有创见的学术观点，并注意在当今广告学科建设意义上的阐释、引申与评价，[1] 虽然也有可能结构出一本体例独特的著作，但会相对忽视许多"人微言轻"的学者的广告学言论或者成果。因此在本书中，笔者考虑到将"分期"的方式与"问题"的框架进行结合的写作体例，用来把握广告学术史上一些永恒的主题及其多元化的解决方案，以此来展现广告学学科建构过程中的复杂内容。这是具备可操作性的。

---

[1] 参见祝帅：《中国文化与中国设计十讲》，第五、六、七、八讲，北京：中国电力出版社，2008年。

对于中国广告学而言，学术史的发展阶段和广告学科自身的特点，决定了广告学术史写作不太容易通过纯粹的"学案体"来结构。如前所述，虽然从梁启超到徐百益，直到今天最为活跃的几代中国广告学人，对于中国广告学术的发展有突出的贡献，但是仅仅靠他们的个案还无法呈现出广告学学科建构的复杂历史面貌。更何况，我们对于蒋裕泉、蒋荫恩、何嘉、苏上达、吴铁声、朱胜愉、如来生等一个个对广告学做出突出贡献的名字所知甚少，除了他们留下的个别的著作，我们对于其本人的学术背景甚至身世都不甚清楚，现有的研究材料不足以支撑起丰富的个案研究。因此本书没有采纳这种在文学学术史研究中常见的体例。对于缺乏基本梳理的广告学术史来说，一味地采用"问题史"的框架，即以理论主题来概括把握百年中国广告学术历程，很可能也显得有些超前或者空泛。但如果纯粹采用"通史"的形式，则又容易流于教材形式的"面面俱到"和"浅尝辄止"。

因此，相比较"学案体"或者单一的时间维度或者理论维度，本书最终采用以"历史维度（第1—3章）"与"理论维度（第4—7章）"作为结构框架，历时性与共时性相结合，突出问题意识和研究者的对于"广告学"生成与发展的理论思维，寻找百年来中国广告学从思想到学术发展的"内在理路"。

本书1—3章为"历史纵论"部分，旨在通过"分期"的方式，以"通史"的体例来呈现中国广告学百年历程的一个整体风貌，集中于讨论广告学术史发展的整体线索。与其说学术史的研究是一种类似于"文献综述"式的"学术训练"，不如说它本身就是一个学术思想展开、从而"尚友前贤"——与学术史上一位位前辈学者进行对话的过程。但是，由于没有哲学史等学科那样清晰的"范畴"发展演变的线索，尤其是相关通史性质的研究在现阶段的学术界还不多见，这在客观上使得百年广告学学术史研究不太适合仅仅通过"专题"的形式来展现，而必须首先与不同时期的时代特点相结合作一番整体面貌的描述。

在这个过程中，一种分期的意识在历史研究中也是有必要的。本书的研究在这方面借助了"分期"这一手段，从而对广告学术史划分出"二十世纪上半叶——新中国前三十年——改革开放之后"三个大的段落。本书认为，20世纪中国广告的学术历程中，"现代"（20世纪50年代之前）的广告研究和"当代"（尤其是20世纪80年代以来）的广告学二者在学术品性上有很大的不同。按照"长时段"的研究思路，应该注意到随着晚清以降现代广告实践的展开，中国广告的百年学术历程从时间上形成了这样的几个发展阶段：广告研究的滥觞（约发轫于20世纪第一、二个十年的交点上）——广告研究的动荡（20世纪50－70年代）——学科的恢复与发展（20世纪80年代至今尚未完成）。与此同时，本书在每个段落内部再次进行分期叙述，以时间为框架展开研究。

诚然，时间分期只是一种叙述框架，而并没有严格的分界点，并且在现实中常常是呈现出错综复杂的状态，但在学术史研究中做出这样的划分是有必要的。这是因为虽然这三部分共同构成了中国广告学的学术历程，从内在的发展脉络上来看也应该进行整体的观照，但是在不同历史时期必然呈现出时代的特点。而中国广告学术史写作的一个旨趣和难点，就在于如何对中国百年的广告学术进行系统的把握，从而总结其发展规律与各个时期的不同特点。本部分的内容，正是对这些内容的展开。

本书4－7章为"理论专题"部分，是把百年中国广告研究看作一个整体，以主题的形式，对其中各个不同时期都有所触及的一些带有普遍性的广告理念进行理论梳理。回顾百年中国广告学历程，整体发展演进线索是清晰的，但人们对于这种发展变化的过程和形式却缺乏理论主题的把握。在这样的叙述中，人们很难把整个20世纪中国广告学看作整体来进行研究，更难以透过学术史的眼光看到20世纪上半期的广告学文献与80年代初中国广告学复兴的历史联系。因此在本书的下篇中，笔者将广告学术史不同时期反复出现的一些理念作为专题，从学科建设的核心概念或范畴出发，讨论"广告"学科自身的元理论问题。

这些在通史基础上梳理出来加以研究的专题，包括广告学研究的学科体系、广告学与其他学科的关系及其在整个学术格局中的定位、广告分支学科的建设、广告学理论和实践中国本土化的问题、广告研究方法问题，等等。这些问题从中国广告学学科建设伊始就在某种程度上得到了早期广告学人的关注，但在今天它们依然是广告学界讨论的热点问题，对于这些问题的不同解决方案，也构成广告学科反思与不断完善的重要组成部分。当然，一个世纪以来，中国广告学发生发展的历程中，值得从理论上观照的专题并不限于这里的这些专题，但通过这些专题审视广告学的学术风貌是有代表性的，也涵盖了中国广告学学科反思中的主要方面。

从这些脉络中搜索出中国广告学科建立的逻辑线索，是与对研究对象的价值判断紧密联系的。以"专题"的形式反思学科建设中的理论问题，决不是在

"通史"叙述之余的一种可有可无的工作,而是"广告学术史"专著区别于"广告学研究综述"、"资料长编"、"大事记"等其他非学术性文体的一个重要特点。而今天学术史研究的创造性任务就在于,一方面,通过反思学科建构的谱系来重新检视"学科根基"这个在人们日常的研究实践中被认为是不言自明但却始终缺乏理论反思的东西;另一方面,在此基础上看到学术研究链条上的核心问题,从而对学科未来的发展前景、历史走向等作出理性的前瞻和思考。对于学术的历史感就是这种思考的一个必要前提,而对于学科主题的梳理则是这种讨论不断深化的重要手段。

无论从纵向还是横向来审视,这种史论结合的研究框架都显得更加综合,有利于我们从宏观上对于历史和理论两方面的问题进行详尽的梳理,建立起有关"中国广告学术史"立体化的知识图景。

3. 本书的创新之处

诚然,意识到前人的成就和问题,并不等同于本书的篇幅或者笔者的学力能够保证在短时间内解决这所有的问题。任何研究都是建立在前人所建筑的学术传统之上的,对于笔者来说,本书即是"从前人止步处开始"的一项创新的尝试。当然,限于个人的学养和视野,或许这种梳理在很多时候陷于史料之中而偏离了自己的理论追求;而由于目前尚不具备对民国报刊的全部文献进行电子全文检索的条件,或许也有一些重要的广告学人和他们的研究成果被遗漏了,这些都是今后的广告学术史研究者需要进行补充和发展的地方。在这方面,本书相关的研究尝试还仅仅是一个开端。

但是对照以往的文献,本书对于"中国广告学术史"这个有待开辟的研究领域从写作范式上提出了一种可能性。笔者希望提出的,正是这样一个可以供后来的研究者参考和不断重复的范式。总的说来,中国广告学术史写作的旨趣和难点,在于如何对中国百年的广告学术进行系统的把握,从而总结其发展规律与各个时期的不同特点。对于这些基本问题的梳理,从理论上保证了"广告学学术史"不至沦为一部事无巨细的"广告文献资料长编",并且有可能为当下广告理论建设和广告学体系的建构提供一些经过深入思考和历史检验过的理论资源。

因此,本书不是单纯停留在目录学意义上的文献整理,而是希望突出理论色彩和问题意识，把百年中国广告学术看作一个整体，注重学术发展前后相承的历史联系及其"内在理路"。与此同时，本书在整体架构上的思考，侧重于结构体例，以及在此基础上探索形成的史论结合、夹叙夹议的写作方法，进而希望这种叙述方式和写作方法，具有在中国广告学术史研究领域的某种"发凡起例"的方法论意义。这样，学术史的著作本身也有可能成为学术批评的对象，进而进入后来的"广告学术史"研究的视野。

从共时的角度看，本书把新文学、新史学研究、文化研究等从外围进行广告研究的成果和广告学界之外学者的广告研究也纳入"中国现代广告学术史"的研究视野，从而拓展广告学研究领域，追求一种"以广告为本体的多元创新"的学术格局。广告学界的研究者普遍承认，广告学是一门跨界、交叉的综合学科，与此同时，广告又是一种在人们的日常生活中扮演者重要角色的社会、经济、文化现象。正因此，广告也得到了广告学界外部的学者的特别垂青，有许多来自新闻传播学、艺术学、经济学、历史学、文学等学科的研究者，纷纷以广告作为自己的研究对象。这种外围研究在以往很难落入广告学界内部研究学者的视野，甚至有的学者对这种研究加以排斥，提出"广告只能由广告学界的学者自己来研究"。但这种"跨界"的研究对于丰富中国的广告学研究有百利而无一害。

按照美国文学理论家韦勒克的提法，可以把这一类的研究称作广告的"外部研究"。[1] 而一个完整意义上的广告研究，应该是包容了"内部研究"和"外部研究"两个方面的，这两个方面并不一定像文学研究那样往往是在学术界呈现出"此消彼长"的学术潮流化倾向，但却有可能互相包容、互不排斥、综合互补。来自其他学科和学术领域学者的对于广告的"外部研究"在丰富了广告学研究视野的同时，也在不断修正着人们对于中国广告学的"刻板印象"。因此，本书虽然没有直接把韦勒克基于文学理论提出的"内部研究"和"外部研究"的提法挪用于远比文学文本复杂的广告研究，但已经注意到把其他领域的广告研究成果整合进百年中国广告学术史，进而建立起中国知识分子对于广告这一研究对象进行思考时的综合维度。

---

[1] 参见 [美] 韦勒克、沃伦：《文学理论》，刘象愚等译，北京：生活·读书·新知三联书店，1984 年。

第一章 "广告学"在中国的诞生

——二十世纪上半叶的中国广告研究综述

20世纪以来,人们把西文中"Advertising"对应翻译成中文的"广告",已经是一件司空见惯的事情。按照1930年苏上达在《广告学纲要》中的说法,"'广告'二字乃由英语之advertising译出;此英语源于拉丁语之Advertere,乃通知或披露之意。"[1] 20世纪80年代,自从唐忠朴的《实用广告学》沿用了这种说法以来,几乎翻开任何一部国人撰写的《广告学原理》或者《广告学概论》,都可以看到这样的叙述,似乎已经成为论者的共识和前提。[2] 但是中国古代并没有现代市场营销意义上的"广告","广告"之出现在中国,是晚清以来"现代性"的产物。

与此同时值得深究的一个问题在于,无论是西文的"Advertising"还是"Advertisement",本身都并不包含"学"的含义,所谓"广告学"的提法也值得一番深究。检索1919—1949年间的广告学著作,也大多是体系性、实用性的教材为主,而较少专门的学术研究。然而,国人约定俗成地把它们译成"广告学",以至于成为学术共同体在今天普遍接受的"常识",是在晚清民初"西学东渐"的大潮中经过一番"学科规训"的结果。西方的"Advertising"从被引入中国的知识体系,到广告学课程的建立,再到产生中国本土化的"广告学"著述,中间经历了曲折而漫长的过程。

---

[1] 苏上达:《广告学纲要》,第1页,上海:商务印书馆,1930年。
[2] 唐忠朴、贾斌主编:《实用广告学》,第1页,北京:工商出版社,1981年。

第一节　清季民初"广告"概念在中国的出现

尽管"广告"这个词汇本身并非"舶来品",中国古代文献中曾经几次出现过"广"、"告"两个字连用构词的情况,但它毕竟没有进入到中国主流的话语系统。[1] 对于 19 世纪末 20 世纪初的国人来说,"广告"是一个已经陌生了很久的词汇。1898－1902 年的几年间,《清议报》、《申报》、《大公报》乃至梁启超本人开始大量使用"广告"一词,在 1918 年之后,随着"广告须知"、"广告学"一类著作的大量涌现,"广告"作为现代商业的意义上的专用名词开始被广泛接受,并彻底取代了之前的"告白"。但不管是"Advertisement"还是"Advertising",在当时的启蒙者的心目中,都逐渐和"广告"这个虽然曾存在于历史文献之中,却完全是在其他的意义上被"全新引入"的词汇建立起了关联。现代意义上的"广告",就这样在中国的语境中诞生了。

1. 中国近现代文献中"广告"一词的出现

查《申报》创刊号,可见涉及稿酬及发行经营事宜的"本馆告白",其中特别提到了"刊告白"的条例:"苏杭等处地方欲有刻告白者,即向该卖报店司人说明某街坊、某生理,并须作速寄来该价,另加一半为卖报人饭赀。"[2][图1.1] 很多人认为,这就是现代广告代理制的雏形。如陈培爱《中外广告史》云:

> 这里的所谓"告白",就是广告。"卖报人"可算报馆广告代理人,"饭赀"即广告代理费。广告代理人开始只是跑跑腿,为报馆招揽业务,从中收取佣金。

---

[1] 查"国学宝典古籍全文检索数据库",得"广告"二字凡 24 见,但其中过半为晚近古籍(如《清稗类钞》),而见于较早作品者多不能独立成词,如"男子燕广告英与渔阳王平、颜忠等造作图书,有逆谋"(《后汉书》卷四二)、"疏广告老"(《晋书》卷五二)等。另在《国学宝典》所不收录的释家典籍《续高僧传》(唐代僧人道宣撰)卷 27 "遗身篇"有"又有厌割人世生送深林,广告四部望存九请"句。此外,"广而告之"的含义已出现在宋代医古文中,如叶梦得《避暑录话卷上》中,有"古人处方神验类尔,但世用之不当其疾,每易之。自是家人有临乳者,应所图药物必备,不可不广告人。"的记载。同时期稍后张杲的《医说》卷 9 中记载了同一个处方,似从前者"抄袭"而来:"古人处方,神验类矣,不可不广告人。"

[2] 《申报》1872 年 4 月 30 日第 1 号第一版下栏(该报第 2 号也有类似启事)。

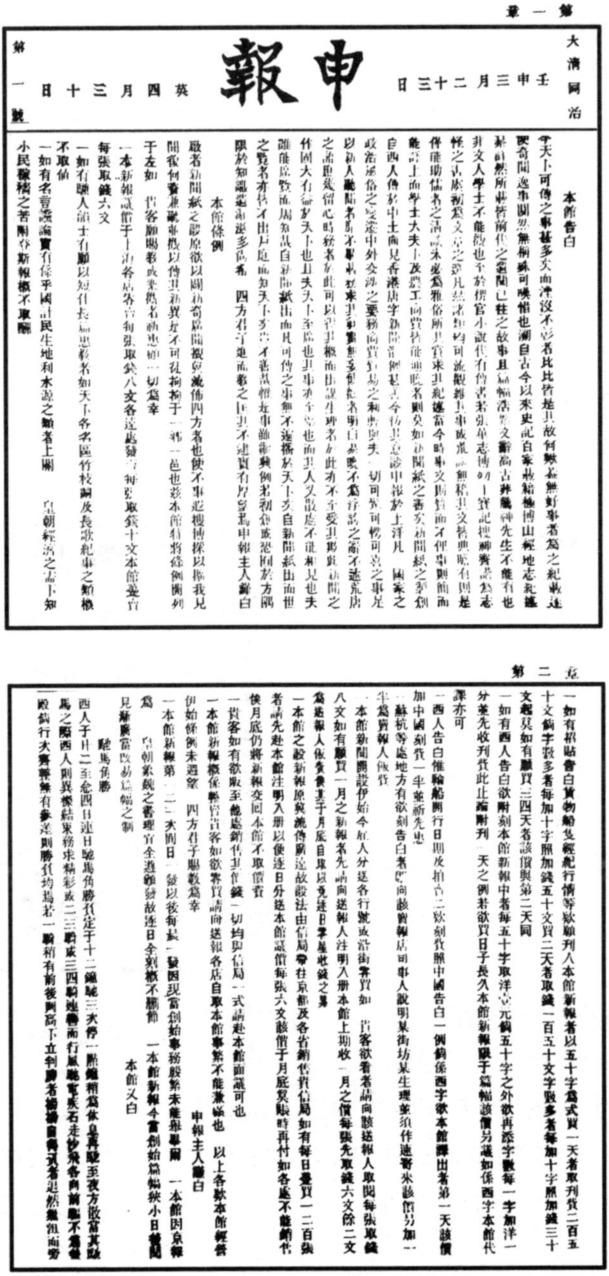

图 1.1 《申报》创刊号（1872）上刊登的《本馆告白》

后来，报纸广告业务不断扩大，报馆纷纷设立广告部，代理人方逐渐演变为报馆广告部的雇员，以后又出现了专营广告制作业务的广告社和广告公司。[1]

且不说《申报》的这种"刊告白"与现代广告代理制有多大的差别，此时国文中的"告白"，和今日"Advertising/Advertisement"所指涉的"广告"也并不能够重合，它的外延要更为广泛。凡声明、寻人之事，亦属于"告白"的范畴，例如，在《申报》的创刊号上，就有声明报刊宗旨的"本馆告白"。这与现代意义上的商业广告、公益广告都是有所区别的。

无论如何，从可供查证的文献来看，整个19世纪末的中国，"广告"这个词并没有得到民国早期那般大规模的应用。有这样一种在广告学界流传甚广的错误说法：

> 据现有资料，我国最早出现"广告"二字的是1906年（清光绪三十二年）清朝廷发行的《政治官报》【图1.2】上，《政治官报章程》第四项《体类》的《广告第九》云："如官办银行、钱局、工艺陈列各所、铁路矿务各公司及经农工商部注册各实业，均准送报代登广告，酌照东西各国官报广告办理。"[2]

图1.2　1907年《政治官报》第一号

然而，这种说法并没有解释为什么"告白"这种曾经一度被广泛采用的说法到此时似乎顺理成章地变成了"广告"。对这种以讹传讹的误解，华珍在《中国语文》2004年第一期就曾撰文指出其粗疏。华珍指出，至少在1901年，《申报》上就已经开始大量使用"广告"这个偏正式的词汇，逐渐取代一度流行的"告白"。经

---

[1]　陈培爱：《中外广告史》，第39页，北京：中国物价出版社，1997年。
[2]　金石：《"广告"一词考略》，载《文史杂志》，1993年第3期。

笔者查证，1901年10月22日，《申报》上出现了"商务日报馆广告"一则；而1901年11月27日，《申报》上又出现了"横滨正金银行上海分行新订章程广告"一则；至1902年6月17日，天津的《大公报》上，甚至出现了名为"广告"的专栏，尽管其中刊登广告的企业仍然使用"告白"一词。持续一段时间之后，原先很多的"告白"字样也逐渐换成了"广告"，出现了"告白"、"广告"并用的局面。到1905年前后，"广告"一词已经非常流行了。

图1.3 梁启超像（1873—1929）

但是此时，"广告"和"告白"一样，都并不仅仅是今天狭义的商业广告之意，而是"广而告之"，直到1918年之后才有所改观；因此华珍的文章更重要的意义，在于第一次明确提出"'广告'一词之所以能取代'告白'而流行于我国，梁启超起过重要作用。"[1] 尽管梁启超本人并没有完成用"广告"代替"告白"的历史任务，但作为一位具有日本学术文化背景的学者，华珍把"广告"一词的引入与梁启超联系在一起的论述还是极有见地的，在此之前，梁启超[图1.3]的维新与学术启蒙工作几乎从没有进入过广告和设计学者的视野。

众所周知，梁启超在戊戌变法失败后东渡扶桑，开始了长达14年的流亡日本的生活。尽管晚年梁启超退出政界，出任当时尚未改称大学的"国立清华学校研究所国学门"（即俗称的"清华国学院"）的"四大导师"之首，也撰写出许多经久不衰的学术史著作，但终其一生而论，梁启超都并不是一个纯粹的学者或者文学家。他一生的工作，始终都在"社会活动（包括思想启蒙）"和"学术研究"之间纠葛，源自《庄子》中的"内热"这一说法的"饮冰室"这个斋号，很能说明梁启超自己所处的状态。在1913年3月27日写给长女梁思顺的家信中，梁启超自述"吾性质与现社会实不相容，愈入之愈觉其苦"。[2]

---

[1] 华珍：《"广告"小考》，载《中国语文》，2004年第1期。
[2] 张品兴编：《梁启超家书》，第120页，北京：中国文联出版社，2000年。

图1.4 梁启超的著作,辑录为洋洋上百卷《饮冰室合集》

以至于在梁启超逝世后由亲友主持编辑的《饮冰室合集》[图1.4],竟然最终由中华书局出版了 40 册——其中包括收录各类散篇文章的"文集"16 册和收录专著的"专辑"24 册,共计 1400 多万字。就文学色彩而论,梁启超作品的艺术成就似乎也并不高,其中大量文字是属于速朽的"觉世之文"而不是诉求于永恒艺术价值的"传世之文",如夏晓虹所说"他的作品艺术水平并不高,不成熟和随意性处处可见"。[1] 然而也正是因此,使得梁启超有不少的文字谈论的是以往被认为是"末流"的工商之学或者新闻报业,这其中自然很多论述与"广告"有关。在这方面他的思想启蒙工作虽然并没有文学史或哲学史的地位,但在学术史,乃至中国广告学术史上却有其永恒的价值。

1898 年戊戌变法失败后,梁启超与乃师康有为流亡日本,由于信奉"报章、演说、学堂"为"传播文明三利器",旅居日本的梁启超在这三个方面都花费了大量的精力,其中尤以创办报刊成果最大。丁文江、赵丰田《梁启超年谱长编》记载:"(1898 年)11 月 11 日(公历 12 月 23 日)先生创办《清议报》于日本横滨。"《清议报》[图1.5]为旬刊,第一期的《清议报叙例》中记

---

[1] 参见夏晓虹:《觉世与传世——梁启超的文学道路·后记》,上海人民出版社,1991 年。

图 1.5　梁启超在日本期间创办的《清议报》全编

载该报的宗旨包括:"维持支那之清议,激发国民之正气"、"增长支那人之学识"、"交通支那、日本两国之声气,联其情谊"及"发明东亚学术以保存亚粹"四项。[1] 与此同时,梁启超主办的《清议报》上也出现了日本报界对于"Advertising"的翻译——"广告"。在《清议报》第 13 期(1899 年 4 月 30 日出版)中,已经在日文文章中使用了"广告募集"和"广告料"(即广告费)等字样。[2]

1902 年开始,梁启超在《新民丛报》开设"问答"专栏,专门回答有关西方现代学术在中国的引介与转译问题,其中关于学科译名的讨论尤为多见,如谈 Political Economy:"政术理财学之名,冗而不适,……惟此名求之古籍,吻合无间者,实觉甚难。"谈 Economics:"平准二字之不安,鄙人亦自知之,故既弃去。计学与 Statistics 相混,且单一名词,不便于用。……尊论谓近世所新发明事理,不能一一冠以我国固有名次,此论诚伟。……故鄙见仍欲存生计二字以待后贤也。日本所译诸学之名,多可仍用。惟经济学社会学

---

[1]　参见丁文江、赵丰田编:《梁启超年谱长编》,第 171—172 页,上海人民出版社,1983 年。
[2]　刘家林:《中国近代早期报刊广告源流考》,载《新闻大学》,1999 年第 2 期。

二者，窃以为必当更求新名。"[1]（着重号为引者所加）由此可知，"求之古籍"和沿用"日本所译"，为梁启超时代对"新学"赋名的两种主要途径。现代意义上的"广告"一词，也正是这样在中国文献中"出场"的。日本学者实藤惠秀在《中国人留学日本史》一书中，把"广告"一词同"文学"、"艺术"、"文化"、"数学"等一道，列入"中国人承认来自日语的现代汉语词汇一览表"，[2]此说法也大致公允。但无论如何，这时的"广告"还只是作为日文中的汉字出现，且并未在中国真正进入"新学"这一体系，尚不可能对中国语言或者学科构成产生太大的影响。

2. 两种意义上的"广告"

"广告"二字最早何时成为汉字中对应为"Advertisement/Advertising"的词汇尚有争议，梁启超之前是否已有人在中国内地使用或传播尚难证实。但至少这个译名在19世纪末的日本已经开始应用，这是有据可查的。[3]对此，身为报人的梁启超不可能不受到日文表达方式的影响。在《三十自述》中梁启超说："自此居日本东京者一年，稍能读东文，思想为之一变。"而在《夏威夷游记》中，梁更是自称"又自居东以来，广搜日本书而读之，若行山阴道上，应接不暇。脑质为之改变，思想言论与前者若出两人"。不但如此，他还发明了中国人迅速识别日文的"和文汉读法"。"广告"这一对应于中国传统意义上的"Advertisement"的表达，开始频频进入了梁启超的视野与文章。

但需要注意的是：第一，在1898－1904年的几年间，《清议报》、《申报》、《大公报》乃至梁启超本人所使用的"广告"一词，还并没有完全取代"告白"在其个人心目中的地位，至少二者还在交替使用（不管是在其传统的意义上还是现代的意义上），更遑论"广告"这一现代译名在国内产生多大的影响了。例如1898年创办《清议报》之前写作的《梁卓如孝廉述创办〈时

---

[1] 梁启超：《〈新民丛报〉问答》，载夏晓虹辑《饮冰室合集·集外文》上册，北京大学出版社，2005年。
[2] [日]实藤惠秀：《中国人留学日本史》，谭汝谦、林启彦译，第282页，北京大学出版社，2012年。
[3] 日本1892年出版的《双解英和大辞典》即将"Advertisement"译为"广告"，参见华珍《"广告"小考》，《中国语文》2004年第1期。另，刘家林《中国近代早期报刊广告源流考》一文曾根据日本广告学者的二手资料指出"广告"一词在日本产生于1872年，但并没有提供所引二手资料中原始文献的出处。

务报〉源委》一文中,就提到了"奏牍、告白等项"云云。[1] 第二,这段时间内,无论是对于"广告"还是"Advertisement"一词,梁启超也并不仅采其狭义,即现在我们所使用的、特指在媒体上发布的商业广告、政治广告、公益广告等,而也包括"广泛宣告"这层广义。如《饮冰室合集·集外文》中所收录的《辨妄广告》一文,[2] 即有澄清误解,"广告"天下,以正视听的含义,这种功用与1902年写作的《饮冰室主人告白》,大体相类。第三,作为词义扩展的这种"广泛宣告"意义上的"广告"之出现,如同其他很多日译英语词汇一样,都是使用此前已经见诸于中国古典文献中的汉字词汇,经由日本作为中介,再作为"新学"从而曲线式地回到中国,但不同的是,这种"新意"已经与它们在中国古典文献上原初的含义有了很大的不同。

因此,如果说以上例子中梁启超所使用的"广告"一词,总的说来还因为受到中国传统观念的影响,在内涵上还等同于"Advertisement"而不是"Advertising",即以静态的广告文字、广告内容为主,而不是一个涵盖了报纸广告经营和现代广告策划的作为动态的"广告"之观念的话,那么,1899年以来梁启超的几次泰西之旅,则让他进一步看到了西方广告产业的现状。1899年12月19日(农历十一月十七日),梁启超把《清议报》的工作交由他人主持,以冒用的护照和姓名,乘船赴美,13天后抵夏威夷檀香山。这是梁启超的首次美国之行,为期六个月。1900年访新加坡和澳洲。1902年起,梁启超开始撰文介绍西方之"市场":《生计学学说沿革小史》第九章,以环球九万里为白种人一大"玛杰"。[3] 对此"玛杰",梁启超后来解释道:"玛杰者,英文之Market今译其音也。西人都会中,皆公建一市场,百货群萃于其中,谓之玛杰。广东俗译谓之街市。香港有之。"[4]

1903年,梁应美国保皇会之邀再度赴美洲。这次的美洲之行,梁启超广泛游历了英属加拿大温哥华,美国纽约、哈佛、华盛顿、波士顿、费城等地,其中不乏西方现代广告代理业的发源地。论及此行目的,梁启超在《海外殖

---

[1] 原载1898年9月26日《知新报》第66册,夏晓虹辑《饮冰室合集·集外文》上册,第46页,北京大学出版社,2005年。

[2] 原载1904年1月《新民丛报》第44、45号,夏晓虹辑《饮冰室合集·集外文》上册,第157页,北京大学出版社,2005年。

[3] 梁启超:《生计学学说沿革小史》,载《饮冰室合集》第二册,文集之十二,北京:中华书局,1991年。

[4] 梁启超:《〈新民丛报〉问答》,载夏晓虹辑《饮冰室合集·集外文》上册,北京大学出版社,2005年。

民地调查报告书》中称:"此行目的,一以调查我黄 [此字在《梁启超年谱长篇》此段引文中作'皇'——引者注] 族在海外者之情状,二以实察新大陆之政俗。今将第一项所考得者随时报告。"[1] 而引起我们兴趣的是梁启超第二项目的一个副产品——对于西方市场和西方广告业的观察。1903 年 8－9 月间撰写的长文《二十世纪之巨灵托辣斯》中,当论述"托辣斯 [今译托拉斯] 之利"的时候,梁启超这样描述自己对于西方资本主义自由竞争阶段的"玛杰"的考察:

> 托辣斯举凡一切竞争之冗费,可以节省也。竞争既剧,所恃以争胜者,不一其途。冗费自相缘而起,即如广告者,亦其一端。西人商费,最重广告,其甚者或一年总支数中,广告费居十之一焉。此皆竞争所生之果也。此外尚有派员四处运动以求广销者,有添附无用之长物于售品内以引人入胜者(如售纸烟者,内附一洋画之类是也),自余类此者,更仆难数,岂有他哉? 皆为竞耳。而此等耗费,势必亦必于物价内向购者而取偿。托辣斯立,则无谓之竞争,悉已芟除。此等冗费,半归节省,是直接而为制造家之利,亦间接而为消费者之利也。[2] (着重号及现代标点为引者所加)

尽管由于时代的局限,梁启超对于托拉斯的优点的分析过于简化,把"广告"归之为给消费者带来负担的"冗费"的做法也过于偏颇,但毕竟在这里,梁启超开始明确地在中文学术研究的语境中使用狭义(即今义)的"广告"一词,并且这一用法已经引起了当代研究者的注意。在国内,由汉语大词典出版社 2001 年出版的,由香港"中国语文学会"编辑的《近现代汉语新词词源词典》的"广告"条中,就用这个例子作为"广告"词条的例句。对于该词条,该词典编者的解释是"原指广泛地宣告,后指向公众介绍商品、报道服务内容或文娱体育节目的一种宣传方式"。[3]

只是需要看到,《近现代汉语新词词源词典》编者所说的"先后"观念是

---

[1] 原载 1903 年 3 月《新民丛报》第 28 号,夏晓虹辑《饮冰室合集·集外文》上册,第 143 页,北京大学出版社,2005 年。

[2] 梁启超:《二十世纪之巨灵托辣斯》,载《饮冰室合集》第二册,文集之十四,第 49 页,北京:中华书局,1989 年。

[3] 香港中国语文学会编:《近现代汉语新词词源词典》,第 92 页。转引自华珍《"广告"小考》,载《中国语文》2004 年第 1 期。

不甚精确的，因为一方面，1903年之后梁启超仍然有文章在前者的意义上使用"广告"一词，另一方面，至少到1918年之前，"广告"和"告白"两个词都是交替使用的，如李文权1912年发表的《告白学》一文，既谈及欧美的"告白学"，也提到了日本的"广告术"：

> （商人）处二十世纪商业上生存竞争之时代，可以左右全国使之日臻富强。商人之信用，有商人之手段，然后商业可以言发达，可以言商战。试观欧美之营业者，其告白一项，于资本中所占之额为最多。今日本亦研究广告术，以冀其商业之发达。盖未有无告白而能使商业进步者也。告白不良，商业不昌，商业不昌，国家斯亡。由是观之，谓告白为商业之精神可也，谓告白为商业之根本可也，谓告白为商战之主动力可也，即谓告白为世界文明之主动力亦无不可。[1]
>
> （着重号为引者所加）

暂时搁置"告白不良，商业不昌，商业不昌，国家斯亡"这种耸人听闻的"滑坡逻辑"，我们可以看出，至少晚到1912年，"告白"这个词还在商业的意义上得以应用。但此后的文献（特别是译文、译著）中，"广告"的字样就逐渐多了起来。对于《申报》来说，一个重要的标志出现在1918年10月1日（第16389号）。在这迁到新报馆之后第一期的《申报》的报头上，延续了几十年的《本报告白刊例》，历史性地变成了《本版广告刊例》，此时，"告白"一词在《申报》中的含义，已经逐渐缩小为非商业性的"启事"。而随着1924年1月1日头版延续了多年的元旦休刊启事"本馆告白"变为"本馆启事"，"告白"一词的非商业义项也逐渐退出了《申报》乃至今日的日常语言系统，报纸的广告中已经难觅"告白"这一古老的字样了。

在《申报》之外，1916年，《东方杂志》刊出程景灏的译文《广告与商业道德之关系》。1918年，由甘永龙编译、美国System公司原著的 How to Advertise 以中文书名"广告须知"在商务印书馆出版（现藏北京大学图书馆），这是目前笔者见到中国出版的最早的一本中文广告专业书籍。1919年，《东

---

[1] 李文权：《告白学》，载《中国实业杂志》第3年（1912）第2期。转引自朱英《近代中国广告的产生发展及其影响》，载《近代史研究》2000年第4期。

方杂志》刊文《广告与道德》,《建设月刊》发表孙中山长子孙科的《广告心理学概论》。同年,时任北京大学文科教授的徐宝璜出版《新闻学》一书,也包括了"新闻纸[即报纸 Newspaper 的旧译——引者注]之广告"的章节。可以说,只有在"五四"前后,随着"广告须知"、"广告学"一类著作的大量涌现,梁启超引入的"广告"一词在现代商业的意义上才开始被广泛接受。

3. 现代广告(Advertising)在中国的诞生

至此,有一个理论问题必须进行充分的辨析:"Advertise"一词的名词形式并非仅仅是"Advertising",还有另外一个同样被翻译成"广告"的名词,即"Advertisement",那么,二者的区别究竟何在?应该说这一点尚没有得到中国广告学者的充分注意。如吴铁声、朱胜愉在当时体例和资料最为完备的《广告学》中就这样说:"'广告'一词原自西文译出,英文谓之 advertising or advertisement[原文如此]"。[1] 直到今天,在很多广告类学术期刊所刊发的论文英文标题、关键词和摘要中,对于"Advertising"和"Advertisement"两个词不加区分地使用可谓比比皆是。[2]

中国的语言文字先天地具有"意象性"的特点。"中国的文字本身就是通过'象'而不是拼音的形式存在的,以至于在很多人看来中国文字本身就天然地带有美学的意味,而中国的语言也因为文字的关系而具有一种'模糊性'"。[3] 而由于中文在时态、词性等方面的表达,相比较西方的语言文字有所省略,所以使得我们容易对中文相同、英文不同的一些表达掉以轻心。"这一点尤其体现在不同文化语境间的文本传译中。例如,在基督教语境中,'sin'特指人先天就与上帝隔绝的状态,此词不同于违犯人世间的法律的'crime',但这两个义项在中文中却只能都用'罪'这个词来表示。"[4] 遗憾的是,无论是"告白"还是"广告"都遭遇到了这样的情况。

事实上,应该说在梁启超 1903 年对于"广告"一词的用法,甚至 1912 年李文权发表的《告白学》一文中,都已经在很大程度上突破了静态的"广告

---

[1] 吴铁声、朱胜愉编译:《部定大学用书:广告学》,第 1 页,上海:中华书局,1946 年。
[2] 如中国广告协会编辑出版的《中国广告三十年大事典》的英文标题,就把"中国广告业"误译为"China's Advertisement Industry"。
[3] 祝帅:《中国文化与中国设计十讲》,第 9 页,北京:中国电力出版社,2008 年。
[4] 同上书,第 32 页。

作品"或者"广告内容"等方面,因而这两篇文章中的"广告"或者"告白",其对应的英文已不应该译为"Advertisement",而是另外一个表达广告产业和现代企业营销传播需要的"Advertising"。对于梁启超而言,这个意义上的"广告"已经和他本人在1904年《辨妄广告》中所使用的"广告"有了很大的差别,甚至可以说是两个不同的意思。当然,在梁启超和李文权这些早期作者本人那里,由于时代和专业取向的局限不可能也没有必要详细论述这两个词的语义差别,但如果当代的学者(尤其是广告史学者)不对这两个词加以辨梳的话,就会造成很大的误解。

作为一个"动名词"的"Advertising",指的是作为营销传播(Marketing Communication)的一个部类的广告产业。《当代广告学》的作者威廉·阿伦斯指出,广告(Advertising)可以被看作一种行业、一种创造性的传播过程、一种社会现象,或是自由经济体系中的一种基本成分。在这样的基础上,阿伦斯把"广告"定义为:

> 广告(Advertising)是由已确定的出资人通过各种媒介进行的有关产品(商品、服务和观点)的,通常是有偿的、有组织的、综合的、劝服性的非人员的信息传播活动。[1]

由此可以清晰地看出,Advertising在美国学者那里被描述为一种传播活动。而"Advertisement"虽然也具有"广告"的含义,并且它在中文中也只能被翻译为"广告",但是它却并不指向一种信息传播活动,而是特指广告作品(如广告设计、广告片)。因而,在英文中,"一则(条)广告",可以被表述为"a piece of advertisement"。对于广告创意和艺术性的分析和批评,也多是在"Advertisement"这个层面上展开的。换言之,"Advertising"和"Advertisement"之间的区分,就如同"电影"和"影片"的区分一样——尽管文学评论家也可以进行"电影批评",但是这种"批评"实际上只是"影片批评",对于电影的研究,还需要从市场营销、电影产业甚至版权制度等更多的角度展开。再如建筑领域,人们也可以从艺术批评(比如符号学)的角度

---

[1] [美]威廉·阿伦斯:《当代广告学》(第8版),丁俊杰、程坪等译,第7页,北京:人民邮电出版社,2005年。

研究评论一个建筑作品的艺术风格与流派，但是建筑研究却需要讨论诸如行业规范、技术条件、功能定位等更多的东西。

这样看来，"Advertisement"可以作为艺术设计的一个门类，放在艺术院校中教授，但是"Advertising"作为一种营销传播活动，则无疑更适合在传播学院或者商学院（管理学院）中来讲授。不过这种区分在中文"广告"这个统一的译名中并看不出来。因而，美国大学中的广告专业多设置在商学院、新闻传播学院或者营销公关等系，而不太会出现如同当今中国这样有大量的广告专业设在艺术院校中的情况。

那么，中国古代有没有一系列对应于西方"Advertisement"的作品，抑或对应于"Advertising"的商业活动（尽管这两个词的区分在当时国人的心目中并不明显）？显然，如果严格按照《当代广告学》的定义，一种对应于"Advertising"的现代性的商业营销传播行为是并不存在于中国古代的。但是在中国古代，当然存在着一系列可以对应于"Advertisement"的展示形式，如招幌、牌匾、酒旗，等等，山东济南功夫针铺的实物印版似也可以作证中国古代的"商标"意识。但无论如何，这一切都还不是"现代广告"，这类形式可以进行研究，但似乎更适合作为历史学、工艺美术学而不是现代广告学和设计学的研究对象。在中国现代广告学术史的研究过程中，笔者更看重那些对于现代意义上的广告现象的学术研究。

如前所述，1918年前后，《申报》等很多报纸、杂志、书籍开始采用"广告"这个词来取代此前的"报贴"、"告白"。在这个过程中，随着1905年以来科举制度的正式废除以及新式学堂的建设，坊间也逐渐产生了一系列"广告"甚至"广告学"的著述。在一些广告研究文献中也产生了对于中国广告发展的历史追溯，甚至有的《广告学》教材设置了"中国广告的发展"一类的专节，这样，中国古代也有了"广告"。令人遗憾的是这样的区分在清末更不可能被首批引入"广告"这个译名的梁启超等人所觉察和论述，但无论如何，不管是"Advertisement"还是"Advertising"，在当时的启蒙者的心目中，都逐渐和"广告"这个虽然曾存在于历史文献之中，却完全是在其他的意义上被"全新引入"的词汇建立起了关联。现代意义上的"广告"，就这样在"西学东渐"的语境中在中国诞生了。

总的说来，现代意义上的"广告"一词最早在中国的使用，是在19世纪与 20 世纪之交发生的事情。在这个词的引介过程中,身为报人和西学启蒙者的梁启超起到了重大的作用。从"广告"一词在中国文献中的出现之后的十多年时间里,"广告"和"告白"这两个词,不仅在现代商业广告的意义上,而且在传统的"声明"的意义上都是交替使用的。直到"五四"前后,特别是此后题为"广告学"一类著作的大量涌现,随着专业的广告学科的出现和建设,作为现代意义上的"Advertising"的对应物,"广告"的提法才开始在中国逐渐深入人心,在后来的国民经济和学科体系中都扮演了重要的角色。

第二节 "广告学"及其在中国生成的谱系

在中国古代的学术传统中,由于"重农抑商"思想的影响,"学术"仅仅被界定为"文人之学"。在这种学术格局中,不仅"四部"是不分家的,就连"文"、"理"的区分也并不明显,更遑论想象一位古代学者只治"经学"而不通"史学"。但鸦片战争以后,西方的近代学科分工进入中国知识分子的视野,人们开始反思中国传统学术的种种流弊,如同梁启超所言,中国古代的知识体系的特点是"学与术相混"。[1] 因此,从 19 世纪中期开始,在中国引入西方近代以来形成的学科分工与学术制度,自然成了"西学东渐"的重要组成部分。其中晚清一代学者的重要成果,体现为一系列"百科全书"式的"西学启蒙读物"。但在这些引介西方现代学术体系的读物中,我们始终没有见到"广告学"的身影。"广告学"作为一种知识体系在中国诞生,是近百年间"西学东渐"的成果在"五四"时期之后的一种体现。

1. 从"纸的学问"到"事的学问"

1885 年,艾约瑟(Joseph Edkins,1823－1905)推出一系列系统介绍西方科学的译著《格致启蒙》(一译《西学启蒙十六种》),由李鸿章和曾纪泽作序,并受到当时海关的推介,其中包括地理学、地质学、物理学、化

---

[1] 梁启超:《学与术》,原载《国风报》第二年(1911)6 月 26 日第 15 期;收入《饮冰室合集》文集之二十五(下),中华书局,1989 年。

学、生物学、动物学各学科的概论。[1] 1888 年，王西清、卢梯青编撰《西学大成》，系统介绍了算学、重学（即力学）、电学、光学、化学、声学、汽学、天学、地学等。[2] 值得注意的是，一方面，这种引介以西方的自然科学为主，即便偶尔出现了社会科学，也是被"声光电化"所边缘化的，更遑论人文学科，因其最重要的是引介传统中国学术体系中所没有的学问；另一方面，19 世纪的引介所关注的学科门类，多系一些有较长时间的历史的比较"厚重"的科学，对于名副其实的"新学"的关注其实并不多。因而很明显的是，这种对于西方知识体系的引介是并不完整的、有很大的选择性。

推动这一西方学术知识体系进一步完备和充实的，还是梁启超。1896 年，梁启超编纂了《西学书目表》，在上述自然科学为主的知识体系之外，第一次在"声光电化"之外加入了"史志"、"官制"、"学制"、"法律"以及"商政"等人文社会科学的内容。这些内容所对应的知识，在中国传统的学术分类中很多是并不具备"学"的形态的。但梁启超意识到这些"术"科的内容，已经成为"新学"或者"西学"的重要组成部分，它们在中国的引介与声光电化具有同样重要的位置。在 1911 年的《学与术》这篇著名的短文中，梁启超这样系统地描述自己对于"新学术"的构想：

> 学也者，观察事物而发明其真理也；术也者，取所发明之真理而致诸用者也。例如以石投水则沉，投以木则浮。观察此事实以证明水之有浮力，此物理也。应用此真理以驾驶船舶，则航海术也。研究人体之组织，辨别各器官之机能，此生物学也。应用此真理以治疗疾病，则医术也。学与术之区分及其相互关系，凡百皆准此。善夫生计学大家倭儿格之言也，曰："……学者术之体，术者学之用。二者如辅车相依而不可离。学而不足以应用于术者，无益之学也；术而不以科学上之真理为基础者，欺世误人之术也。"[3]

---

[1] [德] 瓦格纳：《晚清新政与西学百科全书》，载陈平原、米列娜主编《近代中国的百科辞书》，第 41 页，北京大学出版社，2007 年。

[2] [德] 阿梅龙：《晚清百科全书、〈新学备纂〉及其与科举制度的关系》，载陈平原、米列娜主编《近代中国的百科辞书》，第 120 页，北京大学出版社，2007 年。

[3] 梁启超：《学与术》，原载《国风报》，第二年（1911）6 月 26 日第 15 期；收入《饮冰室合集》文集之二十五（下）。

今天我们把"学术"二字作为一个既成的词语,似乎很少去追究"学"与"术"二者之差别。应该说,从"晚清"到"五四"一代接受西方新学的学者心目中,很多人对于"学"和"术"二者都难免有重彼轻此的主动选择,就连倡导"兼容并包"的蔡元培也未能幸免。[1] 从《西学启蒙十六种》和《西学大成》的编纂,直到后来很多传统的人文学者的思路中,"学术"也常常被设定为一种脱离实践的纯粹思想或"无用之学",究其实质,也就是有"学"无"术"。但是,如果按照这种对于"学术"的定位,工商、新闻、广告这些"术"是永远无法进入现代学术的视野的。梁启超这样指出当时存在于相当一部分国人心目中重"学"轻"术"的流弊:

> 我国之敝,其一则学与术相混,其二则学与术相离。学混于术,则往往为一时私见所蔽,不能忠实以考求原理原则;术混于学,则往往因一事偶然之成败,而胶柱以用诸他事。……夫空谈学理者,犹饱读兵书而不临阵,死守医书而不临症,其不足恃,故也;然坐是而谓兵书医书之可废,得乎?故吾甚望中年以上之士大夫现正立于社会上而担任各要职者,稍分其繁忙之晷刻,以从事乎与职务有关系之学科。[2]

这番论述,在现实的背景中着重提升了"术"的意义及其与"学"之不可臾离的关系,这对于上面提到的这些学科今后在中国之命运,意义重大。并且从《西学书目表》开始的这种学科分类上的增加,为后来出现的一系列"百科全书"性质的著作所接纳。[3] 这样,虽然在梁启超自家所撰著的《西学书目表》(1896)中仅有"商学"而并没有出现"广告学"的名称,但这毕竟为后来广告学在中国的建设和发展铺平了道路。

但是应该看到的是,以今天的划分标准来看,梁启超这种对于一切学问都划分为"学"与"术"的两个方面的论述,其实与西方的学术分类体系也并

---

[1] 参见祝帅:《中国文化与中国设计十讲》,第五讲《作为设计理论先行者的蔡元培》,北京:中国电力出版社,2008年。
[2] 梁启超:《学与术》,原载《国风报》,第二年(1911)6月26日第15期;收入《饮冰室合集》文集之二十五(下)。
[3] 参见[德]阿梅龙:《晚清百科全书、〈新学备纂〉及其与科举制度的关系》,载陈平原、米列娜主编《近代中国的百科辞书》,北京大学出版社,2007年。

非是完全一致的。他所援引的"学者术之体,术者学之用"这种说法,严格地说更加像是在描述应用学科,对应于今天的"社会科学"或者"工科",而不尽适用于"人文学科"或者"理科",对于后者这样的"基础学科",并不能一概地用"应用学科"的标准来苛求,有的时候一种"无用之学",虽然没有实用中的推广价值,也自有其作为一种学术思想存在的必要性。但在当时的那种条件下,以"义理、考据、辞章"为代表的这种"无用之学"还并不是中国亟需"拿来"的首要任务,作为社会启蒙者的梁启超,在其早期的言论中势必把更多的精力用于呼吁中国向来所缺乏的一种"实学"的建设,而绝不可能是"俱国学之从此而消灭"。[1]

1917年1月9日,梁启超应邀在民国教育部演说《中国教育之前途与教育家之自觉》。对于这次演讲,梁启超自称"鄙人在教育上无实在经验,言之恐不能中肯"。这番"夫子自道"虽有自谦的成分,但也不乏事实的依据。当时的梁启超虽然曾经担任过长沙时务学堂的中文总教习,也曾在乃师康有为创办的横滨大同学校任职,并独立创办神户同文学校和东京高等大同学校,但应该说,作为"晚清"一代的知识分子,梁启超本人毕竟没有西方新式学堂的教育和任教经历,他与清华学校研究所国学门的关系也是20世纪20年代之后才逐渐建立起来的。因此,梁启超的学术背景与"五四"一代知识分子是不尽相同的。1917年的梁启超,对于新式高等教育更多的是一个观察者,但正如他自己所说:"惟个人之意见,以为有数点,应当注意。"在其中的第二点,梁启超特别提出了"学问不求实用也"为中国当时教育的一大弊端,当时西方的"商学"教育已经进入了梁启超的视野,梁启超特别以"商业"在中国的遭遇为例:

> 据鄙人之意见,学问可分为二类:一为纸的学问,一为事的学问。所谓纸的学问者,即书面上的学问,所谓纸上谈兵是也。事的学问,乃可以应用可以作事之学问也。中国数千年来,及欧洲文明未兴以前,皆是纸的学问。……中国商业太旧,而际实由于彼在学校时,除读书外,未曾研究一切商业习惯,或仅

---

[1] 梁启超:《论中国学术思想变迁之大势》,载夏晓虹点校《清代学术概论》,第124页,北京:中国人民大学出版社,2004年。

> 知外国商情，而不知本国商情者，皆纸的学问误之也……总之学校与社会，万不可分离。在学校时，于社会应有之智识，研究有素，毕业后，断不患无人用之。在学校养成一种活动之能力，将来在社会上，可以不必求人，亦足自立。[1]

可以看出，此篇已经比《学与术》一文的激进态度有所发展，其对于"纸的学问"与"事的学问"进行学理上的划分，而不是对所有的"学问"作出一概而论式的"学以致用"的要求，是一种更加客观化的表述。尽管梁启超对于"纸的学问"的评价仍然不可避免地有所贬抑，但尊重"纸的学问"作为"事的学问"之对立面的一种存在，以及按照这种"基础学科"／"应用学科"所进行的划分，也符合当时新式学堂发展和建设的要求。

如同夏晓虹所言，"充满矛盾的时代造成了充满矛盾的人物"，[2] 我们没有理由要求身处那个矛盾的时代中的早期梁启超在思想上的体系化和完备化，但是无论如何，毕竟令人有些遗憾的是，梁启超在 1903 年提及西方广告业的事实之后，并没有把更多的精力用来关注广告这一领域，他晚年的学术研究也是以自家的本业——文史研究为主，而没有更多论及实用学科或曰"事的学问"。其中固然与中国传统"重农抑商"的文化心理积淀不无关系，彼时西方广告学相比较其他学科的后进和薄弱，也是一个不容忽视的原因。因此，梁启超对于西方广告学在中国的引介，只能起到一种铺平道路、推波助澜的作用，这个学科的起步、发展和建设，还要由广告学界内部的学者自己来完成。

2."广告学"在中国的历史登场

"广告学"其实在西方并没有一个严格对应意义上的词汇。从被翻译为《实用广告学》的 Advertising for the Retailer 一书的英文名中可知，其原著中的"Advertising"的本意就是"广告"，而并无"学"的意思。众所周知，在"西学东渐"的大潮中，中国学者用"学"字来翻译的西方各门学科，一般在构词法上呈现为"-logy"的后缀，如社会学（sociology）、心理

---

[1] 梁启超：《在教育部之演说（中国教育之前途与教育家之自觉）》，原载《教育公报》第 4 年（1917）第 2 期，夏晓虹辑《饮冰室合集·集外文》中册，第 667—672 页，北京大学出版社，2005 年。

[2] 夏晓虹：《觉世与传世——梁启超的文学道路》，第 175 页，上海人民出版社，1991 年；祝帅：《中国文化与中国设计十讲》，第七讲第一节"东西文化观：从梁启超到闻一多"，北京：中国电力出版社，2008 年。

学（psychology）、人类学（anthropology）、动物学（zoology），等等。"-logy"这个后缀来源于古希腊文的"logia（λογια）"，它与"道（λογος）"同源，其意义是一种"学理的探究"。人们往往根据这一构词法发明一些新兴学科，如"汉学（sinology）"甚至"红学（redology）"，但在英文中并没有所谓的"advertise"+"logy"的构词。此外，西方对于人文学科名称的定名，还有一种构词法就是以"philo-"作为一个前缀，后加一个表示某种事物的名词，如哲学"philosophy"，其词源也是古希腊文用来描述"喜爱"的"φιλεω"，后加表示"智慧"的"σοφια（sophia）"，但同样，英文中也并没有生成一个类似"philo"与"advertising"或"advertisement"构成的合成词。不仅"广告"如此，新闻、工商、法律等学科，在其西文构词法的意义上，都可谓名副其实的"无学"。

"广告学"在中国的诞生，与前述梁启超对于"术"与"事的学问"的抬高，不无联系，而广告学人的建构和努力，更是起到了直接的作用。继1918年甘永龙编译《广告须知》【图1.6】和1925年董坚志编写的《新奇广告术》之后，题为"广告学"著作数量的增加，就大有取代"广告"的势头。也正因此，作为一种学术史的梳理和深究，笔者尤其着意于这些广告学的著作中，往往是作为"前言"或者"绪论"的形式呈现出来的，对于广告学基本理论问题

图1.6　甘永龙编译《广告须知》（1918）书影
（北京大学图书馆藏书）

（即狭义"广告学"）的只言片语或者思想的火花。在梁启超对于"学"与"术"进行区分的基础上，近代以来的中国研究者（包括广告研究者）自然不可能完全无视学与术的不同，但这种"纯理论"的问题自然很难引起当时的广告研究者足够的兴趣。

郭瑾指出，"1933年，罗宗善在其著作的例言中首先有了广告'术'和'学'的提法"，即"例言……九、本书特别注意整个广告内容之各要点剖解，陈述不厌其详。与广告'学''术'之本身内容关系比较不密切者，则略简。"[1] 但其实在此之前，"广告学"与"广告术"的提法，就已经存在于研究者的心目中。1926年，蒋裕泉编辑的《实用广告学》作为"新学制高级商业学校教科书"出版，在中国现代的图书出版中首开"广告学"这个名称的先河：

> 广告在今日，已成为一专门科学。盖同一广告，同时披露于公众时，有引人注意者，有不引人注意者，其能引人注意之广告，必具有引人注意之能力，其不能引人注意之广告，是无引人注意之能力，因此皆有研究之必要。由研究而遂成一专门科学，其内容包括文学、心理学、社会学、商学、经济学、美术、印刷术等，及其他一切科学上之学识而合成，非率尔即能了解。[2]

可以看出，蒋裕泉所理解的"一专门的科学"，并没有自己独特的研究对象和研究方法，虽然借鉴了很多其他学科的内容，但总的说来是为了实用的目的之"广告术"，至于"广告学"的独立架构此时则尚未形成。这种对于"实用"的关怀，与报人蒋裕泉的业界而非学界从业者的身份是相吻合的。根据时在时报馆任职的著名报人戈公振，在1925年为蒋著作序的介绍，蒋裕泉君"任时报馆、商务印书馆、有正书局、万国储蓄会、东方储蓄银公司广告事务有年"，作为曾经在媒体和企业这两个现代广告市场的主体中供职的业界精英，蒋裕泉自然要把编辑的重心放在"实用"而不是"学理"上，如其在"编辑大意"中所说的：

---

[1] 郭瑾：《民国时期的广告研究及其当代意义》，载《广告研究》（即《广告大观·理论版》），2006年第6期。
[2] 蒋裕泉：《实用广告学》，第5—6页，上海：商务印书馆，1926年。

广告学至博而至繁，错综浑融，至难尽述。作者就其中大者要者切合而实用者，参以平时之心得与观察，撰成斯篇。是篇悉本实用为主旨，故于广告基本之智识，使用之方法，靡不殚述详尽，且附例以阐明其体用，俾研究广告者得资借镜。[1]

再如1928年上海世界书局出版著名的"ABC丛书"，内中包括陈之佛的"图案法ABC"，但由蒯世勋撰写的广告分册，却采取了"广告学ABC"这个书名。蒯世勋的《广告学ABC》(1928)【图1.7】从"序言"起，开篇就从"广告学"直接转向了"广告"、"广告术"：

图1.7 蒯世勋《广告学ABC》(1928)封面
（中国人民大学图书馆藏书）

广告学素不为国人所注意，现在虽似乎广告很发达，但是和国外比较起来，还落后得很远。谁都知道广告是商战的利器，我们呐喊发展实业，我们高呼提倡国货，但是对于广告术的改进，都绝不提起。这是很使人觉得奇怪的。……现在的一本小书，只用浅显的文笔，叙说了广告一般的原则，并略重于实际的应用方面。或可供学校教本之用，或作有志广告的参考。[2]（着重号为引者所加）

蒯世勋毕业于复旦大学，1906年出生的他写作《广告学ABC》和《银行学ABC》这两本"ABC丛书"时刚刚二十二三岁，而他从1926年就开始先后以"蒯斯曛"、"施君澄"等笔名发表小说创作，出版《广告学ABC》的前一年，蒯世勋刚刚出版了小说集《凄咽》（上海泰东书局，1927）。写作《广告学ABC》的时候，蒯世勋是否具有广告

---

[1] 蒋裕泉：《实用广告学》，第1页，上海：商务印书馆，1926年。
[2] 蒯世勋：《广告学ABC》，序言第1—2页，上海：世界书局，1928年。

从业的实践经历不得而知，但也许是限于身为文学家的徐蔚南主编、世界书局出版的皇皇上百册《ABC丛书》的体例——"要把各种学术通俗起来，普遍起来，使人人都有获得各种学术的机会，使人人都能找到各种学术的门径。我们要把各种学术从智识阶级的掌握中解放出来，散遍给全体民众"，[1] 使得《广告学ABC》也不可能着意于学理的梳理。在正文中，身兼文学家和翻译家二职的蒯世勋，非常自然地在"Advertising"与"广告学"之间建立起了关联：

> 广告之产生，是因为商业发达竞争剧烈的缘故。商业愈发达，竞争愈剧烈，广告也就愈重要，愈复杂了。到了现在，广告成为一种专门学术，其理论与实际都甚宽广复杂。在外国，有所谓广告学这一个名词，也不很久；在中国更是新颖了。……广告学就是研究如何能使广告得到最大效果的一种专门学术。广告学的英文名词是叫Advertising。[2]

20世纪30—40年代，"广告学"这个学科命名，被刘葆儒、苏上达、何嘉、赵君豪、徐国桢、王贡三、丁馨伯、吴铁声、朱胜愉、冯鸿鑫、李培恩、刘伯撝等来自学界和业界两方面的作者共同地继承了下来。其中，刘葆儒的论说，似乎为使用"广告学"这一学科名称找到了学理的依据："现代各种学术，逐渐的科学化。就是说，用归纳的方法，求得原理。再用演绎的方法，应用到实际。务求使用起来，经济有效。例如售货、商业、函件等等，无一不成专门的学术。同经济学，会计学，统计学，心理学等，并驾齐驱。经种种实验，许多次研究，发明出若干原理，供人采择。虽然变化万端，全在乎人，原理则不变。"[3] 而蒯世勋的说法，也为后来的何嘉等人所接受：

> 西人有"近时代是广告世界"的一句话……各国学者，也都承认广告是一种专门学术（英国的约翰拜德称为二十世纪新科学），各国的商业学校，都有广告学程，并且也有专门学校的设立。……什么叫做广告学（Advertising）是办

---

[1] 徐蔚南：《ABC丛书发刊旨趣》，收入蒯世勋《广告学ABC》，上海：世界书局，1928年。
[2] 蒯世勋：《广告学ABC》，第3页，上海：世界书局，1928年。
[3] 刘葆儒：《广告学》，第2页，上海：中华书局，1932年。

理广告的一种科学［原句如此］，也是办理广告须知的一种智识，广告在今日所处的地位益形重要，……办理广告，初非易事，……俾增进自己的广告学识，广告是包含广漫的，广告学也是包含广漫的，广告的好材料随时随地得来，广告的学识也随时随地长进，所以单讲广告学不是几许文字所能写得完的。[1]

因此，在"商业利器"的定位之下，着意于描绘广告在现时中国的重要地位，而不是广告学研究在学术格局中的重要性，自然成了那个时代通论性广告理论体系著作的一个共同特点。从李文权开始，精于广告的写作者们，难免在这样的诉求中表现出一种抬高广告的倾向，把"广告"和国计民生乃至民族兴亡联系起来：

> 在极端不景气的上海，绸缎业者首当其冲，倒闭较各行业特多。但有某绸缎局，生涯［原文如此］独很兴盛。因该局能利用广告。这点岂非强有力的铁证吗？当此外商仅利用广告来霸夺我国的市场，我广告界所负的使命和责任正不轻呢。[2]

1944年上海立信会计图书用品社出版的丁馨伯所著的《广告学》，是作者在复旦大学、华西工商专科学校两所学校讲授"广告学"课程的讲稿，其中丁馨伯对于广告的意义和地位进一步抬高，论及"广告学"，丁馨伯指出：

> 广告视作现代经营工商之唯一武器，善用之则可出奇制胜，无往而不克，不善用之，则捉襟见肘且有倾覆堕败之虞，欧西工商业之所以发达，我国工商业之所以落后，广告之发达与否要亦其原因之一也。……广告因为"学"与"术"的二重性质，所以设计的完全与理论的精密，两者兼顾，就是广告最大的原理，也就是广告的最大理想。[3]

这样，广告之"学"以及"广告学"作为一个学科名称的确立，在人们的

---

[1] 何嘉：《现代实用广告学》，第4—5页，上海：中国广告学会，1931年。
[2] 叶心佛：《广告实施学》第2章"广告家之责任"，第4页，上海：中国广告学社，民国二十四（1935）年。
[3] 丁馨伯：《广告学》（立信商业丛书），第2—3页，上海：立信会计图书用品社，民国三十三（1944）年。

心目中就成了一个不证自明的前提或公理。以至于赵君豪"商业之成功,不能专恃广告。必也有良好之产品、管理、售货人,以为辅佐。明乎此,则广告之为用,可以思过半矣"[1]这样清醒的认识,在对"广告学"赋魅的过程中,都已经成了一种很边缘化的声音。

时至今日,尽管广告是"有学"还是"无学"的论争还是时常为一些人所提起,"广告学"的提法也还并不能说在学术界和全社会得到了人们普遍的认可,但是经过了最近三十年的积累和对于西方的译介,我们应该看到今天广告学研究的水平,已经与20世纪上半叶不可同日而语。尽管题为《广告学原理》、《广告学概论》一类教材"低水平重复建设"的现象仍然在所难免,但广告学各个领域中的学术积累,已经发展到了极其微观的层面,其综合了社会学、心理学及其他学科领域的研究方法和研究对象本身的复杂性,也把这个学科的迷人之处一再向人们展示出来。可以说,"广告学"作为一门严格的科学的建立,至少已经具备了相当的研究基础。此时我们回忆"广告学"这个名称在中国引入及其建构的历史,以及早期广告学人对于广告学学术研究体系的追求和建设,确乎有一种指向现实和未来的积极意义。

第三节 早期中国广告学研究的总体风貌

根据郭瑾对于现存1918—1949年间广告专业出版物的检索和描述,目前在国内有收藏或根据存目辑佚可知的这段时期出版书名中带有"广告"字样的专业读物(包括书籍或丛刊)共计35种,而其中23种是带有"学科概论"或"通论"性质的专业读物。[2] 在这23种读物中,有3册为编译自国外广告著作,其余20种为中国作者自著或编著。引起笔者兴趣的是,在这23种读物中,有17种提名中写作"广告学"(含叶心佛《广告实施学》),仅称"广告"而不赘"学"字者仅有6种。"Advertising"被赋予了"学"的意涵,从而与"广告学"这个新兴的学术门类联系在了一起,这一链接一方面使得广

---

[1] 赵君豪编:《广告学》(申报新闻函授学校讲义之十),上海:申报新闻函授学校,1935—1936年。
[2] 郭瑾:《民国时期的广告研究及其当代意义》,载《广告研究》(即《广告大观·理论版》),2006年第6期。

告之"学"在现代学术格局中得到确认和建设,另一方面,这种学术品性的"广告学"也深深地影响到了接下来的近百年时间里整个中国的广告偏重实用、实务的研究格局。

1. 广告实务的发达促生的理论研究

20世纪上半叶中国广告学学术成果,主要体现为实用性、体系性的教材和综述性质的文章。这样的学术成果的形态虽然不可能有利于对具体问题进行深入的专题研究,但也体现出早期中国广告学人对于理论体系的渴慕及其学术视野和学术兴趣所搭建起来的关于广告学基础理论问题的一个研究框架。

翻检这些题为"广告学"一类著作的内容,可以发现在大量著作中"广告学"与"广告"并未做出明确的区分,很多著作都只是除了书名中出现"广告学"之后,正文中全部用"广告"进行有意无意的"偷换",更遑论对"广告学"作为一门学科建设的基础问题进行相关的讨论。郭瑾的研究让我们看到,这一时期无论是"广告学"还是"广告"的著作,从内容体系来看,在结构上也无显著的实质性区别:

> 整体布局较为相似,但在细节方面各有侧重。由于民国时期的广告著作基本上照搬了西方广告研究的框架,所以大多是从广告定义和功能、广告心理、广告稿本、广告色彩、广告与印刷术、市场调查、广告媒介物、广告执行机关、广告计划等环节进行谋篇,这种体例至今依然在继续延用。……研究停留在初级层面,研究视角单一。民国时期的广告研究处于刚刚起步阶段,对于西方广告理论的兴趣点集中在概述性著作中。每本书都涉及到多个学科领域的知识,如美术、印刷术、经济学、心理学等。因此此时期著书的意旨功利性极强,在节选西方理论著述时,往往带有一定的片面性,如"重'用'轻'体'、厚'术'薄'学'"。[1]

总的说来,最早的一批现代广告学者大半出身于业界(报界或商界)而非学界,他们所建构起来的广告理论体系,基本上还是对于"广告术"、"广

---

[1] 郭瑾:《民国时期的广告研究及其当代意义》,载《广告研究》(即《广告大观·理论版》),2006年第6期。

告实施"或者"广告技巧"的描绘,这样的广告著作,可以被视作一种广义的"广告学",但狭义的广告学,应该主要包括对于广告学学科性质、学术渊源、理论命题和研究方法等内容的讨论,而这些内容在高举"实用"大旗的现代广告学研究中,被大部分研究者所边缘化,仅仅为苏上达、吴铁声、朱胜愉等少数学者所关注。【图1.8】有很多"广告学"著作对此根本不加以提及,而是直接进入对于"广告作法"的描述中,这也屡见不鲜。正因此,这种广义的广告学著作的根本目的是普及而非专论,因而呈现为框架而非深究,操作而非理论,它们在广告史发展的某一特定阶段上的应用价值,要远远高于它们自身的学术价值。

图 1.8 苏上达《广告学概论》(1931)书影（上海图书馆藏书）

2. 教材与教科书体例的影响

还应该注意到的是,这一时期广告学基础理论研究成果的学术价值和理论化水平不高,且并未进入"五四"时期学术的主潮,还有一个重要的原因,那就是新式教育的产生以及由此带动的对于"教科书体例"的需求。广告学教材的大量出现,反映出现代工商、新闻教育在中国的兴起。1912年11月在临时工商会的演说词中,梁启超已经发出"我国工商学校不发达""我国前清时代之教育,则尽取其各种人才而入做官之一途……其在国外,凡一公司之内,自总理以致下级之人,无不由学校出身,尽取其学校出身而入之公司之中者"的呼吁。[1] 1916年在上海商务总会之演说中,梁启超更是指出:"然现在世界交通便利,商务上之竞争日烈,一切情形,与闭关时代迥然不同。仅恃

---

[1] 梁启超:《在临时工商会演说词》(十一月一日),原载《大公报》,1912年11月17—20日,夏晓虹辑《饮冰室合集·集外文》中册,第577—582页,北京大学出版社,2005年。

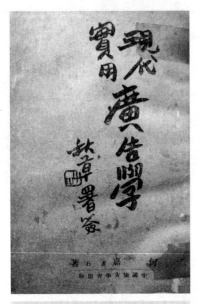

图1.9 何嘉《现代实用广告学》（1928）书影
（中国人民大学图书馆藏书）

此数点，而无专门学问智识以补助之，实不足以图存。"[1] 根据李秀云的统计，从1918年北京大学新闻学研究会成立，至1948年，中国土地上出现的各种新闻教育机构（含高校、中等职业教育学校及各类函授、讲习班等）共计82个，其中很多都开设了广告学类的课程。[2] 此外，在商学院、工商或美术职业学校甚至一些中学中，很多也开设了广告学的课程。

教学的普及引发了教材的需求。这些学校中，除燕京大学等少数有海外背景的学校可以直接使用英文教科书外，大部分还需要中国人自己撰写的教材。这就使得很多广告学基础理论著作实际上是为了教学的需要而写作的教科书，即便不是教材，也常常与潜在的"学生"在对话，冀望供初学广告者阅读，如何嘉《现代实用广告学》【图1.9】扉页上所写的"本书目的在养成中国广告人才，为求业青年广一谋生出路"；身为沪新中学教员的冯鸿鑫编的《广告学》，则是作为"中华文库·初中第一集"在中华书局出版；而王贡三的《广告学》，更是"高级中学商科教本"，并说明该书系作者任江苏省立南京中学商科主任时所授"广告学"之讲义，系"根据教育部颁布的高级中学商科课程暂行标准编辑，为高级中学商科及职业学校商科教科用书"。（见该书第1页）

这样，概论性质的教材为出版商也带来了可观的利益。上至商务印书馆、中华书局、世界书局等当时著名的出版机构，下到没有正式出版权的报馆函授学校、行业协会等都纷纷加入了广告学教材出版的队伍，纷纷"拉"作者（甚至包括一些没有广告经验的）来进行写作。因此，早期这批广告学的著作之

---

[1] 梁启超：《在上海商务总会之演说（姚咏白笔记）》（十二月二十日），原载《时报》，1916年12月22—23日，夏晓虹辑《饮冰室合集·集外文》中册，第659—665页，北京大学出版社，2005年。

[2] 李秀云：《中国新闻学术史》，第250—261页，北京：新华出版社，2004年。

"拟想读者"是业界或新式学校中不懂广告的学习者，而不是业界的专家，更不是学术界的学者，并在此基础上结构成教科书的体例，就是不足为奇的了。

教科书的优点是知识体系的全面与完备，但缺点也正在于"点到为止"或曰"浅尝辄止"。教科书毕竟不同于学术界的"专题研究"，与专题研究的精、专、深相比，教科书必须体现为一种事无巨细的学科发展综述，这种综述并不见得是自家的研究成果，而更多的是一种"常识"。尽管我们从体例、行文等方面可以见出不同教科书的特点，以及这些特点背后所暗藏的编纂者的学术兴趣和学术情怀，其中尤以吴铁生、朱胜愉编译的"部定大学用书"《广告学》最为全面。但总的说来，对于背景知识的常识性介绍和对读者接受水平的考量，都使得教科书不可能像专题研究一样体现出前沿性的特点。"教材类图书的确不乏销路，但如同一位法学学者所指出的，只有教科书三级以下的标题才能形成一部专著。无论这些教材的课堂效果如何，'教科书'这种体例使得这种缺乏问题意识的研究注定是难以深入的。"[1]这就造成了早期中国广告学研究格局中大量教科书的"低水平重复建设"，而真正深入、严谨的专题研究相对匮乏的局面。这种说法虽然有些过于苛刻，但仅仅靠这些教材的存在就称广告为一门"学问"或"科学"肯定是远远不够的，并且这种现象的出现也并不符合学科发展的一般规律。

通常情况下，一门学科形成科学的教材，都是在"点"的层面上进行了很多积累的基础上完成的，此时已经有很多本专业的学者对不同的问题进行了多次多方的深入研究，再由教科书来综述学者们长期研究、多次实验所取得的成果，以一种通俗易懂的方式把它们传达给初学者。因此一门学科形成教科书之前，必然需要经历长期的学术积累，但广告学在中国的情形却并非如此。检索20世纪上半叶中国期刊上所发表的与"广告"有关的专论，其中具有学术研究性质的专论极少，可以令人眼前一亮的，只有《清华学报》1925年第二卷第二期发表的《五种报纸广告的分析》这篇运用内容分析的方法对报纸广告进行描述性统计分析的学生习作中对于研究方法的自觉试用，以及孙科、师泉、周先庚等人1919—1935年间分别在《建设月刊》、《东方杂志》及《清华学报》等刊物发表的对于广告心理学（工业心理学）这一广告领域在西方最新进

---

[1] 祝帅：《对中国当代设计理论历史与现状的综合批评》，载《美术观察》，2008年第2期。

展的学科综述等不多几篇而已。这种情形，与"广告学"类著作的大量涌现以及"广告学"学科的建立来说都是不相称的，而这一时期不带有"学科概论"或"教科书"色彩的广告学专著更是一册未见。事实上，此时"Advertising"在西方也是一门新兴的学科，尽管在20世纪20年代的英语世界中，已经出现了斯科特（Scott）、斯特朗（Strong）等在广告研究领域学有专长的学者及其著作，但是在西方整个20世纪上半叶，也并没有出现如此大规模的教科书的编纂。应该说在这样的学术积累中形成的"广告学"，离一门"严格的科学"，还有很漫长的一段距离。对此，作者们似乎并非没有觉察，这从书名上屡屡见到的"实用"、"ABC"、"浅说"等字样中便可以看出。刘葆儒更是明确写道："本书仅系广告大意，欲求深造，须研究他书"（第1页）。然而，对于当时的广告业来说，这些著作的"应运而生"，恰恰是当时中国内地（尤其是上海）广告业蓬勃发展的写照，这些著作满足了中国培训自己第一代广告从业者的实务需要，达到了"广告"的启蒙和普及的目的。也就是在这样的语境和背景之中，催生了"广告学"这个早产的婴儿。

附：晚清至新中国成立前夕（1900－1948）部分广告学专著 [1]

著 者	书 名	出版社	年 代
黎冠雄	广告从业员商品宣传参考书*	星晨文化实业出版社	1900
郑世桀	英文广告词句306*	寿山出版社（三盈图书）	1900
The system company 著；甘永龙编译	广告须知（商业丛书第一种）How To Advertise	上海：商务印书馆（1918，1927八版，1933国难后1版，1935国难后2版）	1918
北京美术学校	广告应用图案集*	昌泰	1919
徐宝璜	新闻学（第10章：新闻纸之广告）	北京大学新闻学研究会	1919
董坚志编	新奇广告术	上海：中西书局（线装）	1925
井关十二郎著；唐开斌译	广告心理学（商学丛书：第10种）	上海：商务印书馆	1925
W. D. Scott 著；吴应图译	广告心理学	上海：商务印书馆	1926
蒋裕泉著	实用广告学（新学制高级商业学校教科书）	上海：商务印书馆	1926

---

[1] 此表格为中国传媒大学广告学博士郭瑾整理，蒙作者寄赠转载，特此致谢。笔者在引用此表时有所增删。其中加"*"者，示意该书为存目，笔者未能检阅到原书或电子文献。

(续表)

著　者	书　名	出版社	年代
戈公振著	中国报学史	上海：商务印书馆	1927
蒯世勋著	广告学ABC（ABC丛书）	上海：世界书局	1928
苏上达编	广告学纲要	上海：商务印书馆	1930
高伯时著	广告浅说（民众商业丛书）	上海：中华书局	1930
刘葆儒著（实为编译）	广告学	上海：中华书局	1932
苏上达编	广告学概论（万有文库）	上海：商务印书馆	1931
孙孝钧著	广告经济学	南京书店	1931
何嘉著	现代实用广告学	上海：中国广告学会	1931
赵君豪编	广告学（申报新闻函授学校讲义之十）	上海：申报馆	1935—1936
赫尔罗德著（Herrold, L. D.）；李汉荪、华文煜编译	实用广告学 Advertising for the Retailer	天津：新中国广告社	1932
罗宗善编著；徐国桢校订	广告作法百日通（最新广告学）	上海：世界书局	1933
王贡三	广告学（高级中学商科教本）	上海：世界书局	1933
百业广告社	百业广告月刊	北平（共两期）	1934
叶心佛著	广告实施学	中国广告学社	1935
哥尔德（Gold S.）、陈岳生	霓虹广告术（工学小丛书）	上海：商务印书馆	1936
洪方竹著	商店应用广告图案集*	形象艺术社	1939
曹志功著	广告与人生	不详	
丁馨伯著	广告学	立信会计图书用品社	1944
吴铁声、朱胜愉编译	广告学（部定大学用书）	上海：国立编译馆出版 上海：中华书局印行	1946
陆梅僧著	广告（新中学文库）	上海：商务印书馆	1947
冯鸿鑫编	广告学（中华文库·初中第一集）	上海：中华书局	1948
如来生著	中国广告事业史	上海：新文化社	1948
林振彬主编	近十年中国之广告事业	上海：华商广告公司	1936
张一尘、郑忠澄	广告画经验指导*	上海：形象艺术社	1933
烘方竹编著	五彩活用广告画*	上海：形象艺术社	
李培恩	新广告学	上海：商务印书馆	
刘伯撝	广告学讲义	天津：益世报函授部讲义	
中国广告学会编	广告学会丛刊*	上海广告学会	1931

小 结

总的说来，在 20 世纪上半叶，中国广告学始终没有完成充分的独立化与专业化，从而被高等教育接纳为一门独立的学科的学术历程，甚至在学术界并没有出现专门从事广告学研究的学者——赵君豪、蒋裕泉等人是报人，苏上达、何嘉是经济学者，另外几位作者也大都分别来自于学界的其他领域或广告业界。这段时间内广告学著作多泛论，少精深的论文，加之战争的内忧外患，因此从学术本身的标准来看，这一阶段的广告研究实绩难以尽如人意。然而，这一时期的学术积累仍然是重要和有意义的。在笔者看来，它们是中国一个时期广告业诞生并发展的写照和见证。并且至为重要的是，20 世纪上半叶各个领域中关心广告学建设的学者，陆续通过引介翻译和原创探索，逐渐从其他学科，尤其是心理学、经济学与新闻学这些学术源头中借鉴了很多独特的学术思路和研究方法，为后来的广告学研究打通了道路。同时，早期中国广告学研究也结合中国广告实际进行综合创新，孕育了中国广告学正在形成之中的本土化的学术品性。

第二章　在商业与政治之间

—— 新中国前三十年广告研究的格局及其主题

当今治中国广告史的研究者，常常以1979年丁允朋在《文汇报》上发表的《为广告正名》一文以及唐忠朴等《实用广告学》一书的出版作为新中国广告学术研究的开端。本章则从学术史的角度，梳理新中国成立后至70年代末这段常常被以往的研究者认为是"空白时期"的中国广告文献。眼下，"1950—1970年代是中国广告史的空白"似乎成了大批中国广告史著作的共识，仅有个别的美术史著作会对"大跃进"、"文化大革命"等时期的政治招贴风格进行研究。从表面上来看，由于时局的突变和意识形态的转换，这个论断似乎应该是成立的，例如蒋荫恩在赴美留学广告之后重回燕京大学，时局的变化使得他只能开设新闻学方面的课程等。[1]但倘若我们仔细追究，会发现这一论断在很大程度上存在简化的可能。

1949—1978年这段时间中的广告学研究，并非是人们所想象的一片空白。第一，20世纪50年代前半期，直到"反右运动"之前，事实上中国的学术研究还并未受到毁灭性的冲击。特别是受到苏联影响的社会主义商业研究所体现出的与20世纪上半叶截然不同的学术风貌，对后来（1979年之后）学术的发展（例如对于社会主义广告与资本主义广告的辩论）有历史的影响。第二，新中国对广告公司进行"公私合营"之后，直到整个"文化大革命"期间，尽管广告公司一度改成了"包装公司"，但中国的外贸广告未曾完全中断，一些外贸杂志上也零星出现了谈论外贸广告业务的文章。第三，1956年"全国院系大调整"中独立建置的中央工艺美术学院，其中的"装潢艺术系"的"商业美术专业"，培养了大批从事商标设计、商业招贴、商品包装的商业美

---

[1] 资料来源：2009年4月18日在燕园贝公楼（今北京大学办公楼）举行的燕京大学诞生九十周年纪念活动上笔者对于燕京大学新闻系老校友的采访。

术设计人才，在服务于中国外贸企业和政治宣传的同时，也编写了一些教材和研究文章。第四，大批广告、商业美术人才在"文革"期间转向政治宣传，这种"政治传播"也构成了那个年代的一种特殊的"政治广告"的表现形式。以上这些过程中的广告文献，自然也应该成为中国广告学术史上的一个特殊的组成部分。

1949年新中国的成立，不仅是中国政治领域中的大事，也对中国广告和中国学术的发展格局产生了决定性的影响。很多研究者认为，从1949年新中国的成立，到1979年广告恢复前夕的这三十年时间里，广告从中国市场上消失，当然也不会有任何形式的广告学研究成果。但根据笔者的资料收集，发现这是不准确的。中国广告学者在1949—1978年间，虽然不再出版"广告学"的研究专著，但仍然以一种边缘的方式从事广告学的相关研究，其成果虽然不及1949年之前那样集中和丰富，但倘若耐心梳理，也会发现中国广告学术史在这个特殊的时代中向我们展现出来的一种面向。其中，尤以从建国后到"文革"开始之前的"十七年"（1949—1965）和"文革"后期到1979年广告恢复前的几年间这两段时间最为引人注意。[1]

1949至1965年这十七年间，虽然经历了"反右"、"四清"等一系列已经被历史证明是执政者错误发动、为国家带来巨大损失的政治运动，但相比较"文革"中对教育与学术研究事业的致命性破坏，这些前期的运动毕竟还没有使中国的学术和教育制度遭受后来那样的"灭顶之灾"。这十七年里，中国广告学者虽然没有出版一部广告学著作，但是分散在各个领域和相关行业中的广告学研究者，通过散片论文的形式，从不同学科的背景中丰富了广告交叉学科的研究，其成果也应该被看作百年中国广告学术史上不可忽视的一些环节。[2]而"文革"后期，随着中国国民经济开始恢复，对外贸易广告获得了较高速度的增长，也随之带来了广告理论研究的复苏。其中尤其值得专门研究的专题，一类是广告经营方向的研究，包括"公私合营"后的新中国广告经营研究和外

---

[1] 笔者在"中国期刊网"的标准检索形式中，输入主题＝"广告"，检索时间"1949—1978"，供检索得到1979年以前新中国标题中包含"广告"的文章20篇。其中属于20世纪50年代发表的共13篇，60年代3篇，70年代4篇。

[2] 除此之外，远在台湾的广告学者，继续秉承新中国建立之前的广告学体系性著作研究的学统，写作相关著作，并在台湾的高等院校中开设相关的课程。这方面的学术成果有待于另文的研究。

贸广告工作研究等；而另一类则是在当时占主流的"文化广告"和"政治广告"研究，其中包括中央工艺美术学院的商业美术研究与教学，和左翼文艺思想影响下的作为"新文学史"之组成部分的"月份牌画"研究等。

第一节　广告研究主题的分化与拓展

黄升民在《广告的消失与复活——中国广告市场动态分析》一文中经过考证指出，新中国建立后，直到1970年，中国的广告市场并未消失，广告活动也并未停止。[1]尽管这样的结论与很多人的印象并不相同，但的确在行业组织和学术活动上有所反映。1949年底，中共中央批转了新闻总署党组"关于全国报纸经理会议的报告"，提出"把报纸作为生产事业来经营……实现经费全部或大部分自给"。1950年，中宣部发布了《关于报纸实行企业化经营情况通报》，明确指出报纸的"企业化经营方针是完全正确的，可以实现的"。[2]同年，"全国报纸经理会议决议中指出：广告在目前城市的报纸上是必要的，城市报纸应当以适当的地位主动地刊登有益于国计民生的广告，以推进生产和文化事业，并服务于人民群众的日常需要，同时也由此增加了报业的财政收入。……《北京日报》、《解放日报》、《文汇报》等全国53家报社相继恢复和开设广告版面"。[3]1950年出版的《燕京大学新闻系概况》中，"报纸的发行与广告"仍是该系的选修课程之一。1959年，人民日报、工人日报、中国青年报、光明日报、大公报、北京日报、文汇报、健康报等八个报社的广告工作者在北京日报举行座谈会，交流广告工作经验。[4] ……【图2.1】

然而，即便如此，广告这种源自西方的"资本主义生意经"，在轰轰烈烈的造神运动和个人崇拜中只能被挤压到边缘。1949年之后，在社会主义改造过程中，通过没收官僚资本、公私合营等形式，使得新中国成立前大量的广告公司被合并成为国有广告公司，其中最大的一家，当属1956年成立的"中国

---

[1] 黄升民：《广告的消失与复活——中国广告市场动态分析》，收入《中国广告活动实证分析》，北京广播学院出版社，1992年。
[2] 陈昌凤：《中国新闻传播史：媒介社会学的视角（第二版）》，第279页，北京：清华大学出版社，2009年。
[3] 同上书，第280页。
[4] 文昌：《八个报社交流广告工作经验》，载《新闻战线》，1959年第16期。

图 2.1　1953 年前的中国报纸广告（《大公报》）

广告公司上海分公司"，后改名"上海市广告公司"，即上海广告装潢公司的前身。1968 年，该公司更名为"上海市美术公司"，而一度从中国广告公司上海分公司中独立出来的外贸系统的"上海广告公司"，也于 1974 年并入"上海市包装进出口公司"。在其他城市，"广告公司"也纷纷被"美术合作社"所取代。至此，"广告公司"的名称，已经完全从中国暂时消失了。尽管实际上在外贸系统，"广告"活动并未停止，但在那样一个内贸"停滞"的年代，"广告"也只能被纳入外贸系统的"商业美术"体制之内（主要指用于海外媒体发布的企业标志设计和包装装潢），"商业美术"成了仅存的商业广告的一种特殊形式。黄升民的研究也指出，20 世纪 70 年代之后，"广告"的字眼逐渐从主流媒体中消失。[1]

反映在学术研究方面，广告研究文献随着行业的兴衰而变化的趋势同样明显。1959 年之前，关于广告市场研究的文献虽然不能说层出不穷，但毕竟一直存在。这些文献并不是一概而论的"政论"式文体，也并不是对广告持完全批判的态度，它们虽然在文风上难免带有那个时代的烙印，但毕竟反映出一部分广告研究者认真的学术姿态。因此，这些为数不多的关于广告经营和广告设计的文献，是尤其值得在学术史上进行深入的研究的。这一时期的广告学术文献有如下几个对于后来的广告研究有着重要影响的学术特点。

首先，这段时间的广告研究建构起了一个"资本主义广告/社会主义广告"二元对立的基本框架，这个框架直到 70 年代末、80 年代初"为广告正名"的时代主题中，在中国广告学界仍有很大的回响。

---

[1]　黄升民：《广告的消失与复活——中国广告市场动态分析》，收入《中国广告活动实证分析》，北京广播学院出版社，1992 年。

从现有文献来看,已经很难追究到底哪位作者是这样一个二元框架的"始作俑者",但不难看出,这样一个二元对立的框架,在当时是一种被很多研究者所普遍接受的广告思想。早在 1958 年,尹舟在《谈报纸上的广告》一文中就曾提出:"当然,我们报刊上的广告和资产阶级报刊上的广告有着本质的区别。谁都知道资产阶级的报刊的生命线,就是广告。他们离开广告就存在不下去了,而我们的报纸刊登广告,主要目的是为广大劳动人民服务,并不是单纯为了盈利。"[1] 方园在《商业美术漫谈》一文中也提出:"(资本主义社会中)这种不择手段的广告,反映了资本主义腐朽的制度和生活,所谓广告不过是垄断资本猎取利润的工具而已。…… 我们的广告不是单纯地追求利润,是结合广告反映我们生产、建设的成就,对人民生活的无限关怀,从而也体现了我们社会主义制度的优越性。"[2] 毫无疑问,这个框架今天看来虽然不免有很强的政治意味,这种把社会主义广告和资本主义广告人为地对立起来的做法,的确也有很强的意识形态的色彩,但是在那个特殊的时期,这个框架对于为广告争取合法的生存空间具有重要的意义。尤其是尹舟的文章,在当时颇有一番"为广告正名"的意义和胆识,在某种程度上,他的文章和 1979 年 1 月 14 日丁允朋发表在《文汇报》上的《为广告正名》一文有异曲同工之妙。因此,这两篇文章所共同采纳的这种"一分为二"的思维框架虽然简单,但是毕竟避免了广告被新生政权"全盘否定"的危险,因而在广告学自身的发展中具有一定的进步性。

其次,从研究主题来看,这段时期的广告学研究,逐步分化出"广告经营研究"和"广告设计研究"两种面向,并且从数量上来看,后者明显有"后来居上"的趋势。

广告经营研究和广告设计研究作为"广告学"研究的组成部分,在 1949 年以前的文献中二者"分而治之"的情况并不明显,一般的《广告学》著作中对于这两方面虽然难免有所偏重,但至少都是同时包含于广告学学理研究体系之中的。如蒋裕泉的《实用广告学》侧重于美术设计,而苏上达的《广告学概论》侧重于广告经营与广告市场,然而二者都是自成体系的广告学著作,对广告学的其他方面虽然不作重点论述,但都有所涉及。然而 1949 年以后的文

---

[1] 尹舟:《谈报纸上的广告》,载《新闻战线》,1958 年第 2 期。
[2] 方园:《商业美术漫谈》,载《装饰》,1959 年第 6 期。

献就并非如此。从表面上看这是基于 1949 年之后的文献多为单篇文章,而非《广告学》教材或专著所造成的,但无论如何这样的分工是在这一阶段形成的,随着中央工艺美术学院的建立,这种分工逐渐成为"文革"后中国广告研究的一种基本格局,即"广告学"与"设计学"的分离。这种分离是否符合学术发展的一般规律暂且不议,但它提醒我们在学术史上需要注意的一个基本事实就是,20 世纪中国的广告学研究,从上半叶的以广告经营为主体,到 20 世纪 80 年代恢复广告伊始的以商业美术(属于广义的"工艺美术"范畴)广告作品为主体,与 1949－1978 年间这个"过渡时期"的学术格局是有着密切的关系的。

最后,从研究对象来看,随着"文化 — 政治广告"活动的增加,"文化 — 政治广告"成为一种与"商业广告"对立的新兴广告形式,并且这一时期关于"文化广告"的研究逐渐超过了关于"商业广告"的研究,成为广告学术的一个新兴的领域。

所谓商业广告,顾名思义,即服务于企业经营的种种广告形式,无论是生产资料广告还是生活资料广告,均属此类。由于中国当时的计划经济体制,使得国内的商业流通处于"计划"的控制之下,这就使得"广告"的重要性难以凸现,很多公私合营之后服务于国内企业(尤其是生活资料企业)的广告公司业务逐渐萎缩,只有新中国外贸系统的广告活动一直延续了下来,所以反映在学术研究方面,高水平的商业广告营销研究的文字的数量与质量相比较 1949 年以前已经大大降低。其中比较有新意的商业广告研究,多是来自于经济学、商学等领域的外围研究,如关于盖洛普及其市场调查的介绍与论辩文章等,其中直接联系广告的叙述也并不多见,这种研究大约要到"文革"后期才由外贸系统的研究者接续起来。[1] 相反,在文化 — 政治广告研究领域(如书籍、影片、演出、招生广告乃至后来的政治宣传招贴等),则出现了许多新的研究成果,这些主题是 1949 年以前以商业广告为主体建立起来的广告学理论体系所很难含纳的。尽管从本源上说,无论是商业广告还是文化 — 政治广告都需要遵循一些共同的法则,有很大的相通之处。以文化广告为例,影院、出版社、

---

[1] 周道:《盖洛普和他的"民意测验"》,载《世界知识》,1956 年第 21 期;张栋隆:《"盖洛普民意测验"的欺骗性与反动性》,载《新闻战线》,1963 年第 1 期。

报馆、杂志社的"文化广告",虽然并不属于生活资料或生产资料的部类,但也很难说不带有商业宣传的目的,其实也是某种形式的"商业广告",但是,有书籍、影片这些"文化商品"作为"招牌",这种"文化广告"还是成了当时一种被保留下来的广告形式,也构成了广告学术史上一个独特的面向。

总的说来,1949—1978年间"非主流"的中国广告学研究,出现了许多在20世纪上半叶所建立起来的一个看似无所不包的"广告学"理论体系所无法容纳的新的主题。尤其是"文化—政治广告"在这一时期的登场,改变了20世纪上半叶中国广告学研究偏重于纯粹的经济、商业学校教科书的单一的视角。尽管"传播"的学科意识在当时还并未生成,且这种"文化—政治广告"最终在20世纪80年代之后被证明仍然是一种"被压抑的现代性"探索,但它们的确构成了这段时间内中国广告史和广告学术史的一种独特面向。从另一方面来说,尽管意识形态的重压在很多时候超过了这些成果的学术价值和思想价值本身,但是其中仍然不乏闪光之处(特别是"文革"前的17年间)。这些成果所建构出的一些基本的架构成为新中国前三十年广告学术思想史的主导潮流,至为重要的是,它们也构成了我们理解1979年之后中国广告学术史的不可或缺的一些重要环节。正因为如此,这些以往在广告学研究中容易被忽视,甚至想当然地被遗忘的分散、零碎的成果,更应该在今天的学术史研究中得到重新的梳理,从而达到对这一时期中国广告研究的学术价值的一种"再认识"。

第二节 文化 — 政治广告与广告文史研究的兴起

文化广告研究的兴起,既有实践催生的外部原因,也要关注广告学界知识分子自身的"心路历程"。无论如何,1949年选择跟随国民党政府赴台的知识分子,同选择留在中国大陆的知识分子,在接下来的至少三十年时间里经历了截然不同的命运。在大陆,一大批优秀的学者在接连不断的政治运动中被诬蔑为"反动学术权威"、"臭老九",受到挤压和逼迫,甚至迫害致死。原燕京大学新闻系主任蒋荫恩,1948年作为交换师资从美国进修广告学后返回燕大继续执教,但在随即而来的"全国院系大调整"中,燕京大学建制撤销,新闻

图 2.2 中央工艺美术学院 1956 年成立时的校址——北京阜成门外白堆子

系师资先后并入北大及人大,蒋本人最终在"文革"期间非正常死亡。而其他解放前活跃的广告学者,在解放之后实际上也被剥夺了继续写作广告学著作的权利,从而转入与广告相关、但尚能幸存的邻近学科。蔡振华、徐百益、丁浩等人,则相继加入美术学(工艺美术学)的教学与研究队伍之中。【图2.2】这样,"文化广告"成了他们唯一的栖身之所。

在作者构成方面我们看到,与 1949 年之前专业研究者(包括新闻、经济、艺术等背景)占据广告学研究主体的情况不同,这一时期的广告文章作者群体反映出一种空前的广泛性,参与写作广告文章的作者,既有新闻领域的专业学者、广告业界从业者,也包括一些具有一定文化程度的报纸和杂志的读者,乃至一般大众。受众介入广告的研究与讨论,是 1949 年以前的广告学文献中不甚突出的一种情况,但同样在 20 世纪 80 年代中再次出现。相对而言,专业研究者的文章兼及经营与设计两个方面,而非专业作者的文字则多局限于广告设计、广告伦理等外围问题。虽然如此,一些具备文学、哲学等一般社会科学背景的非专业作者进入广告研究领域,为丰富广告研究的格局作出了重要的贡献。文学理论家以群、小说史家阿英在这一阶段中都撰写了一些广告研究的文字,就连解放前从事小说创作的沈从文,在20世纪50年代也加入了中央工艺美术学院《装饰》杂志编委的行列,转变成为工艺美术研究者。

需要说明的是,把广告划分为"商业广告"、"文化广告"和"政治广告",这并不是说这些称谓在当时就已经出现,更不是说这种区分是当时广告研究者们的一种共识或自觉意识。这种区分只是从广告史(特别是广告学术史)研究的角度,事后作出的一种归纳和梳理。然而,这种梳理是有理由和根据的。人们对于"(狭义的)商业广告"和"文化—政治广告"的态度、谈论的角度和方法都是有所不同的。更重要的是,除了尹舟的《谈报纸的广告》及谈论"商业美术"的少量文章主要谈到了商业广告(包括国内企业的生产资料广告和外商的生活资料广告)外,当时论述商业广告,特别是商业广告经营的文章,无论在业界内外都并不多见。相反,关于文化—政治广告,却有较多的文字保留了下来。

在各种文化广告的研究中,主要集中在实践领域的创作批评与表达研究。这与中国20世纪下半叶普遍把广告看作一种美术的形式不无关系。如1959年在上海召开的"21个开放城市广告会议"就指出:"商业广告是经常向人民群众如实地介绍商品,指导人民消费的基本方法之一,是社会主义文化领域中一种美术形式。""必须把商品宣传和政治宣传结合起来,做到具有社会主义的思想性、政策性、真实性、艺术性和民族风格。"[1] 与此同时,当时的广告创作,在形式上要恪守毛泽东《在延安文艺座谈会上的讲话》中所提出的文艺创作的一般规律,即"为工农兵服务"的左翼文艺创作的基本立场,从而深入工农兵、深入广告的诉求对象。这样做的后果,一方面是拓展了广告的表达手段和创意形式,一时间,为"人民群众"所"喜闻乐见"的木刻版画等形式被纷纷用于政治宣传画的创作,而另一方面的后果,就是极大地抬高了受众在广告决策中的地位和话语权。

商业广告如此,文化广告更不例外,大众媒体上和户外的各种文化广告,在当时要经常受到挑剔的读者和观众的批评,这也促使创作者经常反思文化广告创作的意识形态属性以及一般规律。在这一时期,余昌平的《反对不负责任

---

[1] 转引自黄升民:《中国广告活动的实证分析》,第15页,北京广播学院出版社,1992年。

地编印美术字图案书籍》一文（1954），[1] 就是一篇犀利的广告设计批评文字。这种文字一方面尖锐地指出了当时美术字图案书籍存在的一些问题，但另一方面，以"这类东西在资本主义商业广告中是常见的"作为反对一些不好的设计的理由，在今天看来，不免也蕴含了后来"大批判"的先声。在强势的意识形态的压力之下，高度强调政治觉悟，在"社会主义广告/资本主义广告"二元对立的框架之下展开批评和研究，成了那个时期广告文献的重要的时代烙印。这种趋势到"反右运动"之后，尤其是在"文革"中间极端扩大化，对中国广告学术造成了重大的伤害。

当然，"反右运动"开展之前，还是有一些尊重广告创作活动客观规律的认真的文字。如马克的《论电影宣传画的创作》一文中提出"应着重研究电影宣传画本身的特点"，从而呼吁美术界加强电影宣传画理论研究，就是一篇尊重艺术创作规律的认真的研究文章。[2] 而当时初出茅庐的沈从文研究专家糜华菱的《诗画广告，好！》（1959）一文，更是一篇难得一见的倡导广告设计形式更新的短文。[3] 作者指出，"这（指诗画广告）广告决不是我俩所常见的那种产品名称的清单，或者是工厂名字"，而是呼唤诗人和画家充分合作的具有"诗情画意"的广告。在20世纪60年代，美国广告业已经开始进入"创意时代"，在中国虽然广告业没有经历那样一个轰轰烈烈的"时代"，也还并没有明确提出"创意"这个概念，但毕竟这种呼唤广告形式更新的文字，反映出现代广告在中国发展的半个世纪以来，人们对于广告艺术形式创新的一种时代的企盼。

在文化广告研究和批评的文献中，围绕"书籍广告"的讨论从数量上看也是比较多的。1957年，署名"中文"的作者，以"读者来信"的形式，率先提出"我们欢迎在书籍上作广告"，文章指出，"只要登出来的广告确实有思想内容，能使读者多知道一些东西，解决读者的问题，在它里面看不到公式化的陈词滥调，编排设计得适当，它就会和书籍本身成为一体，它就会得到广大读者的喜爱。"[4] 而更加带有批评色彩的文章，是1957年以群、王礼两位作

---

[1] 余昌平：《反对不负责任地编印美术字图案书籍》，载《美术》，1954年第3期。

[2] 马克：《论电影宣传画的创作》，载《美术》，1957年第1期。

[3] 糜华菱：《诗画广告，好！》，载《新闻战线》，1959年第2期。

[4] 中文：《我们欢迎在书籍上作广告》，载《读书》，1957年第6期。

者发表在《读书》上的关于书籍广告创作的批评与讨论。这里所说的"书籍广告",既是发布在书籍上的广告,也是关于书籍(新书出版)的广告。两位作者一致严厉批评了当时一些不负责任、离题万里的书籍广告,并以鲁迅亲自关心、参与书籍广告的设计为例,肯定了书籍广告的存在价值。应该说,这也是广告业界之外的其他领域的研究者,对于广告评论与广告批评的积极参与。

不过,在新中国前三十年(确切地说,是"文革"前的十七年)的文化—政治广告研究还只是以这种批评、随感性的短文为主体的时候,我们还必须注意到另外一种形式的广告研究的兴起——即对于广告的文史研究也在这一时期内开始有了一些初步的研究成果。这一部分研究成果多集中在广告史的研究领域,并且多为人文学者、文学史家所为,在以往不容易引起广告学界学者的重视和注意。然而,正是这些当事人的及时的回忆,为今天的月份牌画研究(无论是美术史视角还是新闻史视角)保存了很多珍贵的史料,而在今天广告学科的外延极大扩展的同时,关注这些由文史学者所作出的"广告外部研究"(借用文学理论家韦勒克在《文学理论》一书中的区分),自然也是广告学术史不可忽视的一重任务。

20世纪50—60年代及"文革"结束后的几年间,在新闻界和美术界集中出现了一批回忆解放前的"延安木刻"、"月份牌画广告"和"年画与连环画"的史料性回忆与研究文章,而在"新文学"(中国现代文学)史研究领域,也出现了一些研究鲁迅与书籍广告、鲁迅与美术的文学研究。在这批文章中,尤其以步及的《解放前的"月份牌"年画史料》(1959)和阿英的《漫谈初期报刊的年画和日历》(1963)两文与此后广告研究的关系最为密切。步及的文章,比较早地以学术的态度界定了"月份牌画"的概念、定义及其在中国产生的历史,与此同时以严格的系谱学、史料学方法,记载了解放前可资查考的"月份牌画"作者的名单及详细信息,包括基本信息(出生,籍贯)及画风与特点。在史料学方法上,作者步及注重一手资料的挖掘与记录,通过许多月份牌画画家本人收集资料,并通过大量的注释,进行翔实、客观的考证和描述。[1] 20世纪90年代末以来,随着"文化研究(Cultural Studies)"在中国的兴起,"月份牌画"的研究在20世纪中国文学研究领域一度成为"显

---

[1] 步及:《解放前的"月份牌"年画史料》,载《美术研究》,1959年第2期。

学",步及翔实的资料为这些后人的研究进行了重要的资料准备,也为后人的思想展开提供了许多便利。而阿英的文章则相对偏重于理论思辨,根据个人回忆,以回忆早期报纸附赠的月份牌画广告为引导,着意于表现"封建的祝贺,祖国的悲伤,落后的风习"和"乐观、幸福和自由"的新中国之间的对比。[1] 这种叙述虽然在今天看来有些"陈词滥调"之嫌,但毕竟反映出一个时代的学术风尚。

这批关于月份牌画、鲁迅与书籍广告的研究中,作者对于"广告"的态度多是正面的、客观的,甚至要求把鲁迅撰写的广告词作为鲁迅的佚文。[2] 因而,这对于那个年代中间人们对于"广告"容易产生的各种偏见,很难说不具有一定的积极意义。而更重要的是,这种文史学者的广告研究的登场,极大地丰富了广告学研究的学术格局。广告研究不再是1949年之前那样局限于一个封闭的体系,而是形成一个更加松散的架构。我们并不能说这些新的主题是对于旧有的广告学理论体系的一种突破,因为虽然表现在外表的是这样的一种现象,但是很难说这些广告学研究的成果是整合的,因而也不可能有"突破旧有理论体系"的这种自觉的学术行为。不过,尽管这个架构被统合在"广告学"的名义之下并不是当时人们的自觉选择,但是"广告"作为一个如此复杂和丰富的研究对象,本来就应该包容多种研究范式,而并不仅仅属于专门的"广告学者"。广告学的研究格局,也应该含纳入类思想领域中对于这个研究对象的各个角度的深入思考。

第三节 中央工艺美术学院及其商业美术研究

1950年,原国立北平艺术专科学校被新政权接收,原"艺专"的音乐、戏剧等系单独成立为新中国的"中央"级专科学院中央音乐学院和中央戏剧学院。仍然留在"艺专"的绘画、雕塑、实用美术等造型艺术类专业,则统一在原址上成立"中央美术学院",由徐悲鸿任院长。如同1949年之前的情形一

---

[1] 阿英:《漫谈初期报刊的年画和日历》,载《新闻战线》,1963年第1期。
[2] 舒汉:《鲁迅主办的"俄法书籍插画展览会"及其广告和目录》,载《山东师范大学学报》,1978年第2期。

图 2.3 位于北京东三环中路的中央工艺美术学院旧址,今已拆除

样,实用美术专业在美术学院中也是被边缘化了的,不可能成为优先发展的专业。但在 1956 年全国院系大调整中全新建置的"中央工艺美术学院"【图2.3】,却为工艺美术(包括商业美术)的教学和研究带来一丝生机。

中央工艺美术学院是在当时的中央美术学院实用美术系和中央美术学院华东分院(今浙江中国美术学院)实用美术系二系调整合并的基础上建立的。学院建立初的一段时间内,集中了原中央美术学院系统的庞薰琹、张光宇、张仃【图2.4】,原中央美术学院华东分院系统的雷圭元等工艺美术家和理论家,也包括院外的沈从文、徐百益等人。"工艺美术"这个词在当时具有两种含义,其一是特种工艺,如牙雕、景泰蓝、泥人张等,其二是现代设计与商业美术。当时学院的教师队伍与上级主管部门(轻工业部,原中央手工业管理局)之间

图2.4 张仃设计的全国政协会徽

对此的认识是有差别的。轻工业部成立这所学校的目的非常单纯,就是要培养手工艺人,从而在我国对外贸易中为中国赚取更多的外汇;而副院长庞薰琹等人则坚持要把学院建成中国的"包豪斯",即为现代化服务的设计学院。双方争论的最终结果,是庞薰琹被划为"右派",而中央工艺美术学院的专业设置中最终也同时包含了两种意义上的"工艺美术"。

装潢设计系是学院1956年建立时最早成立的系之一,包括商业美术、书籍设计和装饰绘画(壁画)三个专业。在那个特殊的时期,无论是新闻系还是美术学院,"广告"类的课程都一再被边缘化。在美国学习广告的中国学者蒋荫恩,1948年回国后先后于燕京大学、北京大学和中国人民大学所开设的课程均为新闻采写和新闻理论而不是广告,这很能说明问题。这样看来,中央工艺美术学院装潢设计系的商业美术教学,已经是那个特殊的时间内最为接近于"广告"的一个专业了。中央工艺美术学院的理论研究成果和教材撰写工作,主要由工艺美术史论教研组承担,但这种研究主要集中在中国工艺美术史等领域,与现代广告的关系不甚密切。因此,装潢设计系商业美术专业的教学研究成果更值得我们的重视和注意,这些成果主要是通过《装饰》[图2.5]杂志得以发表。《装饰》于1958年"大跃进"中间创办,但其内容并不仅仅限于"装饰",也包括相当比重的商业美术教研成果。这些成果的主要贡献在于这样几个方面:

首先,一些商业美术研究者对"商业美术"这个新命名的学科概念之内涵及其外延进行了初步的梳理。

从当时中央工艺美术学院装潢设计系商业美术专业开设的课程来看,当时商业美术专业的教学并没有单独的"广告学"课程,而主要是集中于设计和制作方面,"企业形象"属于商业美术的范畴,但在当时则只能体现为"标志设计",此外,包装和宣传卡也是当时商业宣传的主要工具。1959年,方园在

图 2.5 《装饰》杂志创刊号(1958)

《装饰》杂志上发表《商业美术漫谈》一文,对于这个学科进行了初步的界定,其中对"广告"和商业美术的关系有明确的说明:

> 商业美术的范围是很广的,如多种多样的广告、橱窗、印布宣传品、商品包装……等,都是用不同的形式与方法,向消费者作着商品的报导、介绍,它是为消费者和生产者服务的。……当消费者置身在丰富多彩、琳琅满目的商店里的时候,假如没有橱窗、广告、商品包装以及售货员同志的口头介绍,去帮助消费者了解和选择他所需要的商品,那的确会使消费者在购买时感到困难。我们的广告,橱窗陈列工作,可以说在生产和消费者之间建起了桥梁。[1]

"商业美术"作为一个艺术类专业,从中央美术学院的实用美术系脱离出来,进入刚刚设立的中央工艺美术学院,从艺术界的边缘转而进入工艺美术的前沿,一时成为受到艺术类学子追捧的一个专业。中央工艺美术学院装潢设计系第二届学员、现清华大学美术学院退休教授罗真如回忆说,商业美术专业在

---

[1] 方圆:《商业美术漫谈》,载《装饰》,1959 年第 6 期。

20世纪50—60年代中央工艺美术学院暂时停止招生之前，始终是该院最受考生追捧的一个专业。[1] 装潢设计系的商业美术专业，师资力量和生源质量很高，也为当时为数不多的一些中国广告和商业设计部门培养了一批商业设计工作者。教学的需要促进了学术研究的进展，使得商业美术研究成为当时硕果仅存的商业广告学术研究的存在形态。

其次，这段时期，对商品宣传卡、橱窗广告几种具体的"商业美术"门类进行了较为深入的专题探讨与研究。

1959年，老广告人蔡振华在《装饰》杂志上介绍了"商品宣传卡"这种特殊的广告形式，根据罗真如的回忆，商品宣传卡是当时中央工艺美术学院商业美术教学和创作中的一个重要门类。[2] 蔡振华介绍性的文章，让我们了解到今天已经很难见到、但曾一度流行于我国出口商品中间的特殊的广告形式："商品宣传卡是各种广告形式中之一种。它不同于一般提示性的广告，它的特点是可以利用美丽的图画和文字更加细致地介绍商品的规格、特点、优点和它的使用方法。"[3]

1959年8月，新中国的中央商务部在上海召开了"全国广告、橱窗、商品陈列会议"，因此相比之下，同时期人们对于橱窗广告（橱窗陈列、橱窗装潢）的讨论文章就更多了。这一年，中央工艺美术学院装潢设计系教员邱陵在《橱窗的构图与色彩》一文中，把橱窗作为一种"商业的橱窗广告艺术"来进行研究，提出橱窗设计与一般美术的不同，即作为一种"经常与广大群众接触的艺术形式"，既应该符合艺术的一般原理，也应该"环绕着表现商品的要求千变万化"，它可以同时反映出设计者的构思和"对商品的理解程度"。方园则进一步指出："在设计时不能仅从橱窗着想，还要考虑到环境。它不是孤立的存在着，它和整个建筑尤其是店面紧密地联系着，因此需要从整体出发去进行设计。……从广告的角度来看，店面也是重要的一个部分，有它一定的作用，但过分的装饰，就会破坏整体的美的效果。"[4] 这样看来，当时对橱窗设计中很多具体的问题的讨论已经比较丰富了。

---

[1]　2008年3月13日罗真如口述。
[2]　同上。
[3]　蔡振华：《商品宣传卡》，载《装饰》，1959年第6期。
[4]　方园：《商业美术漫谈》，载《装饰》，1959年第6期。

最后，当时的商业美术研究领域已经显露出政治思想的一些负面影响，"意蒂牢结"（ideology）成了当时商业美术研究"不能承受之重"。

1956年，在《装饰》还没有创刊的时候，围绕着广告究竟应该以商品宣传为主还是政治宣传为主，在《美术》杂志上就展开了关于商品与政治的兼容性的一场论辩。当时中央工艺美术学院的教员吴劳，提出"商品陈列与政治主题配合"，指出目前橱窗设计的首要任务，是"动员工人和农民为开展社会主义建设的规划和争取完成或超额完成生产计划"。而伊之美当即撰文反驳这种把广告宣传和政治宣传捆绑在一起的论述："商品流通中的广告费，是为宣传商品服务的，是构成商品价格的一部分，为什么用于宣传商品不是理之当然？……为什么要使橱窗负担过多的任务？"但是很显然伊之美的呼吁在当时难以引起头脑发热中的人们的共鸣。很多政治觉悟比较高的作者，已经注意到要把广告设计和政治思想结合起来进行论述，如中央工艺美术学院教员袁运甫在谈论橱窗设计的时候这样写道：

> 艺术在不同的阶级社会里有不同的内容和目的，上海橱窗艺术在解放前和解放后的变化，充分说明了这个问题。……党的政策，或者在某一个阶段所提出的中心口号，必须认真学习和研究，我们橱窗艺术工作者要善于领会它的精神实质，并作为我们设计过程的指导思想。……所以说，提高商业广告设计水平，必须努力提高我们的政治思想水平……[1]

政治挂帅的时代背景，使得广告学研究不可能展开新中国成立之前的那种西方式的"学术研究"，而必须结合政治思想和政策宣传，这使得宣传性质的"商业美术研究"取代了心理学、经济学等"西学"的视角，占据了新中国前三十年广告研究的一个中心地位。可是，无论研究者怎样强调自己的"政治觉悟"，在接下来的几年间，学校被关闭，学者受批斗，广告学术制度遭遇新中国建立以来的"灭顶之灾"，终究是在所难免的事情了。

但总的说来，中央工艺美术学院在传统的手工艺美术和民间艺术研究之外，开辟出了新兴的"设计"研究的新天地，其中的商业美术研究与广告学研

---

[1] 袁运甫：《橱窗的构思》，载《装饰》，1959年第6期。

究的关系尤为密切，填充了中国广告学术史上的一段空白。这方面工艺美术界（还包括一些中等工艺美术学校）的研究和创作力量是功不可没的，这种工艺美术界对广告学术的影响一直延续到20世纪80年代初期。该院学报、1958年创刊的《装饰》杂志，也成为20世纪50年代中难得一见的登载商业美术研究文章的专业学术期刊。然而学术终究难免摆脱大的政治氛围的束缚。对于这一切，身处运动之中的中央工艺美术学院的广告研究群体自然也无法幸免。

第四节 "后文革时代"的外贸商业广告研究

所谓"外贸"，即"对外贸易"的简称。从20世纪70年代开始在外贸系统工作的老广告人姜弘先生这样解释"外贸"这种新中国的特殊经济贸易体制：

> 中国的外贸体制实际上是沿用的前苏联的外贸体制，就是国家统制对外贸易，只有国家授权的专业进出口公司才能经营，除此之外其他任何人或者组织都不能经营对外贸易。外经贸部那个时候政企不分，这样一个政府机构，它下面挂着一些"中"字头的公司，如中国什么进出口公司，像粮油、纺织品、轻工等进出口总公司。鉴于中国这样的外贸体制，进出口广告也被视为进出口贸易。[1]

1949年之后的中国的对外贸易，是新中国政权在没收官僚资本和对民族资本进行工商业改造的基础上建立起来的。经历了国民经济的恢复和两个"五年计划"，"外贸"体制逐渐建立完善。并且，由于即便在"文化大革命"这样的特殊时期，中国的对外贸易也并没有中断，成为中国一种硕果仅存的经济贸易形式，因此，新中国对外贸易总额（进口贸易额与出口贸易额之和）呈不断增长的态势。20世纪70年代以来，这种趋势尤其明显，1975年中国对外

---

[1] 2007年11月姜弘口述。

贸易总额达到创纪录的 147.5 亿美元。[1] 这在一个"以阶级斗争为纲"的年代中是令人瞩目的经济成就。

然而，外贸系统的商业广告从业者，对于理论研究的兴趣似乎并不很高。尽管外贸系统拥有《中国对外贸易》等多种创刊于 20 世纪 50 年代的期刊，但主要是作为对外宣传的媒介，其中鲜见关于"外贸广告"或"外贸商业美术"的学术理论研究。[2] 只是在"文革"后期，随着中国正常的经济、政治、文化秩序呈现出恢复的迹象，对于外贸广告的需求和研究也空前增多，在各地外贸系统"包装进出口公司"等体制下的实际上从事广告活动的商业美术、设计工作者，才开始对于业务工作进行比较系统的理论学习与总结。无论如何，外贸系统从业者所进行的相关广告和商业美术研究，成为 20 世纪 70 年代后半期中国广告学领域"硕果仅存"的一些理论成果。这批成果集中出现在 1976 — 1978 年间的外贸系统的理论杂志上。【图 2.6】

1975 年，《国际贸易问题》杂志开始以"进出口业务讲座"的形式，系统地介绍了中国对外贸易（主要是出口商品）工作中的一些基本的业务问题，其中第六讲为"出口商品的包装工作"（作者署名为"对外贸易部包装局"）；第十三讲为"出口商品的广告问题"（作者晁劲）。从内容来看，文章中所反映出的浓重的意识形态色彩，以及难以避免的"社会主义广告/资本主义广告"二元对立的框架，有些令人感慨和遗憾。然而，这批文章同当时（20 世纪 50 — 70 年代）的大量零散的广告论述比起来，具有较强的体系性、完备性和相对自觉的学术意识；而与 1949 年以前的各种"广告学"的泛论比起来，这批文章又在广告基础理论问题的推进、结合外贸业务特点论述等方面颇有些新意。

一方面，外贸系统的包装与广告研究，用马克思的政治经济学理论框架，比较完满地解决了新中国经济学界从 20 世纪 50 年代就开始讨论的一个广告基础理论问题，即关于"纯粹流通费用"的补偿问题。

---

[1] 傅自应主编：《中国对外贸易三十年》，第 9 — 10 页，北京：中国财政经济出版社，2008 年。
[2] 参见卿婧：《未曾空白的历史——〈中国对外贸易〉杂志广告研究（1956 — 1964）》（北京大学新闻与传播学院硕士论文，载《广告研究》（即《广告大观·理论版》），2008 年第 4 期。此外，在上海广告公司（即其前身中国广告总公司上海市公司）的内部培训资料中，曾有一些广告工作经验的总结和理论探索，但这些文献并没有在学术界公开发表。（参见《上海广告装潢公司大事记》，上海市广告协会蒋竞元提供）

图2.6 1980年外贸部国际贸易研究所编辑的《外贸调研》内部资料

广告、包装、运输等商品流通环节产生的费用以及由此带来的商品价格的提高，属于商品的"纯粹流通费用"。按照马克思的古典经济学理论框架，那么，这种"纯粹的流通费用"是否属于商品成本？是否增加了产品的价值？是否提高了商品价格？是否由剩余价值获得补偿？这些问题是马克思本人以及马克思主义政治经济学的经典作家们所没有正面触及过的。新中国成立初期，围绕这一问题，很多当时著名的经济学家如蒋学模、江诗永、徐毓楠等人，在《经济研究》、《学术月刊》等杂志上曾展开一次比较大规模的辩论，一时间诞生了大量"商榷"文章（"商榷"这种文体的大量出现，本身就几乎是20世纪50—70年代中国各个学术领域中流行的一种学术现象）。江诗永把广告、包装、运输等费用看作纯粹流通价值中的"不变资本"部分，认为可以通过"提高商品的名义价值从价格中得到补偿"，而工人工资等"可变资本"的部分，不能提高商品的价格，从而只能通过剩余价值使资本家获得补偿。[1]

---

[1] 江诗永：《论商业利润与纯粹流通费用的补偿问题——一个理论问题的研究》，载《经济研究》，1956年第4期。

但凯恩斯的中国弟子徐毓楠则认为，无论是可变资本还是不变资本，都是通过剩余价值获得补偿的，这两部分在补偿方面没有本质的区别。他还说："个别资本家都会把纯粹流通费用加在商品的售价上，从商品的售价中得到纯粹流通费用的补偿，但是由此引起的商品价格的提高只是名义的，即没有真正的价值增大与之相应。"[1]

这场大讨论看似一个和"广告"无关的纯粹经济学理论问题，而且中间充满了经济学细枝末节的复杂理论论证，并且随着徐毓楠的英年早逝，以及随后轰轰烈烈地展开的"反右"运动中对于知识分子的政治迫害，这场大讨论最终"无果而终"；但是我们需要看到，在当时占垄断地位的马克思主义古典政治经济学的研究框架中，如果不能通过肯定"纯粹流通价值为商品增加价值，并通过产品售价得到补偿"，从而在"社会主义广告"和"社会主义商业美术"的框架中为"广告"和"包装"赋予一种"社会主义的合法性"和"社会主义制度的优越性"，反而强调"纯粹流通价值"只能通过"资本家榨取的剩余价值"来得到补偿的话，其结果很有可能使广告和包装遭受"灭顶之灾"。令人感到欣慰的是，这个当时参与的经济学家们对此似乎也并未形成统一意见的问题，在1976年的《出口商品包装工作》一文中，得到了对外贸易部包装局的比较肯定的定论：

> 商品包装是商品生产过程必不可少的组成部分，是流通过程中的重要条件。它属于生产性的流通费用，在商品出卖时得到补偿。一般说来，包装不增加商品使用价值，但是增加价值。因为包装所用的劳动，是社会必要劳动的一部分，没有包装，生产过程就没有完成，不能转到消费过程，使用价值虽然生产出来了，也不能说实现。因此，在商品生产和交换存在的条件下，包装装潢是实现和增加商品价值，实现商品使用价值的一种手段，它起到保护和美化商品的作用，便于商品的运输、储存、销售和消费，是商品不可分割的一部分。[2]

"商品包装"如此，在当时行政关系上从属于"包装进出口公司"的"广

---

[1] 徐毓楠：《纯粹流通费用的补偿问题——一个尝试性的解决》，载《经济研究》，1956年第5期。
[2] 对外贸易部包装局：《出口商品包装工作》，载《国际贸易问题》，1976年第3期。

告科"的诸种业务，自然也获得了相应的合法性。因此，尽管政治经济学的论述框架在当代经济学中已经显得陈旧和落后，但这种来自于官方对于包装开支作为"纯粹流通费用"的补偿问题的解决方案，在当时的政治条件下极大地肯定了包装、装潢、广告、设计工作对于经济贸易的必要价值，也调动了从业人员的积极性，对于广告的发展来说具有积极的历史进步性。

另一方面，结合对外贸易的特点，当时外贸广告的从业者介绍了中国对外贸易广告在国外市场调查、营销等领域的一些前沿理论和实务经验，令人耳目一新。

从这些文献来看，"必须根据不同商品、不同地区、不同国家、不同的风俗习惯以及消费水平进行设计"，[1] "必须广泛调查、深入研究，才能做好广告。……首先要了解当地民族的风俗习惯，才能使广告得到预期的效果"[2] 等，成为当时外贸广告、包装装潢工作者们的"共识"。同时，在这一时期他们已经开始注意到国外的广告代理机构多委托商业咨询机构进行市场调查的经验。在 1977 年的《出国小组怎样进行调查研究》一文中，作者详细介绍了中国外贸销售人员在国外接受"市场调查"这一新生事物的心路历程和经验教训，并对国外市场的"往来客户、银行、商会、政府有关部门、公证行、从事市场调研的商业性咨询机构、各种经纪人"等市场调研的中介进行了详细的描述和介绍。[3] 这些调查的意义、方法和内容，虽然在 1949 年之前的多部广告学著作中已经有所涉及，但那时的介绍还是局限在对于国外调查方法和理论的译介层面，虽然介绍得非常系统，但无论是苏上达、吴铁声、朱胜愉等人，还是当时中国的各种广告公司，并没有严格开展这种科学的调查研究的经历，这从这些作者所举的调研方面的例子均来自于国外就可见一斑。因此，20 世纪 70 年代这些基于从业者亲身经历和经验的反思，就有中国外贸广告市场上极其现实的意义和历史 — 理论的双重价值。【图 2.7】

与此同时，西方的"营销"（Marketing）概念和"营销学"（Marketing Science）这个学科也第一次通过一种学术文献的方式被介绍到中国，这是见于 1978 年晁劲的《出口商品的广告问题》一文：

---

[1] 对外贸易部包装局：《出口商品包装工作》，载《国际贸易问题》，1976 年第 3 期。
[2] 晁劲：《出口商品的广告问题》，载《国际贸易问题》，1978 年第 2 期。
[3] 本刊通讯员：《出国小组怎样进行调查研究》，载《国际贸易问题》，1977 年第 2 期。

图 2.7 外贸部《国际贸易》杂志

> 资本主义国家很讲究销售学（Marketing Science），资产阶级学者认为销售学是指导商品流向的一门科学，其任务是研究市场需要，预测发展趋势，制订销售方案，以扩大商品的销路，攫取更多的利润。广告宣传是销售学的一项重要内容，是资本家竞争的重要手段。在资本主义市场上，只有因未做广告宣传而卖不出去的商品，没有不搞广告宣传而能畅销的商品。我国的出口商品要在资本主义市场扩大销路，也必须研究广告宣传问题。[1]

尽管当时"营销"作为"Marketing"的对应译名还没有确定下来，关于"营销学"的基本理论和主张也语焉不详，只是笼统地把"广告"纳入"营销学"的范畴。但是这仍应被视为一个可贵的开端。整个 20 世纪上半叶的中国广告学研究中，几乎完全看不到"Marketing"的影子，就连 20 世纪 40 年代吴铁声、朱胜愉编译的大部头的《广告学》这部借鉴了很多西文文献的"部定大学用书"所附的广告学英文名词索引中，也只有 Market（市场）而不见"Marketing"及其对应的中文翻译。半个世纪之后，"Marketing"终于由外

---

[1] 晁劲:《出口商品的广告问题》，载《国际贸易问题》，1978 年第 2 期。

贸系统的广告人介绍到中国，无论其最初的译名为何，都是未来（1979年以后）广告学研究格局发展变化的开端和先声。

小　结

　　新中国建国前三十年的广告研究，很大程度上处于松散、自发的阶段，用作公开发表的广告理论文章数量极少，甚至没有一部独立的广告研究专著，在已发表成果的理论化程度等方面也难以尽如人意。而接连不断的政治运动，更对于广告学术研究造成极大的冲击。这些都与20世纪上半叶中国的广告学研究迥然有别。然而，就在这样的环境中，中国的文学、新闻、工艺美术、对外贸易各界的研究者们，通过各自不同的学术阵地，在对于广告的研究方面取得的这些成果，还是表现为中国学术史上的种种不同且独特的形态，提示着这段历史时期内的广告研究在中国并未完全消沉。在新中国成立后前三十个年头中，广告研究零散地分散在文史研究、商业美术、对外贸易系统等多个领域中，在那个特殊的历史时期的文化—政治背景中取得了一些独特的学术成果。不仅如此，这些成果还是我们把20世纪中国广告学术史作为一个整体来观照的过程中的重要组成部分，如果忽略中国广告学在这三十年间所关照的一些研究主题，我们就无法建立起关于20世纪中国广告学学术史的完整脉络，也无法从根源上理解80年代广告学研究中的某些时代性主题。而只有理解了这样的学术背景，我们才能对20世纪80年代中国广告学研究复苏的学术环境有更加全面的认识，并且在此基础上建立起我们关于中国广告学学科源流与学术建构过程中的一个连贯的知识谱系。

第三章 从"思想"到"学术"

—— 改革开放以来中国广告研究的学思历程

在进入对于改革开放以来中国广告学具体研究成果的评价之前，有必要从学理上弄清楚广义上的"广告研究"或曰"广告学"，应该包括广告实务研究和广告理论研究两个层面。不难想到，在中国广告业复兴伊始，占据主流的研究只能是广告实务研究而非广告学理论。与业界实务的密切结合，是中国现代广告学与广告教育与其他人文社会科学相比较的一个鲜明的特点，这种特点是从中国大陆广告业复兴伊始就奠定了的。而以唐忠朴的《实用广告学》为代表的早期体系化的广告学著作，更是在当时广告实务蓬勃发展的形势下"应运而生"的著作。此后的中国广告学界，"实务研究"在中国一直占据了上风，以"实用"为特色的中国广告学，既在很大程度上推动了中国广告学实务研究的进展以及在产业实践中的指导意义，另一方面在很长一段时间内也使作为一门社会科学的广告学在学术界与其他学科相对话的过程中显得"失语"。本章将依据我们在对于当代中国广告史研究过程中形成的分期，[1]对1979年以来的广告学术史进行综述，并将与广告实务研究密切关联的广告媒介调研史作为专题加以论述。

第一节 1979—1991：中国广告的正名与启蒙

1979年，中国大陆广告业复兴。业界的变化带动了广告学术研究与广告教育的繁荣。现代广告交叉学科的学术特点，以及在"思想解放"的大背景中的特殊地位，也使得该科开放之初的中国广告学术研究必须在一个多元混杂

---

[1] 陈刚主编：《当代中国广告史·1979—1991》，北京大学出版社，2010年。

（此前中国的广告理论积淀和对西方最新广告理论的引介）的基础上重新开始。在这个意义上，几乎任何一部"当代中国广告史"都会提到的当代中国广告理论"开山之作"——丁允朋的《为广告正名》，其实并不是丁允朋一个人的思想，而是代表了一个时代整体上"现代广告学"滥觞的先声。

尽管在20世纪上半叶已经有所谓"现代广告"的概念，但由于历史的原因，改革开放后的中国广告学重新经历了这场"现代广告"的启蒙。很多人认为，80年代初期中国广告学术完成了"为广告正名"的时代性理论任务，然而我们或许可以说，在一个广泛的全社会意义上，"为广告正名"至今仍是一项未竟的事业。在这种局面下，重温中国当代广告学草创时期的研究成果，仍然是一件指向当代广告理论建设、具有现实意义的工作。

1. 为广告正名

一般认为，学术期刊和专著出版是学者发表研究成果的主要阵地，20世纪80年代中国广告学界的局面，总的说来也不例外。广告学术著作的出版当然取得了引人注目的成就，但这一时期的广告学原创著作还主要停留在自发的局面，成果比较分散，因而在这一时期先后创刊的《中国广告》、《国际广告》等业界主导期刊的及时登场发挥了很好的媒体作用。而1987年成立的中国广告协会学术委员会等行业组织也充分体现出在学术组织方面的责任感，各种广告学研讨会的丰富与活跃，以及随后的论文结集，也成了中国广告学者论文发表和学术交流的重要媒介。但综而观之，这些成果总体上都体现出20世纪80年代的中国现代广告学，处在一个"从思想到学术"的发展的关键阶段。

中国的第一批广告学研究者，就其主流而言，并不是来自于哲学、美学、艺术等人文学科领域的学者，而是一批活跃在中国外贸和内贸广告系统实务一线的从业者。在这种背景下，"广告学"作为一门学科的建设，的确显得缺乏群众基础和社会支持。中国整个20世纪80年代的思想解放运动中，学术思想界的青年人是"天之骄子"和精英，西方的哲学、文学、美学、经济学、社会学、管理学、艺术理论思想被大量引进中国，本体论、方法论、系统论等形而上的"术语"是人们的时尚话题，而"中国文化"、"河殇"一类的"宏大叙事"更是人们竞相讨论的中心。在这种背景下，20世纪90年代之后流行的经济建设、市场营销等，并未成为20世纪80年代的主流思潮，当然主要属于实务层面的广告学著作不可能融入学术界。因而在整个20世纪80年代，几套影响最大的学术丛书如"走向未来"丛书、"文化：中国与世界"丛书、三联书店的"新知文库"中几乎没有一本广告学著作，高校与研究机构等学术事业单位中也难觅身处媒体、广告公司之外的纯粹的"广告学"理论研究者。

广告学学科就是在这种筚路蓝缕中发展。广告学研究的发展，一方面需要来自业界的需求和支持，另一方面更需要研究者对研究对象的内涵和外延进行严格的界定。1979年之后中国内地最早正式出版的具有体系性追求的广告著作，当同时推潘大均、张庶平合著的《广告知识与技巧》（内蒙古人民出版社，1981年6月）与唐忠朴、贾斌合编的《实用广告学》（工商出版社，1981年9月）。1937年出生的潘大钧时任北京商学院（今北京工商大学的前身）教师，其合作者和主要执笔者张庶平在当时则是名不见经传的学生；1928年出生的唐忠朴，则是当时工商出版社的编辑，几位合作者又大多是中文系的毕业生。这几位主要作者都不是专业的广告从业者，但当时都敏锐地意识到了广告的发展需要科学理论的指导，不约而同地迈出了走向"广告学"科学体系的关键的一步。

唐忠朴说："《实用广告学》是新中国出版的第一本'广告学'。由于它是第一本，没有可资参照的东西。"[1]这种说法虽然在很大程度上反映出当时的实情，但严格地说，对于20世纪中国广告学术史来说是不尽确切的。在该书的《后记》中可以看出，作者们其实已经参考了虽然非常有限、但却足以借鉴的一些国外广告学著作，如小林太三郎的经典著作《现代广告》。当然，由于撰写当时国门尚未完全打开，作者们没有机会参照更多丰富的国外以及港台地区的众多广告著作，这是可以理解的；但还应该看到，中国现代广告学在解放前就有了一定的积累，从注重实务与商业实用性这一点来看，这些著作的特点与唐、潘二著是一致的。然而无论如何，"系统化"、"理论化"这种对于一门学科的科学要求，并不是一蹴而就的。一些追求"系统化"，但却缺乏"理论化"的对广告业务的反思，也只能称为一种"广告术"而不是"广告学"。

尽管如此，今天看来，《实用广告学》一书在资料收集与结合中国现实做

---

[1] 唐忠朴：《我的广告生涯》，第9页，北京：中国友谊出版公司，2004年。

的实务研究方面，仍然较之《广告知识与技巧》更为丰富。时隔多年，其中很多具体的论述已经过时，但该书在学术史上的意义是不容抹杀的。其优点在于并不是照搬西方或者日本的同类著作，而是贴近当时的中国现实问题进行阐述。例如，对于中国广告联合总公司的业务情况、早期中国广告媒体的广告经营情况的介绍与分析，不但为今天的广告史、广告学术史研究提供了生动丰富的史料，而且从一开始就体现出写作者唐忠朴及其合作者的浓重的"本土情结"。此外，作为一本广告学著作，在写作中融合了工商界、工艺美术界、新闻界、学术界的诸多视角，也显示出写作者们的整合的视角与战略眼光。

接下来，作为各种层次广告教育的培训教材，《广告学》著作在 20 世纪 80 年代的中国就已经逐渐多了起来，广告业界、广告教育界对于概论性广告学著作及教材的需求作为一个教育和学术建设问题被提到了议事日程上来。据不完全的统计，从中国广告业的恢复伊始到 1991 年为止，中国大陆出版的体系化的广告学类著作至少有如下几本：《实用广告学》(唐忠朴、贾斌等，1981)、《广告知识与技巧》(潘大钧、张庶平，1981)、《广告学》(傅汉章、邝铁军，1985)、《广告学入门》(颜瑾瑜、陈宏愚，1986)、《现代广告学》(杨荣刚，1987)、《现代广告学》(赵育冀，1987)、《中国广告学》(刘林清，1988)、《广告学》(孙有为，1991) 等。在中国广告学学科创立之初亟需体系和教材的时候，出现这么多学科体系性的著作，而较少有价值的专题性研究，似乎是在情理之中的事情，但这也在客观上反映出中国广告学滞后于整个中国学术的现实。即便是在 20 世纪 80 年代中期整个学术界热衷于对于"方法论"和"系统论"的讨论时，广告学界高水平和实证研究类的著作也并没有随之而生。

在上述这种社会现实中，最早有关现代广告的文字，是一种广告思想而不是严格意义上的广告学术，似乎也是不难理解的事情。这些零碎的思想出现在特定的历史背景下有其特定的意义，但无论如何，"广告学"所指向的应该是一种学理化、体系化的广告思想的理论总结。在整个 20 世纪 80 年代，符合这种学术标准的广告学，只能说是一个从无到有的过程。尽管早期广告思想先行于广告学学术研究，但考虑到这些并没有形成科学体系的思想对于此后整个广告业和广告学的意义，把它们称之为中国现代广告学的滥觞也不足为过。

"为广告正名"可以看作对于广告业务恢复的一种呼吁，但广告学研究仅仅停留在"呼吁"这个层面上是远远不够的。"广告"和"广告学"是两个互相交叉，但又具有严格区别的概念。缺乏理论化、体系化的随感，无论如何不可能支撑起一门学科的大厦。必须把对于广告业务的理解和把握从感性认识上升到理性认识的层面，才有可能具备一门学科的初步形态。中国的广告学人很早就看到了这一点。"广告学"或"广告研究"，包括广告实务研究和广告理论研究两个维度。但无论是实务研究还是理论研究，都是对"广告"系统化、理论化的反思。从这个定义去衡量，并非所有有关广告的文字都是"广告学"或"广告研究"，更不都是"广告理论研究"。严格地讲，一些广告从业者、实务人员写下的随笔、感悟、思想、介绍等，虽然也是以文字形态出现的关于广告实务的反思，但却并不等同于严格意义上的"广告实务研究"或"广告学"。因此，如果说此前来自业界和学界的广告文字只能算是一种"广告思想"的话，那么，"从思想到学术"的广告学理论的滥觞，应该说是从一种对广告学体系的自觉的建构开始的。

但问题在于，日后的广告著作中对于西方广告学体系的照搬，使得广告学理论类的相关著作少了许多《实用广告学》中的那种"元气淋漓"的稚拙与朴实。20世纪80年代以后相当长的一段历史时期内的一些广告学著作，很多时候停留在一种"低水平重复建设"的层面，彼此之间缺乏必要的学术交流和借鉴；从另一个角度说，从名称可以看出来，广告学体系类著作总的说来仍然属于教材的范畴，学理化的研究如果缺乏微观层面的实务研究跟进的话，也会让这种体系成为一种"空中楼阁"。这也是改革开放早期广告学研究留给今天的直接启示。

改革开放以来的中国广告学术研究，承接了1949年以前广告学著作的研究成果并结合中国广告业的复兴做出了自己的思考，与此同时，也广泛接受了西方和日本广告学著作的影响，走出了自己的一条独特的学术史之路。应该看到对时代性的问题的思考，以及对于实务经验的总结，是这一时期广告研究的两大主要内容。但总的说来，广告研究的自觉意识在这一阶段的中国广告学界还并没有真正生成，广告教育也仅仅停留在起步阶段。在这一阶段，广告常识的启蒙和广告学理的普及成为学术研究的主要任务，尽管按照今天的标准来看很多成果是粗糙的，学术价值不高，但我们应该确定它们在学术史发展阶段中的独特价值和历史特点。

2. 改革开放初期的中国广告的时代主题

20世纪80年代的中国广告学,虽然谈不上"百家争鸣",但在一个以实践为检验真理的唯一标准的时代,也许是受到"文化热"、"西学热"、"美学热"等各种文化思潮的影响,广告学者们还是热衷于进行各种学理上的思辨、"商榷"与讨论。按照我们的归纳,在这一大的学术思潮下,蕴含了社会主义广告/资本主义广告、传统广告/现代广告、科学/艺术等几个"时髦"的讨论话题。这些话题很可能对于今天的广告学科自身来说已不具备学术上的价值,但是它们在当时的时代中有着重要的历史意义。

社会主义广告/资本主义广告

1979年前后,刚刚从"文革"阵痛中走出来的中国,正在进行着一场"真理标准问题"的大讨论。尽管那是一个宣扬思想解放、实事求是的年代,但中国的经济形态并没有发生根本的转变,与此同时,人们对于社会发展规律的认识也终归是受到时代局限的。在这样的历史背景中,无论是思想精英还是普罗大众,对于资本主义和社会主义两种社会形态的本质还受到很多本本主义、教条主义和机械唯物论的粗暴干涉。广告,作为与市场经济关系如此紧密的一种商业活动,不可避免地落入当时人们的一种简单的"资本主义 — 社会主义"二分法框架之下形成的"刻板成见"。换言之,这种学术论争的起源有其特定的时代背景。脱离这样的时代背景,我们无法理解这样按照意识形态划分的广告类型究竟是何所指。并且,这种论争几乎是没有对手的,从一开始起就注定是以"社会主义广告"的大获全胜而告终。

在丁允朋的《为广告正名》一文中,已经开始继承20世纪50—70年代一些研究者的思路,把"资本主义广告"和"社会主义广告"在人们心目中的对立表明了出来。此后的几年中,在这种"二分法"框架之下完成的广告研究文章在各种杂志报刊上陆续出现,可谓你方唱罢我登场。如陈良《要重视广告在社会主义流通中的作用》(1980年),胡祖源《社会主义制度下广告的特点与作用》(1980年),田同生《广告在社会主义经济活动中的作用》(1980年),胡跃农、钟育赣《我国社会主义广告工作的实践与认识》(1980年),等等。这些文章无非是说了两个方面的事情:资本主义广告是为资本家服务的手段，而社会主义广告则是为提升人民的生活质量服务。

无论如何，由于在当时国家并未明确提出"社会主义也可以搞市场经济"的带有官方性质的指导思想，这种试图对于"广告"活动行为本身作出中立性界定的努力，不可避免地就表现为一种对于资本主义广告的曲解和妖魔化。比如"资本主义广告……必然以追逐最大限度的剩余价值为目的，为资本主义剥削服务"，"资本主义广告为了倾销商品，不择手段。……用'大减价'、'不顾血本'、'大甩卖'等危言耸听的词来招徕顾客"。今天看来，这样的论述完全不能对"资本主义广告"作出排他性的论断，作者对于市场、营销、传播、品牌等概念的认识也相对肤浅，但这批广告文章，却仍然在当时的社会经济条件下为现代广告观念在中国大陆的发展作了若干理论上的铺垫。至少在这批先知先觉者看来，在社会主义计划经济条件下，广告依然有其存在的合法性和必要性，尽管这种合法性和必要性还不是以广告本体而是以"社会主义"为外衣的形象出现的。

就这批文章论述的科学性而言，也可以做出这样的判断：这批文章在广告实务领域的价值，远远大于它们的学术价值。这些文章的主要价值在于实用而非纯粹的学术研究，丁允朋的文章更可说是直接与自己所在的上海广告公司的外贸广告业务相联系。在今天看来，无论是哪位学者的观点，在今天几乎都没有令人感到独特之处，甚至题目和文章主要内容都大同小异。在"时势造就英雄"这个意义上，这样的论述也可以说是一个特定历史时期的必然产物。

传统广告 / 现代广告

丁允朋等人的"为广告正名"毕竟还只是现代广告观念引入中国大陆的一种先声，这种努力并不能够等同于现代广告观念本身的系统介绍。因此，无论从逻辑还是历史的角度来看，紧接着"为广告正名"的，必然是现代广告观念和实务相关论述的大量涌现。而在广义上，这仍可看作"为广告正名"工作的必要组成部分。

最早接触现代广告观念的仍然是外贸系统的中国广告人。北京广告公司的程春在《国际贸易》第十一期上撰《漫谈现代广告》一文，比较清晰和概括地介绍了现代广告的观念。与"为广告正名"之初的对于社会主义广告与资本主义广告进行感性对比的文章相比照，这篇文章已经相对比较全面地对"现代广告"概念进行了概括式的启蒙，并在学术的层面上把现代广告与市场学、营销学、社会学、心理学等人文社会科学结合起来论述。尽管作者本人仍然隶属于外贸系统，而早期外贸系统的广告人几乎不屑于做国内广告，但显然这样的"现代广告"观，同样也适合于国内广告。这篇文章发表后，一度在国内多种媒体上转载，一改过去片面地从负面粗暴地否定广告或是从工艺美术角度看待广告等褊狭的视角，从而在中国现代广告业恢复之初产生了很大的影响。

如同"为广告正名"的思潮一样，中国广告界与公众对于"现代广告"概念的理解和接受，仍然并非一人的力量所能及。但稍有不同的是，在这一场现代广告观引入的学术思潮中，学界的力量已经逐步上升，从而成为能够与业界共同推动中国广告业发展的一支重要的力量。在现代广告观的引入过程中，暨南大学经济学院的教师傅铁军在介绍广告与市场学方面不遗余力，较早地向读者介绍"市场营销"的观念；老广告人徐百益积极与中央工艺美术学院学报《装饰》合作介绍现代广告理念与广告设计作品；而在广州美术学院这所处于中国改革开放前沿阵地珠江三角洲的美术学院中，尹定邦、王受之等工艺美术系的教员也较早开始看到"工艺美术"这一概念已经远远无法涵盖现代广告活动，开始从理论上辨析论述现代广告与现代设计的内涵。与此同时，在 20 世纪 80 年代先后设立的厦门大学和北京广播学院的广告学专业，在教学之余也开始积累现代广告研究和教材建设方面的宝贵经验，只是成型的成果相对还比较少。

这股力量与 1992 年之后的学界贡献相比还显得有些微不足道，但应该说，在当时"现代广告"这个极具吸引力的词汇的大规模普及，本身就深刻影响到了早期广告人，以及一批开明的广告媒体、广告主的观念，"现代广告"一词也逐渐经历着一种后无来者的"赋魅"。一时间，媒体的广告业务量大增，诸如"一则广告救活了一个厂"、"登广告有成效"之类的感谢信频频出现在各种媒体上。尽管今天回头看起来这些广告只有现代广告之名而无其实，很多为"现代广告"摇旗呐喊的人本身可能都并不完全理解其内涵，更遑论现代艺术设计和制作意识，然而，就是在这样一种社会环境下，现代广告在广告主、媒体、早期广告公司和学者们的共同"赋魅"中诞生了。人们对于广告的作用进行了积极的夸大，以及在这一时期内公众对于广告公信力"空前绝后"的提升，更不可不说与学界早期的摇旗呐喊有直接的联系。也许，这是学术意识的提升与觉醒之初所难以避免的一种矫枉过正的现象。

作为艺术的广告／作为科学的广告

20世纪80年代之前，中国高校的专业教育与广告关系最为直接的是艺术院校中的装潢或者商业美术系科，20世纪50年代开办的中央工艺美术学院和北京工艺美术学校都有类似的科目。这可说是体现为"商业美术"的新中国广告教育的一个渊薮。虽然这一时期的美术类广告教育当中的装饰画、图案、包装等内容的比重远远大于广告活动本身，且在当时特殊的历史背景下也难以展开真正的商业美术实践，但可说聊胜于无，1979年中国广告业恢复之后的相当一部分老广告人，比如姜弘、程春、丁允朋、路盛章等人都出身于商业美术、工艺美术类的教育背景，便是一个明证。在这样的背景下，1979年之后新兴起的首批广告从业者中，艺术家特别是美术教育工作者占了相当大的比重。当时的广告公司的名称中，也常常出现"广告艺术"、"美术装潢"等字样。按余虹的观察，"80年代以来的'美学热'，也暗中鼓动了广告界这种艺术审美化追求"。[1] 可见，"广告是美术的一个门类"或"广告是一种艺术"这样的观念，在很大程度上代表了中国广告业恢复时期的一种比较有市场的认识。

随着中国广告界的对外交往和对"现代广告"的认识的不断增长，人们很快就意识到仅仅用"美术"的学科定位来规训广告已经有些"名不正则言不顺"了。美术背景的广告人，固然在提高广告的审美价值方面做出了诸多贡献，但面对现代市场营销观念的时候则往往捉襟见肘，使得中国广告实务远远滞后于国外广告理论的发展。而面对这种现实，就在美术界内部，由于"包豪斯"等现代设计流派和设计观念的引入，也有一些开明的理论家开始质疑现代设计和装饰画、图案等"工艺美术"门类的过度联系，提出了"大美术"的呼声。尽管这种"大美术"的观念要等到20世纪90年代后半期现代设计专业的广泛建立才在中国的美术教育中得到落实，但美术界内部比较早的一批倡导者，如广州美术学院工艺美术系的尹定邦、王受之等人，他们的思想是应该被记载在学术史当中的。在《什么叫现代设计》一文中，二人提出的以下看法，在基本事实上至今仍然是成立的：

---

[1]　余虹、邓正强：《中国当代广告史》，第66页，长沙：湖南科学技术出版社，2000年。

在这种设计活动中,产品及其推销是主要的,美感的表达、设计师的个人风格、个人的感受是次要的。他必须以他人——消费者为主,以市场与社会需求为主从事设计方向,决定设计内容,这一切又是建立在科学数据与周密的市场调查与市场预测基础上的。这是一般的美术家几乎从未遇到过的问题,为了解决这些问题所需要的专门知识与技能,也是一般美术家所没有和不必有的。[1]

客观地说,依附于美术学,广告学无论如何也只能是一个难以被重视的"边缘人",直到今天的美术界,"画画不好的人就去搞设计"的思想还有残存。然而事实上,美术家和广告人应该具有不同的知识结构,二者之间没有直接的可比性。因此,强调广告科学性的一面的思想在 20 世纪 80 年代的及时出现,对于提高广告学科的自主性以及广告人的社会地位都有很积极的现实意义。当然,科学的广告学的支持者们不仅仅存在于设计学界,但无论从哪门学科的基点出发,这些观点是殊途同归的:他们都代表了广告学从美术学中独立出来的总体趋势,代表了对于现代广告的科学性的学术追求。

然而从另外一个角度说,这种论辩文章也有其出现的特殊背景,其意义是无法脱离这种背景而存在的。那就是:这种理论的提出,明确针对的就是当时人们过分倚重美术思维框架的广告观念,因而为了表明自己的观点,难免有一种"矫枉过正",把自己的观点推向极端——刻意拉大美术和广告之间的距离。应该说,这是一种论辩文章的固有风格,否则不利于陈述一种在当时极具新意的观点,但从学术史的发展角度来看,这种观点本身也并不是十全十美的。广告学作为一门综合学科,它应该兼具很多学科的学术基础,其中包括现代营销学,当然也包括美术学。作为当代社会中的一种重要的文化现象,体现于广告活动终端的广告作品如果完全丧失审美价值和人文底蕴,而以产品推销为唯一指归,造成大量"恶俗广告"充斥于社会,恐怕对于社会对于广告行业的价值判断来说只会产生负面的效果。因此,广告学与美术学的关系,并不一定是完全推倒重建,而有可能是在后者的基础上的全面拓展。

直到今天,我们还能偶尔听到广告究竟是科学还是艺术、是"工艺美术"

---

[1] 尹定邦、王受之:《什么叫现代设计》,载《中国广告》,1984 年第 1 期。

还是"现代设计"之类的争论。当然，从业界发展的角度来说，这种讨论已经不再成为困扰广告学术与广告教育的主要矛盾。然而，学术论争毕竟对于中国广告学研究的多元化发展是有利的，这种学科自身的特点，在目前国内初步建立起来的"新闻传播型"、"营销管理型"和"艺术设计型"三类并存的广告学教育中已经出现端倪。从今天的视角看来，广告是科学还是艺术的论争，已经不是单纯的"非此即彼"，而是在一种平等的对话中，双方不断从对方那里补充、完善、丰富自身的知识谱系。但倘若学术论争只停留在这种"正名"的层面，广告学界内部的共识便无法为其他人文—社会科学领域的学者所认可和接纳，这一切似乎也预示了今日中国广告学在当代学术体系和学科格局中的边缘位置。

3. 中国广告研究学术平台的建设

在这一时间段中，广告学人们还逐渐完成了广告学术平台的搭建。

首先是两本重要的广告专业杂志相继创刊。1981年4月15日，《中国广告》杂志在上海正式出版发行，由已故上海广告装潢公司原总经理王庆元担任主编，这是改革开放后中国的首份广告专业期刊。专业期刊的出版，为广大广告学人提供了言论的阵地。与此同时，以广告理论指导实践，以广告实践推动理论的提升，直接促进了理论和实践的结合。《中国广告》伴随着广告业的恢复与发展一并前进，也从一个侧面记录着中国广告发展的历程，并担负起介绍国内外广告知识，交流业务经验，推动广告业整体素质提高的重任。继《中国广告》之后，1985年8月，中国对外贸易广告协会主办的《国际广告》杂志在上海出版发行。该刊的发行，对于引入国际优秀作品、新鲜的知识理论和理念经验起到了不可低估的作用。1988年，在姜弘的建议下，《国际广告》杂志由上海迁到北京出版。两大广告刊物所反映的，也是初期内贸、外贸两个系统的广告行业组织的互补而又竞争的格局。

其次，学术乃天下之公器，学术的发展离不开学术交流和学术组织的发展。整个80年代，中国广告学界的学术气氛是热烈的，这与几个行业协会（包括已经撤销建制的中国广告学会）的学术组织工作的得力密不可分，其中比较重要的是中国广告协会的学术委员会。学术委员会成立以后组织了多次中国广告学术研讨会，而这些学术研讨会的关注点，又往往是行业中的一些热点的话题。[1] 广告学术会议的有序开展，为学术交流创造了必要的条件和良好的平台，团结了个体的研究力量，这在很大程度上也促进了广告学自身的学理进展。中国广告协会学术委员会的学术研讨会，在整个 80 年代起到了很好的学界、业界的互动作用。这也构成了中广协学术委员会的一个学术特色，即密切与实务结合，理论指导实践，其价值和意义主要体现在广告业界实务方面。这从中国广告协会学术委员会的成员很多都来自于业界一线而不仅限于高校和研究院系统中也可见一斑。

最后，是这一阶段广告教育完成了学术基础平台的搭建。在 80 年代中，中国的广告研究和广告教育相互促进，共同发展，为后来的广告研究建设了一个重要的基础平台，在很大程度上也影响到今天广告学界和业界良性互动的积极局面。但从另外一个方面来说，广告学术研究和广告教育，又必须在深入实践、把握实践的同时，自觉与实践保持一定的距离，从而做到理性的批判和反思，进而才能在得到广告业界的认同的同时，也得到整个学术界的尊重与认同。而从今天广告学学科和广告学专业在学术界甚至新闻传播学领域的边缘地位来看，要做到这一点，中国广告学者和广告学研究还需要付出巨大的努力。

总的说来，1979 年以来的中国广告学的主要任务是"普及"，因而广告学著作中，大多是实务类、感想类，并不旨在追求明确的理论色彩或方法论意识。例如，人们一般认为丁允朋的《为广告正名》一文的发表，以及唐忠朴等人《实用广告学》的出版，是中国广告学恢复的两个重要信号，但这两个成果并不是严格意义上的现代学术。前者是一篇发表在报纸副刊上的文章，而后者作为一本面向实务界的教程，虽有"学"之名和初步体系化的形态，但是它们的一个主要诉求就是解决行业的普及问题，而不是旨在建立一门现代学术中的学科。而即便是傅汉章、邝铁军的著作《广告学》，应该说也只是高校教材，而非学术专著。我们并不是用现代学术的标准来苛求早期中国广告学者，而只是说，我们应该看到，这些著作本身只带有广告学启蒙的意义，它们在学术史上的历史价值，要超过它们自身的学术价值。应该说，这一段时间内，广告学学理性的研究著作的数量和质量，是要远远低于广告实务的著作和形形色色的

---

[1] 胡晓云在《现代中国广告学理论研究历程及现状》一文中，对于 20 世纪 80 年代以来的中国广告协会学术委员会及其前身中国广告学会主办的各年度全国广告学术研讨会进行了全面的综述，可以参看。载《现代广告》，2005 年学刊。

教材的。联系到后面几个时期的广告学发展来看,在某种意义上应该看到中国广告学学术理论发展的一条从"思想"到"理论"的线索。无论如何,这一时期只是中国广告教育和研究的起步阶段。至于广告作为一种纯粹学理意义上的研究对象,得到越来越多学者的青睐和关注,是到 90 年代才发生的事情。

第二节　1992—2001:"实务导向"与"学科建设"

在 1992—2001 年的这个时间段中,大规模的体现为理论成果形态的学术研究,已经更多地由高等院校或研究机构中的专业的学者来进行了。然而,作为一门应用学科,广告学如果仅仅凭借基础性的理论研究是远远不能满足于教学与实务界对于这门学科的希望和需求的。这就是广告学研究的难度所在:一方面,作为一门高等教育的学科,它必须时刻进行着与整个人文社会科学学术领域、学者之间的理论对话;而与此同时,作为一门与生产实践结合紧密的应用性的学科,广告学必须在这种对话的同时不断保持着自身与业界前沿问题的互动。这两重任务似乎是一对矛盾,但其实是相互促进的。只有深度介入业界的广告研究,才能够以广告学学科自身的特点,去获得其他学科的尊重,而不仅仅是传播学等其他学科的附庸。与此同时,广告学基础理论体系建设、广告研究方法的自觉掌握与深入探讨,都会反过来促进广告实务研究的兴盛与深化。

1. 广告实务研究的兴起

这一时期的广告实务研究,总的说来还并没有得到经济学界、管理学界、社会学界等其他社会科学领域的高度关注,因此,这些成果主要还是以论文的形式集中体现于广告界内部的几种主流学术期刊和中国广告协会组织的全国广告理论学术研讨会。这一格局也形成了此后中国广告学研究中长期沿用的一个基本格局,即基础性的广告学学科理论体系研究、广告史研究以及广告学教材等一般以专著的形式独立出版,而广告学应用研究,特别是贴近产业前沿的实务研究则通常以散篇论文的形式出现在各种期刊和论文集中。对于 1992—2001 年这一个阶段来说,创刊于 1981 年的上海《中国广告》杂志由于创刊时间较早，并且在稿件方面比较注重理论研究（该杂志长期设有"广告研究"专栏，每期集中刊发一批较高质量的稿件），因此所刊登的一些广告理论文章具有较高的学术水准，基本反映出学界的关注热点及其所折射出的广告业界前沿，而中国广告协会主编的《现代广告》杂志在1994年创刊后一度比较侧重于信息资讯而不是理论研究，但到90年代后半期也逐渐出现了注重理论研究的倾向，大有后来居上的趋势。与此同时，中国广告协会主办的全国广告理论学术讨论会及其每年出版一册的论文集，也是一些主题相对集中的广告实务文章刊登的主要阵地。

从广告实务研究方面的研究主题来看，世纪之交的中国广告实务研究主要涉及的领域，包括广告管理与立法（广告真实性问题讨论）、广告交易制度（有关代理制的讨论）、广告与其他营销传播手段（CI、公共关系与整合营销传播）、广告创意的本土化问题等。

首先，随着1995年2月1日《中华人民共和国广告法》的正式实施，广告的真实性问题成为当时广告学者（广泛包括来自业界和学界的广告研究者）的一个热点。其实，广告的真实性问题一直得到人们的关注。自从1979年中国恢复广告以来，丁允朋、唐忠朴等人就先后在《文汇报》、《人民日报》等处发表评论文章，倡导"应该有个广告法"、"广告的生命在于真实"。但1995年全国广告理论学术研讨会的任务则在于，一方面，让人们进一步把"广告的生命在于真实"变为一种"流行语"式的共识，另一方面，则是让研究者从伦理学、法学、市场学、社会学、心理学、艺术学等视角找到了一些深入讨论广告真实性问题的路径。

其中，南开大学孔令智和南京大学周晓虹合作的《广告的社会后果极其社会评价》一文，从社会学理论出发，从学理上探讨了广告与社会的关系问题。其中尤其引人注意的是两位作者对西方思想史上经典和现代社会学家关于"说服"的社会后果的观点作了学术性的全面的综述，这些观点包括正负两方面，最终在此基础上作者令人信服地提出了"广告真实性是有标准的，但这一标准不是绝对的，而是相对的"这一论断。这篇文章对于后来的广告社会学研究者来说有很大的启示意义。[1] 深圳大学余明阳的文章，则从中华文化的角度，

---

[1] 孔令智、周晓虹：《广告的社会后果及其社会评价》，中国广告协会学术委员会《广告真实性论文集——1995全国广告学术研讨会论文选》，北京：中国广播电视出版社，2005年。

在一定的高度上论述了《广告法》的意义与局限，提出"《广告法》的完善与中国广告文化的发育互为因果、相互促进"。[1] 但有更多的研究者集中讨论了"广告的真实性"与"广告的艺术性"是否矛盾、是否构成对正常的广告创意的制约等问题，相对一致地得出了"广告的科学性是广告真实性的反映，广告的艺术性是广告真实性的升华"的结论。[2] 是则可以看作 80 年代关于广告是艺术还是科学大论辩的余波。

其次，在广告交易制度研究方面，这一时期的讨论相比较 80 年代中国是否需要"代理制"的一般性争论，已经有了更加学理化的形态。在 80 年代中，1987 年在湖北沙市召开的全国广告学术讨论会上，曾经围绕着"代理制"问题展开一场辩论，但这场辩论无非是围绕着"中国广告业是否需要代理制"、"代理制是否符合中国文化"等一般性的问题，由媒体和广告公司的代表基于自身的利益和情感所展开的。[3] 所谓代理制，在中国大多数场合指的是一种源自欧美的企业、媒介和广告公司之间在广告活动中的基本交易结构，亦即"在广告活动中，广告主、广告公司、广告媒介之间明确分工，广告主委托广告公司制定和实施广告传播计划，广告媒介通过广告公司寻求广告客户的一种运行机制。其执行的基础是固定的代理费。广告公司作为代理的主体，其基本职责是对广告主和媒介进行双向代理服务"。[4]

1993 年国家工商总局和当时的国家计委共同颁布的《关于加快广告业发展的规划纲要》中明确提出"采用适应现代商品经济发展的广告代理制"，同年，国家工商总局颁布了《关于进行广告代理制试点工作的若干规定（试行）》，中国开始试点实行广告代理制，并逐渐推广至全国，为代理制在中国广告业中的执行提供了法制上的保障。至此，中国是否应该实行广告代理制的讨论已经没有必要存在，学界转而关注的是"如何执行代理制"和"执行怎样的代理制"等进一步的实务问题。

---

[1] 余明阳：《论〈广告法〉与中国广告文化》，中国广告协会学术委员会《广告真实性论文集——1995 全国广告学术研讨会论文选》，北京：中国广播电视出版社，2005 年。
[2] 曾新民：《广告的力量在于真实》，中国广告协会学术委员会《广告真实性论文集——1995 全国广告学术研讨会论文选》，北京：中国广播电视出版社，2005 年。
[3] 参见唐忠朴：《我的广告生涯》，第 63—72 页，北京：中国友谊出版公司，2004 年。
[4] 陈刚：《对中国广告代理制目前存在问题及其原因的思考》，载《广告研究》（即《广告大观·理论版》），2006 年第 1 期。

关于"代理制"的讨论，以《中国广告》杂志的相关文章和专题最为积极和集中，而其中尤以薛维军的两篇文章最为引人注目。余虹在《中国当代广告史》一书中曾经对薛维军在 1996 年发表在《中国广告》第 4 期上的《广告主：谁能为你代理》一文表示出更多的激赏和论述，[1] 但笔者认为同年第 2 期《中国广告》上的《广告公司：你愿意为谁代理——关于"代理"问题的经济学思考》一文，更能代表薛维军的研究进路和创新之处。在这篇文章中，作者从广告公司的利益而不是单纯的市场需求角度论述了广告公司对于广告主的选择问题。作者提出，并不是所有的广告主都是值得广告公司为之服务的，广告公司应该基于一定的原则和标准对所服务的广告主有所选择，从而反过来促使广告主进一步规范自己的市场行为。薛维军已经敏锐地意识到盲目推行"代理制"在表面公平的背后，有可能对广告公司的利益带来的损害。但是坦率地说，由于中国市场的畸形发展，广告公司想要基于自身的利益原则选择广告主在很多时候还显得有些奢侈，广告公司常常是并非不能意识到广告主的问题，但仍然不得不屈从于自己的生存现实而勉强地为之提供服务。并且，薛维军的论述注意到了广告主和广告公司之间错综复杂的关系，但相对而言对于媒介这一在中国广告业中长期以来处于强势地位的制衡力量所扮演的作用有所忽视。因此薛维军的文章并没有从本质上触及中国模式的广告代理制的根本问题，而对中国广告代理制在推行中所面临的问题的深入批判和反思，注定要到下一个阶段才能有突破性的发展。

此外，这一时期的广告实务研究，要数"CI 在中国的导入"和"中华民族文化与创意"最为热烈。但是坦率地说，笔者认为这两次讨论中的许多文章在当时的时代意义，要远远大于它们在学术史上的真正价值。"CI"或"CIS（整体企业识别形象系统）"作为一种源自美国、发展于日本的营销理念，特别是其核心部分"VI（企业视觉识别形象）"经过层层放大的"中国式导入"，在中国的企业和学界明显地经历了一个"由热到冷"的过程，由于太阳神等个别企业的案例的推动，使得它一度被人们提高到一个企业战略的高度，甚至被认为是企业生死存亡的关键，但短短的几年之后，人们对于它的战略地位的认识，就逐渐退回到"企业文化的组成部分之一"这种比较现实的普通执行层面

---

[1]　参见余虹、邓正强：《中国当代广告史》，第 141—142 页，长沙：湖南科学技术出版社，2000 年。

中来，企业已经学会从"设计"的角度对 CI 本身进行适度的宣传和恰当的应用。这种"降温"式的转变从当时一些文章题目的变化中就可以清晰地见出。[1] 而关于"中华民族文化"的讨论，既与《中国广告》杂志社与西安市广告协会共同举办的"'94中华文化与广告国际研讨会"的提倡有关，更与"'96中国广告代表团兵败戛纳"有直接的现实联系。从学术发展角度来说，当时的这些有关创意本土化和中国文化的讨论，一直到21世纪广告学界关于"中国元素"的理论探讨中都还能见出其影响，但在学术史的意义上，当时的这些讨论显然对于广告设计与创作的实践意义更大一些，对广告学体系和学科建设本身并没造成任何结构性的冲击。[2]

总的说来，这一时期的广告实务研究，展现了业界广告人和学界研究者的通力合作，直面行业前沿问题，为广告业的发展提供了许多智力支持，充分展现了广告作为应用学科的特点，相比较之前的十几年停留在感想、经验层面的文字来说，在理论色彩方面也已经有了长足的进步。但是，广告实务研究要进一步朝着科学化的方向发展，还必须找到一套应用于这一学科的科学研究方法。值得注意的是，在这一阶段，越来越多参与广告实务研究的人们倾向于承认，作为一门社会科学的广告学在进入到高等教育与研究的格局之时，有必要通过社会科学的研究方法加以严格的实证研究。毕竟，对于研究方法的自觉掌握，才是真正成为广告学学科成熟的一个重要标志。

2. 广告基础理论研究与分支学科建设

其实，在新中国三十年的广告学术研究中，来自学界和业界的两股研究力量，一直在维系着一种潜在的、必要的张力。作为高校教师和研究机构研究人员的中国广告学者们实际上一直在承担着两个方面的任务：一方面是和广告业界对话——针对刚刚开放的市场环境和广告公司雨后春笋般的发展，研究业界实务中的前沿理念，解决行业的现实问题；另一方面则是和学术界其他学科对话——让作为一门高等教育学科的广告学在整个学术界占有一席之地，尽

---

[1] 参见张武：《CI大潮与导入中国》，载《国际广告》，1994年第1期；靳俊喜《企业发展层次与CI导入》，载《中国广告》，1995年第2期；马谋超等《将CIS真正建立在科学基础之上》，载《中国广告》，1997年第1期；乔远生《从狂热到冷却，是一种成熟》，载《现代广告》，1997年第5期等文章。

[2] 参见徐健、胡川妮、李谋、高中羽等：《中国准备进行创意革命吗？》，载《现代广告》，1996年第5期。

快为其他专业的学者所重视、所接纳。但总的说来，无论是哪一方面的任务，1992年以来的中国广告学，在整体上与以往的广告研究相比，都呈现出一种"从普及到提高"的趋势。

这种"从普及到提高"的趋势，在广告学基础理论研究方面的体现尤其明显。从20世纪上半叶有所谓"广告学"一词开始，直到80年代，中国的广告学基础理论研究主要体现在"概论"性质的教材的撰写方面，人们的主要精力在于学科体系的建构，而缺乏深入的专题研究，在广告分支学科建设方面也缺乏内在的学术动力。但随着90年代以来中国学者"退回书斋"的影响，以及"广告学"作为一门高等教育学科的确立，广告学基础理论研究从框架式的概论，到具体分支学科的建设与深化，就成为一种时代的必然要求了。因此，除了体系性的广告学教材的建设热情有增无减之外，这一时期广告学界的一种现象，就是广告与其他学科交叉研究的分支专论的增加，无论是专著（包括教材）还是论文，这种广告分支学科的专论比以往任何时期都有所增多，除了早已有之的"广告心理学"和"广告史"外，"广告文化研究"、"广告美学"、"广告社会学"、"广告传播学"、"广告经济学"、"广告管理学"等纷纷登场，[1]新的学科名目层出不穷，甚至让人感觉眼花缭乱。在这一浪潮中，很多"学科"显然是仓促上马，并不具备学术上的生命力，但也不乏一些经过人们长时间深入思考的理论结晶。

在诸多广告分支学科当中，广告心理学的历史最悠久、学科积淀最深。作为广告学学术源头之一的心理学，此时已然为广告学学科贡献了许多重要的力量，成为广告学不可缺少的理论基础之一。但是，以往的广告心理学著作，更多偏重于消费心理学之一隅，从实务角度来说更多是一种名副其实的"广告攻心术"，对心理学的介绍既不全面，也不深入。更重要的是，20世纪五六十年代以来，心理学研究方法、仪器实验技术都取得了非常大的进展，传统的理论思辨式的心理学研究方法及其一般性的结论受到了越来越多的质疑，而这些研究对于沉寂了三十年的新中国广告研究领域来说还是很陌生的。

中国科学院心理研究所研究员马谋超长期以来关注产业心理学的研究进

---

[1] 又如"广告符号学"、"广告图像学"等等，笔者不把它们作为交叉学科研究的广告分支学科，因为"符号学"、"图像学"等，只是文艺学、美术学等相关学科中的一些前沿研究领域，在我国的学科分类中并不认为它们已经是独立的学科。

展，1992年、1993年曾分别出版《广告心理学基础》（北京师范大学出版社）和《广告心理学》（经济管理出版社）两书，并于1997年集其大成撰写完成33万字的《广告心理——广告人对消费行为的心理把握》，作为"龙媒广告选书（第一辑）"出版。[1] 与以往的广告心理学著作不同的是，本书几乎涉及心理学对于广告方方面面的研究。除了传统的消费心理学，作者也把文化心理学、社会心理学、视觉心理学（如格式塔心理学）纳入广告心理学的学科体系中来，兼顾广告的经营层面和艺术表现层面，从而使得本书具有更大的包容性。

美中不足的是，马谋超著（实际为"主编"）《广告心理》一书，由于各章节完成时间、场合、执笔人的不同，使得全书各章节之间稍欠逻辑上的统一性。例如，有的章节描述较为简单平实，类似于教材的风格；但部分章节则稍嫌繁琐，更像是专题研究报告的写法。尤其是《广告评价系统的研制与应用》一章，过多纠缠于统计方法、研究过程和数学模型的建立，会令缺乏相关基础统计学知识的读者感到生涩。倘若将相关内容单独列出，增加"广告心理学的研究方法"一章作为相关研究的基础，可能对于广告界的读者作用更大，也能使得全书风格更加统一。另外，作者对于广告心理研究的介绍已经深入到如CI等非常具体的实务层面，但对于当时西方和东方的一些发达国家广告界已经开始采用的心理学仪器研究方法并未专题涉及，在仪器研究的前沿意识方面，反倒不如台湾广告学者樊志育的某些著作对于"眼动仪"的介绍等。[2] 总的说来，这些广告心理学的研究距离当时业界关注的最前沿的实务领域还存在一定的距离。当然，以这种近乎完美的标准衡量一部上世纪90年代出版的学术著作似乎有些苛刻，总的说来，我们必须承认马谋超的《广告心理》是这一时期广告分支学科建设成果中较为坚实和重要的一部，在后来的整个中国广告学的学科建设中都发挥了积极的意义。

随着"传播学"这个一度不曾为新中国学术界所熟悉的学科进入中国高等教育的体制，以及1997年国务院学位委员会将"广告学"划为"传播学"二级学科下的三级学科这一基本学术机制在中国的确立，这一时期新建的高校

---

[1] 马谋超：《广告心理——广告人对消费行为的心理把握》，中国物价出版社，1997年。
[2] 参见樊志育：《广告效果研究》，北京：中国友谊出版公司，1995年。

"广告学"专业，纷纷定位于"营销传播"而不再是"商业美术"，因而越来越多的设置在了传播学系或者新闻传播学院。既然明确了自身与"传播学"的密切关系，那么"广告传播学"作为一门新的学科，用传播学理论来解释广告现象，回答广告实务中的传播议题，自然成了这一时期广告学研究者们的一个重要任务。但总的说来，由于在国内传播学者和广告学者毕竟还属于两个独立的圈子，有各自独立的研究阵地和行业归属（传播学行业组织多隶属于新闻界，广告学行业组织则在工商界），而研究领域横跨传播学与广告学两个领域的学者虽然存在，但在两个领域中都达到顶尖学者要求的并不多见，所以真正的"广告传播学"研究成果至今也并不多见。

早在1991年2月，中国人民大学新闻系刘志明和倪宁就撰写出了一部名为《广告传播学》的专著。但从其主要内容来看，该书主要介绍的是广告传播媒介、广告的具体制作方法和广告管理等具体的实务性内容，虽然有"传播学"的理论基础，但全书更像是一部视角比较新颖的"广告学概论"，而不是探索传播学理论与广告学理论契合的可能性。2000年，长期关注广告学与文艺学（符号学）的交叉学科研究、时任四川大学教授的李思屈（原名李杰）发表《广告的传播学性质与广告符号》一文，[1]其中从传播学的视角出发，对广告学的学科定位问题进行了积极的思考。在这篇文章中李思屈提出，无论把广告学定位于市场营销学还是艺术学都是片面的、不够的。广告不仅仅是艺术行为，这个问题在80年代广告学界的"艺术与科学之争"中已经得到了基本的解决，然而广告也不仅仅是像"科学派"论者所说的那样，仅仅是一种纯粹的市场营销行为。广告显然有比营销更为复杂的内涵。然而在现实中，广告的"艺术"和"科学"两种定位难以互相调和、和谐共存。李思屈从而提出，唯有定位于传播学的学理基础，广告学才能超越于"艺术与科学之争"，在一个更加宏观的视域中获得更广泛的发展空间。

李思屈的意见是中肯而合理的。"传播学"的包容性，足以让广告获得一个更加名正言顺的学理依托，从而也为从根本上超越80年代的"艺术与科学之争"找到一个学理的依据。我国广告学教育的格局中，新闻传播类的广告学教育，从数量上超过艺术类和财经类，并且"广告学"一跃而成为新闻传播学诸

---

[1] 李思屈：《广告的传播学性质与广告符号》，载《西南民族学院学报（哲学社会科学版）》，2000年第2期。

多分支学科中本科招生数量最多的一个门类也很能证明他的观点。然而，一方面，传播学与广告学的交叉学科研究，不能仅仅停留在"为广告学寻找一个学理基础"这个现实的层面上，广告学者必须贡献出自己的原创性力量，从而丰富传播学理论和传播学方法，才能算作是对传播学学科的真正推进，然而广告学者至今在这一方面所做的还十分有限。另一方面，李思屈没有提到的一个问题，就是"传播学"看似无所不包的学科属性，对于广告学来说可谓"喜忧参半"，喜的是广告学可以从中找到自己的学科基础，忧的则是传播学理论真正能够应用于广告实务和广告学研究的其实并不多。如果仅仅从传播学的传播模式、符号、受众、编码解码、议程设置、使用满足等术语和理论出发研究广告，那么套用在广告（甚至艺术、设计、建筑等其他文化形式）上其实并不困难，但也仅仅是以广告做了一次传播学理论的注脚。而今，广告专业虽然放在传播学院中，但是其理论源头更多的还是来自经济学、营销学、心理学、艺术学等，真正来自于传播学的广告学理论还是寥寥无几。广告学和传播学难道仅仅是一种学科归属的关系吗？这个问题至今仍然问向广告学者，也问向传播学者。

自从80年代"美学热"渐渐褪去，广告"艺术派"学者在学术主流阵地上的声音逐渐式微以来，广告艺术的学者似乎逐渐丧失了在广告业界和学界的"话语权"，而转向"设计艺术学"的独立的新兴学科的建设，[1]或者停留于探讨创意设计、表现技法等实务问题。艺术界的广告学者，虽然还在广告界等一些重大活动中担任评委，但是显然在广告学界所组织的各种学术研讨会中被"边缘化"了。但是，仍然有一些学者坚持从美学、文化的角度研究广告，撰写学术著作。1995年，长期关注应用美学的王世德撰写出版《商业文化与广告美学》一书。[2] 从文化角度对广告进行研究，已经不是这一时期广告研究中的主要任务，但从学术史的角度，这对丰富广告学学科建设和理论研究的体系来说仍然是有意义的。如同孟建所说的："当我们不再拘泥于广告与艺术关系的束缚，而是从文化学者以更广阔而深刻的视角来关注广告时，我们将获得一次解放。这'解放'的含义应当是广告作为社会发展的产物，特别是作为现代

---

[1] "设计艺术学"这个学科名称，是1997年由国务院学位委员会正式确认为"文学"学科门类中"艺术学"一级学科目录下的二级学科的。2011年学科目录再次调整时，"设计学"上升为"艺术学"学科门类中的一级学科。

[2] 王世德：《商业文化与广告美学》，中国经济出版社，1995年。

商品经济的伴生物，其在社会发展中的地位和影响就不只能停留于经济行为的物化形态，而应当将其视为一种特殊的文化现象来予以考察。这种文化学的考察，实质上就是广告文化学观点的一次确立。"[1] 不过，王世德的这种自发的从文化角度进行广告研究的做法，在某种程度上也有脱离广告实务本体的倾向，它容易导致一些非广告领域的作者对于广告学本体的游离和忽视，因而这种"广告文化"研究虽然是有必要的，但它终究没有占据广告学理论研究的主流也在情理之中。

但这一时期逐渐作为学术界而不是广告界热点兴起的"广告文化研究"这一潮流，却与西方"文化研究"（Cultural Studies）学派的"理论旅行"有着更加密切的关系。20世纪90年代末，西方伯明翰学派的文化理论的引入，使得广告文化研究意外地变成了整个人文学术界（而不仅仅是广告学界）的显学之一，并且得以至今方兴未艾。这种作为西方学术理论前沿的"文化研究"，与王世德那种美学式文化研究有明显的区别，后者是一种基于个人审美经验的传统式研究，而在前者那里，广告成为一种借鉴西方理论研究和关注中国当代大众文化的一种素材，研究者穷尽"话语分析"之能事，试图看到视觉形象背后所隐喻的"意识形态"。戴锦华说："至少在八、九十年代之交，夹杂在各种书刊杂志、电视节目尤其是电影录像以及其他种种渠道流入中国城市的商业广告，非但未被视为骚扰与垃圾，相反被当作有趣的视觉享受，它为人们构想现代／西方生活提供了视觉素材。……在此，我们毋庸赘言，商品广告并不以负载、推销经典意识形态为其目的，但联系着赢利目的，它定位于怎样的品牌形象，却必须参照着特定的社会文化心理需求。"[2] 可以看出，在文化研究学派这里，广告不啻是一种用来印证西方理论的素材，并且文化研究者对于广告本体的关注仅仅局限在广告设计、制作而不是营销传播的层面。这种研究在接下来的一个阶段内在中国学术界占据了更大的市场，但这种研究对于文史研究格局的意义要比广告学科建构本身意义更大一些。

相比较文化研究学派的"醉翁之意不在酒"，更值得广告学界关注的是2000－2001年间陈刚连续发表的一系列广告文化研究论文。他首先肯定广告与文化的联系，认为广告是当代文化的代表形式之一："广告文化是大众文

---

[1] 孟建：《中国广告观念变革与运作形态》，载《中国广告》，1997年第1期。

[2] 戴锦华：《隐形书写——90年代中国文化研究》，第213－215页，南京：江苏人民出版社，1999年。

化的一种特殊形式,是大众文化发展的一个支流。它与大众文化的其他形式,如电影、流行歌曲等等,并存于大众文化之中",并且他还率先注意到网络时代的到来对于未来广告文化研究的意义,提出"网络引发并实现了一次媒体的革命,而作为这次革命动因的核心就正是'互动'",在此基础上,陈刚把自己关于网络时代广告理念的思考概括为"后广告",从而用来描述和把握网络广告与信息传播与传统广告之间的一次结构性的转型。[1]虽然此后陈刚的研究逐渐由基础性研究迈入应用性的实务研究,并且多年来居于业界的前沿,但这些关于广告文化和新的广告形态的判断奠定了他后来一系列思考的理论基础,也向我们昭示了下一个阶段中传播环境和广告形态的变化对经典的广告学术格局所带来的可能的冲击。

1992—2001年这十年,是中国当代广告学术史上重要转折的十年。这十年,中国的整个学术界和知识分子群体经历了重要的转型,中国的广告学研究者更是在此基础上面临着重大的角色转换。广告学界的学人们,需要在一个价值观念剧烈变换的时段内,完成"退回书斋"和"回答业界前沿问题"的两重艰巨的任务。在今天看来,尽管广告学术的群体构成发生了一些重要的变化——老一辈广告研究者和身兼业界角色的广告学人逐渐退出学界的主流和前沿,具备专业的学术训练或海归背景的"新生代"加入研究队伍,尽管总体上广告学术滞后于广告业界和整个学术界的特征依然明显,但是这十年的广告学研究毕竟完成了历史赋予它"从启蒙到提高"的任务。——正是在这一时期中,出现了一些向纵深层面开创的广告学学术成果,打破了改革开放初期实务性感想文字泛滥,出版物中"教材"一统天下的局面,让人们开始意识到独立的广告学术研究的意义和价值。

广告学术研究当然是为广告业的发展服务的,它必须在广告业中扮演重要的角色,而不能停留在纸上谈兵的空中楼阁阶段,这是广告学人一定要坚守的广告学科的特点,从而才能把"广告学"区别于一般的人文社会科学,避免成为其他学科的简单模仿或者附庸。但是,广告学术研究同时又必须保守一种不同于广告业界的独立品性——作为独立于业界之外的广告学人,一定要拿得

---

[1] 参见陈刚:《网络时代的广告理念》,载《现代广告》,2000年第2期;《广告与解放》,载《现代广告》,2001年第1期;《后广告时代——网络时代的广告空间》,载《现代广告》,2001年第7期等文章。

出真正不同于业界的研究成果，才能令业界信服。于是，当广告学"启蒙"的任务基本完成之后，我们看到随之而来的是学界自我价值的发现和彰显。在研究方法方面，陈崇山、柯惠新、黄升民等学者对于实证研究方法的引入，让广告业界对于广告学的科学性有了初步的信服，尽管这些研究对于方法的应用还非常初级和粗糙；在研究视角方面，黄升民最早在中国广告学界提出"媒介购买公司"、"广告集团化"以及"公益广告"等问题，让业界看到广告学人思维的敏锐和前瞻意识，尽管这些问题的提出还有些显得超前甚至不合时宜。但是，在促使业界注意到学界作为一个整体的崛起，以及意识到学术研究对于业界实务的必要补充这些方面，这些研究的意义已经开始呈现了出来。

当然，与此后的广告学术研究相比，这一时期所取得的广告学术成果，既不能令今天的学术史研究者满意，甚至也不能令历史中的当事人本人满意，它们并没有一帆风顺地提高到"自觉与反思"的新的高度。但总的说来，无论是哪一方面的任务，1992年以来的中国广告学，在整体上与以往的广告研究相比，都呈现出上述"从普及到提高"的趋势。让我们感慨的是，广告学术史的研究固然不是像进化论那般机械，但改革开放后人们的思想解放的确是经历一个线性的、渐进的过程，这个过程的确要在广告学术研究中有所反映。然而，在学术史上，这些成果又很好地完成了一个转折时期承前启后的历史使命，从而留给了下一个十年中国广告学学术研究有待开辟的学术空间。

第三节 2002至今：中国广告学研究的机遇与挑战

不知不觉中，时光已经跨入了曾经对于我们来说似乎还很遥远的21世纪的第二个十年。全球化和新媒体，已经成为新世纪中国广告学研究的两个重大背景和时代主题。站在新的十年伊始的当下，从学术史立场回顾和反思中国广告学研究在过去十年中的进展，似乎还显得有些过于急迫。十年对于一部学术研究的历史来说实在非常短暂，也许同时还伴随着太多的不确定和不成熟，然而对于广告学这样一门贴近实务的应用性学科而言，业界变换着的动态与风向标似乎并不会留给学界足够的时间去奢侈地涵养广告学自身的分量。换句话说，正是这刚刚过去的十年，对经典的广告学研究的学术体系和理论框架形成了结构性的冲击，不去从历史的角度梳理和研究这些最新的成果，我们就无法对这个行业的新变与未来的走向做出科学的把握。因此，解读新世纪第一个十年的广告学研究，更有一种指向现实和未来的建设意义。

走过了百年历程的中国广告学正在走向成熟，也正在走向自信。时至今日，中国广告学者对于中国问题和"中国模式"的发现和独特贡献，越来越多地受到西方广告学界的注意，也在不断丰富和拓展国际广告学的知识范畴和话语场。但是，当今天中国广告学已经开始站在国际广告学界的某种前人不曾想见的高度上的时候，我们突然意识到"广告学"自身的边缘位置。我们这个学科在自身的话语体系内部所取得的成绩和进步，在与其他人文社会科学相对话时竟然还显得那样微不足道。我们应该看到中国广告学的学科升级与建设，一方面当然要指向与国际广告学界的交流，但另一方面同样不可或缺的是与整个当代学术的平等对话与互相补益。如果说近年来我们通过广告行业组织、全国广告学术研讨会和广告专业期刊等阵地，在第一方面已经取得了重大进展的话，那么在后一方面还有很大的空间。

面向未来，我们应该发现有这样一些主题，在目前的研究中还只是刚刚开始，但是它们是符合广告学术史自身发展演进的趋势与方向的。

首先，是中国广告学与国际广告学的联系空前加强，中国广告学的本土价值越来越得到国外广告学界的认可与接纳。在全球化的时代，中国的广告业已经和世界广告业紧密结合在了一起，特别是全球性的金融危机爆发以来，美国、日本等一些传统的广告强国的广告业发展速度都在放缓，但中国广告业却保持了迅猛的发展势头，新的服务模式和新技术等层出不穷，使得中国的广告市场成为全世界瞩目的一个"新兴市场"。对于这样一个新兴的市场，无疑不能够照搬发达国家的经验，而应该结合自己的国情进行创新。在这个空间之中，中国广告学人取得了大量的研究成果，并且已经引起国外广告学者的高度关注，它们很有可能在接下来的一段时间内引领世界广告学术的潮流。在全球化的背景中，如何总结中国经验，梳理出广告业发展创新的"中国模式"，是许多广告学人正在进行的一个中心工作。在这方面，黄升民、丁俊杰、陈刚、张金海等一批主流广告学人功不可没，他们的研究也将成为本书第五章中特别加以分析的重要内容。

其次，是中国广告学研究与中国广告业界的对话不断加强，广告学术在广告业中占有越来越重要的位置。毫无疑问，广告实务研究仍然是未来中国广告学界的时代主流。相比较广告理论研究，广告实务研究更能体现出与业界的互动和实现广告学自身的独立价值，而不是仅仅作为对于其他学科的呼应或者附庸。但是广告实务研究并不应该仅仅是跟在业界风向标的后面亦步亦趋，——业界流行什么，学界就说些什么。真正的前沿研究，不是对于行业热点的追随，而是一种对于未来有可能成为行业热点的领域的前瞻和引领。而眼下这种"跟风"性质的学术研究往往是滞后的，缺乏对于行业真正独特的把握与反思。相对而言，这段时间内，对于媒介购买公司现象的分析与研究，对于广告代理制中"欧美模式"和"日韩模式"问题的讨论与思辨，则在很大程度上解决了业界的现实问题。

例如关于新农村广告的研究。新农村建设是中央高层的一种战略性举措，而这一战略带给广告界的无疑是一个巨大机遇。在2007年北京大学与《广告大观》杂志社联合主办的"2007中国广告趋势论坛"上，"新农村建设与中国广告业的蓝海"的主题一经提出，就引起了业内人士的巨大兴趣和认同。而更加值得关注的是2009年，北京大学现代广告研究所开展的"中国农村居民媒介接触与消费行为研究"项目，利用定量研究的方法对我国24个省市的1000个村的农民进行了抽样调查，样本量达10000多个，就农村居民媒体接触习惯等问题进行了深入的研究，并在此基础上发表了关于农村电视媒体广告投放策略研究等一系列具有前瞻性的研究成果。[1] 这种引领而不是追随行业热点的研究虽然目前还仅仅是一个开端，但展现了广告学人对于业界的独特思想贡献。

而此前学界形成的新媒体与广告的研究，在当时就具有某种前瞻性的意义。新媒体研究不仅仅是广告学界的前沿，也是整个新闻传播学界的前沿话题。新媒体无疑极大地改变了我们的生活方式，也在极大地改变着传统意义上的广告业。在新媒体的时代，传统广告业的代理、技术、创意等都在经历着一场真正的革命，广告学界必须领先于广告业界，结合新媒体的特点，重新定位广告学的一些基本问题，从而引领业界的关键转型。新媒体与广告的研究零星

---

[1] 参见陈刚、张卉：《VALS分群下的农村消费意见领袖研究》，载《广告研究》(即《广告大观·理论版》)，2009年第5期；陈刚、郭嘉、周榕：《农村媒体电视受众研究》，载《传媒》，2009年第12期等。

兴起于上个世纪90年代后半期，但形成规模和话题则是21世纪最初几年间的事情。在《新媒体与广告》一书（2002）中，陈刚的研究从理论上指出了新媒体传播的"固时性"、"无边界"、"全员性"、"复合型"等特点，为此后人们思考新媒体广告的问题奠定了理论基础。黄升民、喻国明等学者则在研究方法上有所创新，将调查研究、统计学乃至心理实验研究的方法引入广告学相关研究领域中来，取得了令人瞩目的成果。

再次，是广告理论研究主题的拓展。在广告与创意产业研究、广告学学科升级（从三级学科升级为二级学科）、广告产业定位、广告研究方法等"纯理论"领域，广告学人新见迭出，值得关注。例如创意产业研究，这是一个正在被广告学界深入触及的领域。在以往，广告被许多业内的从业者天然地当作"创意产业"中的第一产业，至少是其中不可或缺的一个部类，但是广告学界对于"创意产业"理论话语的贡献却恰恰最少。说到底，在参与到创意产业问题讨论的几位广告学人中，还是黄升民、金定海和陈刚等比较另类的思考最为令人关注。在2007中国广告趋势论坛上，黄升民曾经在"互动对话"中向参与的嘉宾提出这样一个非常有意思的问题："创意产业"是一个近年来新兴的词汇（根据对CNKI全文数据库的检索，这个词在中文学术语境中的应用不早于2003年），但"广告业"则早已有之，在中国少说也有了三十年的发展历程。如果我们把"创意产业"的作用抬得很高的话，那么是不是就等于说，"广告业"在此之前的努力和积累基本上是没有意义的？说到底，广告是一种服务性的行业，这是它的特点也是它的生命线，而"创意产业"所鼓励的则是那些非服务性的创意艺术门类，如创意市集、艺术设计（区别于商业设计）、现代艺术市场等。"创意产业"既不可能也没有必要改变整个广告行业的服务和盈利模式，也不可能通过片面强调作为一门艺术的"创意"来解决广告产业所面临的根本性的问题。把"广告"作为一种"创意产业"，虽然不能说错误，但对于行业本体的贡献并不大。但是，当广告业从已经在很多人心目中形成刻板印象的"服务业"向"创意产业"升级时候，在某种意义上也会从一个以往广告界学人不太关注的角度，即社会大众的角度重新来定位广告产业的社会意义并解决行业公信力的问题。[1]无疑，作为一种广告理论研究，这个问题还是

---

[1] 参见陈培爱主编：《创意产业与中国广告业》，厦门大学出版社，2009年。

有意义和探索的必要的。

广告理论研究的进展还体现为广告学术规范的建立与广告研究方法的自觉与反思。在这一时期,有许多一线的广告学人纷纷发表专论,讨论广告学的研究方法与学术规范等问题。《广告研究》(即《广告大观·理论版》)等业内专业期刊的创刊和产生影响,也宣告了中国广告学者正在以一种专业化的整体形象历史性地登场。以往很多有价值的广告学研究,往往是通过随笔的形式发表出来的,但在整个学术界倡导学术规范的前提下,广告学者也逐渐明确了自身的学术定位,随着一些倡导学术规范的平台的建设,今后的广告学研究必将越来越走向规范化。这是我们所乐于看到的。在广告研究方法方面,随着人们对于各种外来的研究方法的应用,一些学者也开始反思美国广告学界大规模使用的定量研究方法的意义与局限,并重新发现定性研究方法的意义和价值,这些研究都是非常具有理论价值的。诚然,学术规范的建立以及广告研究方法的应用并不能够直接等同于研究的价值的提升,真正做到广告学科的质变还需要很长的一段时间和一个漫长的过程,但是,作为一种"学术研究"的必要条件和最低标准,广告学学术规范的建立,必将深远地影响到中国广告学的整体学术品格,进而保证它在业界发挥更加重要的作用的同时,也得到其他学术研究领域的接纳和认可,并最终达到"学科升级"、广告学在中国当代社会科学中占据一席之地的目的。

最后,也体现为广告外围研究的不断丰富。我们应该把从文化、社会等视角观照广告的"外围研究"看作广告理论研究的一支,即便它们目前多是由身处专业的广告学界之外的文学、史学、美学、文化研究等其他领域的学者来完成的,它们也应该被看成广义的广告学(广告研究)的一部分。进入新世纪以来,许多主流的文化研究学者纷纷发表广告研究的学术成果,李欧梵等更是不遗余力地将广告与西方文化研究的理论相对接,肖鹰、陶东风等人更是其中的佼佼者。相比较上个世纪流行的广告美学、广告文化学等研究,可以看出这些研究有了更强的批判意识和介入现实的诉求。相对于上个世纪90年代的王世德等的广告文化研究,新世纪的学人更多地借鉴了西方的学术资源(如批判学派、符号学、女权主义理论、伯明翰学派等),体现出传统学术的人文学科扩展自己研究视野的努力,因而在某种程度上,也体现出广告作为大众文化之载体的特殊身份。

说到底，理论性广告研究的目的，不是旨在直接解决广告实务所面临的具体的问题，而是以一门学科的学术建设及其与其他学科相对话作为学术诉求的。虽然广告实务研究应该占据广告研究主流的格局和定位不会改变，但离开了广告理论研究甚至必要的广告外围研究，广告学在学术界与其他学科相对话的时候就只能处于从属和附庸的地位。因此，广告理论研究虽然不是主流，但是也不能一概加以完全否定——它们是必要的，只是不应该占据过多的比重。从这个角度来看，广告理论研究甚至外围研究，对于广告学界的作者来说仍然还有一定的空间。例如，真正借鉴法兰克福学派的广告批判研究和伯明翰学派的"文化研究"，目前多是由来自文艺学、比较文学、美学等其他人文领域的学者来从事的。对于广告的文化研究，竟然要由文学界的李欧梵、戴锦华等人来倡导，进而成为整个学术界的一种"显学"，而从中很难看到专业的广告学人的身影，这至少是令人感到遗憾的。但是人文领域的学者对于广告作品和创意可能比较熟悉，但是对于广告产业本体来说可能就会比较陌生。事实上，这也是广告文化研究走入某种"理论先行"的极端的重要原因之一。如果这方面有更多的广告学人的力量加入，也许会在某种程度上改变现有的面貌，从而真正实现文化研究学派"介入社会实践"的原初目标。

毫无疑问，中国广告学与其他的学科相比起来，还只能算是一门年轻的学科——甚至如果按照眼下国家专业目录中"三级学科"这样的定位标准，广告学还不能算是一门独立的学科，而只是"传播学"下面的一个研究方向或者学术领域。学术界流传着这样的一些说法，例如"法学是一门幼稚的学科"或者所谓"新闻无学"，等等。但倘若这些说法都能够成立，那么与其他学科相比较，连二级学科都算不上的广告学更是一种"幼稚的学科"或者"附庸的附庸"。在广告学术领域中，还有很多可以开辟的空白。当然，也正是这些空间的存在，才保证了未来的广告学不断发展和新变的可能。

也许这些空白并不直接指向业界的实务建设。长期以来，广告业界对于广告学研究的一个诟病，就在于"理论脱离实践"、"纸上谈兵"。在一些人看来，很多院校中的广告学教师自己并没有过广告业务的从业经历，因此教广告学似乎是一件"名不正言不顺"的事情。事实上，许多院校的毕业生在毕业后也的确面临着"重新接受业界培训"的现实处境。久而久之，造成了广告学界在业界面前的"气短"，甚至唯业界的马首是瞻。然而，倘若缺乏学术背景的业界专家直接进入高校的课堂授课，又不免面临缺乏深度和系统性等学理上的问题。很长一段时间内广告学一直生存在这种"学界话语"和"业界话语"的张力之中。如果说经过最近十年的努力，广告学界和广告业界之间的张力得到了某种程度上的缓解——越来越多的广告学者认识到广告研究不能脱离广告本体，与此同时越来越多的广告业界精英通过加强学术训练来提高自身素质——的话，那么，当广告学界把建设的目标和视野投向广告领域之外，就难免看到广告理论对于其他学科的贡献还非常之少，广告学对于整个人文社会科学和当代学术的方法论意义上的贡献还显得微不足道。

事实上，整个高等教育领域中，一直存在着以美国大学为代表的"职业定位"取向和以欧洲大学为代表的"学术定位"取向之间的张力。在广告教育史上，新闻、广告和公关等贴近产业实践的专业作为一种高等教育的学科诞生于20世纪初期的美国，并且多出现在一些非名校之中（至今美国"常春藤盟校"中也只有宾西法尼亚大学等极个别的开设有新闻和广告专业）。从接受史上可以看到，中国广告学的源头深受这种美国职业教育式的广告教育理念的影响。正是美国而不是欧洲高校所奠定的新闻、公关和广告教育的基本模式及其教学方式，很深刻地影响到今天中国的新闻传播和广告教育。

然而问题在于，在中国的整个学术界，自从蔡元培时代以来，就更多接受的是以德国为代表的欧陆高校的博雅教育理念和"为学术而学术"的经院哲学传统，而不是美国的实用主义传统。蔡元培时代的北大甚至基本上是排斥商科等"应用学科"，直到今天人文学科仍然是北大的优势学科。至于蔡元培本人，虽然曾倡导"新闻学研究会"，但那仅限于一个社团的课外演讲，而不是真正的专业教学，广告课程在老北大更是从未开设过。中国的新闻和广告教育的专业化源头，要在美国教会私立的燕京大学那里去寻找。所以一直以来，中国的广告学，其实一直承受着两方面的压力——一方面当然是来自于业界话语的职业诉求，而另一方面，则是承受着学术界（甚至包括一些新闻传播学界人士）对其自身"学科合法性"的质疑。

不过，广告学自身的边缘身份，恰恰为中国广告教育建树自己的品牌和特色提供了一个可资实验的空间。对于一些人来说，广告学这样一门贴近产业实践的应用学科，也许并不是纯粹的学理、智识得以自足地展开和演绎的最佳平台，然而对于另外一些人来说，正是广告学科这种边缘、综合、交叉学科的特点,才最能吸引这些具有创新意识和探索欲望的研究者的兴趣。如果说,广告作为一种职业之所以吸引无数广告人投入其中,并且"不改其乐"的一个动力,正是因为这个行业可以以一种合法的身份穿梭于各种行业之间,与各种行业背景的人员及产品打交道的话,那么,广告学给我们带来的乐趣,也正是因为这门学科可以站在人文、社会乃至自然科学的交叉点上,从而可以让各种不同范式的思想成果在这样一个平台上展开真正的对话和交锋。

无疑,目前广告学界在这些方面做得还很不够,这方面研究的成果也还不是很集中,但我们应该意识到它们很有可能成为未来行业的热点和学界的"显学"。做出这样的判断,是基于我们对于历史的了解和分析。广告学者的价值不体现在实务界的具体操作,而是体现在思想的深刻性和前瞻性。广告学者的思想应该带有批判意识——对于业界一些虚假的"热点"进行批判,并发现业界还没有足够的研究能力发现的那些前沿议题。广告研究当然要具有一种时效性,但是在保持时效性的基础上,形成"研究引领行业实践"的学术倾向才更能够体现广告学者的价值。中国广告学者的前瞻性和对于行业的敏感,是中国广告学界的整体水准提升的重要标志之一。可以说,新世纪以来的这十余年,是广告学真正多元化发展的一个时期。相信随着广告学理研究的不断展开和深入,广告学的魅力一定会在未来研究者的成果中间逐步展现,从而不仅仅在引导行业发展方面继续保持自己的优势,也必将在整个中国当代新闻传播学领域中扮演一支改变现有学术格局的重要力量。

第四节 中国媒介调研行业的反思与前瞻 [1]

中国改革开放以来,作为市场调查研究的一部分的媒介调研行业有了巨大的发展。但是目前在学术界,比较少见到从行业历史的角度对于中国媒介研究的历史进行学术性的回顾,以及在此基础上对中国市场调查研究行业的问题进行总结并对未来进行展望的研究成果。作为中国广告学术史研究的重要内容和组成部分,本节尝试对中国市场调查研究行业的发展过程、重要课题、问题和

---

[1] 石晨旭参与本节的资料收集与写作。

展望进行梳理和分析。

　　作为广告学知识体系的一个重要组成部分,市场调查研究(市场调研)的大规模、科学化的应用,是现代广告学进步发展的重要标志之一。现代意义上的市场调研起源于美国,最初以民意的调查而起源并发展为一种独立的行业,并最终为广告业界所接受,在 20 世纪中叶传入中国,并且于 1979 年中国改革开放之后在广告业中大显身手。一般而言,市场调查的主体作为市场本身的一部分,常常由专业的商业调查机构所承担;而社会调查主体大多是政府部门或者学术机构。当然,在中国调查研究行业的各个历史时期中,这两部分调研未必能够如此清晰地进行划分,有许多在中国调查研究历史上非常有影响力的调查也是由多方共同促成的。

　　本节的研究对象属于商业调查(市场研究)的一部分,即媒体调研(或称媒体研究、媒介研究)。按照执行主体的不同,媒体调研可以分为两个方面,一方面是调查机构(专业调查公司或学术机构)针对于媒体使用情况的调研,调查研究的对象主要是媒体受众,调查内容包括媒体的到达率、知名度、可信度、美誉度等。另一方面是媒体自身开展的调查研究,包括对自己节目的收视率等指标的调查研究。

　　对中国市场研究特别是媒介研究行业自身历史的梳理,在学术界已经有了初步的成果和积累。作为改革开放以后中国媒体调研的先驱者之一,中国社会科学院新闻研究所研究员陈崇山长期以来关注中国的受众研究,并且比较早地开始调查实践。她写作的《改革开放以来的中国广播电视受众研究》,[1] 回顾了改革开放到 1999 年二十年间的中国广播电视受众研究过程,从调查方法、调查内容、专业调查机构的成立三个方面对中国改革开放二十年间受众调查的进展进行了总结。中国市场调查研究会会长、北京大学新闻与传播学院刘德寰的《现代市场研究》一书中,[2] 从中国市场研究业的起步,中国市场研究业的发展和市场研究行业组织三个方面回顾并且总结了 80 年代末到 2002 年这一阶段中国市场研究的发展历程,从市场研究专业的角度相对概括地对中国市场研究业进行了描述和分析。营销史学者卢泰宏和何佳讯在《中国营销 25 年》一书

---

[1]　陈崇山、赵水福:《改革开放以来的中国广播电视受众研究》,载《中国广播电视学刊》,2001 年第 8 期。
[2]　刘德寰主编:《现代市场研究》,北京:高等教育出版社,2005 年。

中，[1]用了比较少的篇幅，对中国市场研究业总体成长轨迹，市场研究业发展的阶段特征进行了总结，同时也对中国市场研究业的大事进行了整理。两位学者将1984到2002年期间中国市场调查业中的具有标志性的时间进行了梳理。值得一提的是，《中国营销25年》从营销的角度来分析了市场研究公司服务能力的发展，研究方法、营销应用的发展和自身的管理都有涉及，最后将中国市场研究业与世界各国的市场研究业的很多数据进行了对比，提出中国市场调查业所面临的挑战。

然而，相对于今天中国蓬勃发展的市场研究实践而言，以上研究成果无论是数量还是质量都还是远远不够的。其主要问题在于，一方面，对于中国市场调查业的发展仅仅停留在概述和总体层面的描述上，缺乏系统的历史梳理和分期意识，尤其在与媒介研究和整个广告业的联系方面显得不够充分。另一方面，这些研究的时间段多持续到初入WTO的2002年，而对近年来的市场行业的发展变化缺乏最新的文献进行梳理与反思。本节通过文献研究、口述历史等方法，对中国媒介研究史上的诸多当事人进行了深度的访谈，梳理了相关的脉络与线索，试图通过一种进程描述和个案研究相结合的方法，呈现出中国媒介调查业三十年发展的主要成果，并在此基础上对行业存在的问题进行反思。

1. 中国媒介调查业的历史分期

首先我们应该承认，中国媒体调研的起源与发展并不是改革开放以来才产生的新生事物。在1919—1978年这六十年的时间里，中国市场研究已经有了初步的积累。总体上看，1919—1978年，基本上可以概括为中国媒体研究的理念引入与学术铺垫阶段。其中，1919—1948年的文献以"市场研究"、"媒体研究"的概念从美国、日本的引入与介绍为主。在当时很多《广告学》著作中都有"媒介调研"或者类似的章节，其主要方法和国外调查行业的相关实践在当时已经为苏上达、吴铁声、朱胜愉等广告学者所引入。由于一些译自美国和日本的广告理论著作的影响，中国学者对于市场调查的接收受到美国和日本的影响最大。从20世纪20年代开始，直到1938年后，当时的较大的广告公司、媒体，如林振彬（留美）的华商广告公司、上海的《申报》

---

[1] 何佳讯、卢泰宏：《中国营销25年》，北京：华夏出版社，2004年。

等也开始了简单的市场调研。但总的说来，这一时期的特点是理论引入期，虽然高水平的完整的调研报告并不多见，但却是符合了广告学自身的发展规律。1949—1978年的文献，则以批判盖洛普为代表的美国调查业的资产阶级本性为主，直到"文革"后期中国经济初步显露恢复迹象之后，才开始在中国的对外贸易中进行了少量的国外用户的调查。但是总的说来，由于当时媒体环境比较单一，中国对外贸易的主要媒体也以平面媒体（特别是杂志）为主，所以具体到媒介本身的调查还并不多见。

1979年之后，中国市场研究开始全面起步。在"为广告正名"之后，一些有外贸工作经验的国有广告公司最先意识到现代广告的科学化进程，开始了一些初步的、自发的市场调研。由于对外贸易交流比较多的缘故，这一时期中国的市场调研受到日本的影响最大。北京广告公司等中国的外贸广告公司，开始与日本电通广告公司等开展合作的市场研究。比如当时一个著名的中国对外贸易广告主"天坛地毯"系列产品，就委托北京广告公司在海外市场进行了简单市场调研。然而，这种市场调研还只是委托广告公司部分承担了当时还没有出现的市场调查公司的职能，这种调研的结果可以为企业制定生产的策略甚至营销的策略，但并不能够直接解决媒介投放的策略。在媒介调研方面，中央电视台和一些大型报纸等媒体也开始自发的受众调研，当然这种受众调研在当时只是为了收集观众、听众、读者对于栏目内容的建议，而并非考虑到为广告主或者广告经营提供策略或者服务。因此，总的说来，这一时期不管是市场研究，还是媒介研究，在中国的广告主、媒体、广告公司中间都并没有普及开来，更遑论形成共识。其主要问题在于认识不平衡，很多广告公司和广告主、媒体等把广告作为艺术，没有意识到调研的重要性或者根本不知道调研为何物；书籍中的介绍和学校中的教学反而不如解放前那样集中。在学术界，一些营销界的学者通过相关课程的开设，开始了一些理论的介绍，如上海的章汝奭、北京的罗真崇等人，但数量和影响都还局限在一定的领域之内。其次，调研的技术和方法有限，多是简单的描述性统计分析，甚至没有意识到起码的抽样误差等问题。

进入20世纪90年代以来，中国媒介调研行业的发展已经渐趋自觉，这种自觉带有明显的"理论先行"的意识。刚刚从日本回国任教的黄升民于

1992年出版《中国广告活动实证分析》,[1] 其中介绍了日本的市场与媒介调查方法与理论。在这一阶段，国内"市场调查公司"大量出现，媒介研究成为一个重要的业务领域，也出现了索福瑞（CSM）这样专业的媒介研究公司。一些学者开始关注市场与媒介研究，如刘德寰主持的《精品购物指南》项目等也为媒介研究的积累贡献了重要的学术力量。与此同时，国际学术交流的增加以及外资公司的尝试性进入，也带来了国外在媒介研究方面最新的经验。此外，这一时期市场调查（特别是媒介调查）兴起和初步的自觉的一个重要技术上的原因，就是个人计算机的普及，这使得研究方法从简单的定量研究上升到复杂的统计模型有了技术上的保障。当然这一阶段媒介研究的缺点也同样突出：鱼龙混杂，造成许多不具备资质的公司误导消费者。而对片面追求数字的唯数字论倾向，如"收视率至上论"等进行充分的自觉反思与综合创新，只能等到下一阶段才能完成。

因此，我们把2002年至今看作中国媒介研究的反思创新阶段。在这一阶段中，媒介研究技术与研究方法已经全面普及，而对此贡献尤其突出的，在于高校课程与教材的建设、行业专业人才的培养以及行业协会（如中国市场研究业协会等）的成立。特别值得一提的是，定性研究技术在这一阶段得到了比较大的发展，与以往的唯定量研究的趋势相比，消费者洞察、焦点小组等技术的引入和实践，在很大程度上拓展了市场调查的深度，使得人们不是盲目迷信数字，而是充分看到人类心智和感情的测量，殊非易事。而随着中国加入WTO，外资公司与本土公司的博弈也日趋白热化，"1998年到2000年之间，全球性市场营销公司进入到中国市场进行合资，进行兼并，或者自己设立自己的分公司，并且在这个市场当中占有绝对的主导权的这种格局已经基本形成了"。[2] 在这一阶段，媒介研究的重要性已经被广告主普遍接受，不过仍然有一个问题至今问向中国的媒介研究，那就是在历史中形成的媒介调查机构与中国媒体的特殊关系。

总的说来，中国媒介调研的发展有非常多的推动力量和内外因素。因此以下我们将以专题的形式，呈现中国媒介研究历程中的几种典型的类型，从中尝

---

[1] 黄升民：《中国广告活动实证分析》，北京广播学院出版社，1992年。
[2] 2009年6月 NielsenOnline 大中国区兼东南亚区分析研究总经理马旗戟口述。

试进行经验的总结，并在此基础上对其中一些有代表性的理论问题进行反思。

2. 媒体自身组织的调查研究及其发展

很难确切确定改革开放以后中国媒体自身组织的调查研究开始的年份。1983年，陈崇山组织了首都的部分平面和电波媒体，赴浙江、江苏两省进行比较科学的受众抽样调查，这是媒体自身调研科学化的一个开端。但我们可以肯定的是，在此之前，中国的一些媒体（特别是报纸和杂志）就已经开始通过读者来信和简单的互动等形式，进行一些自发的"媒介受众研究"，有的还专门设置了负责受众联系的部门和工作人员。在80年代中后期，人们对于问卷形式的"读者调查"已经不再陌生。而在电视方面"调研"的角色似乎更加受到珍视，从中央电视台到地方电视台在这段时间内陆续展开了受众的研究，进入到90年代以后，媒体自身组织的调查研究开始朝着更加专业化的方向发展。

其中，中央电视台作为一个全国性的媒体，以其特殊的地位和角色在推动中国媒介调研的过程中起到的作用不可不提。中央电视台的媒介研究起源于20世纪80年代电视台内部的"收视率调查"。从1983年开始，中央电视台开始逐渐地参与中国社会科学院组织的电视台收视率调查。1983年10月，中央电视台总编室观众联系组参加了陈崇山组织的浙江、江苏全省观众抽样调查。1984年6月，中央电视台通过发放广播电视报征集中央电视台的相关收视情况，这次调查由电视观众自愿参加。这次调查活动中，中央电视台在北京地区征集了500名左右被访者，让他们用广播电视报来记录每天看过的电视节目和看了一半的电视节目。"如果被访者全看了就画一全钩；看了一半的就画一半钩。然后由中央电视台的观众联系组自己做录入统计。"[1] 可以说这是初期媒体自发形成的一种调研方式，它已经具有"日记法"的雏形。在此基础上，1986年6月，中央电视台出版了第一期名为《收视率调查》的报告。此后，中央电视台曾一度长期沿用这种方式来统计收视情况。

1995年，独立的央视调查咨询中心CVSC成立，后来发展成为央视市场研究CTR。央视调查网也通过了国家统计局与科技统计司的全面审定与评估。这一时期广告监测业务在全国30余个调查站正式开展，至此形成初具规

---

[1] 2009年6月CTR市场研究总经理陈若愚口述。

模的广告监测布点；CTR 消费者固定样组调查项目在全国 10 个主要城市建立并运行。后来，受到 4A 公司等国际化思维的影响，开始引入国际通用的市场调查系统，并在 1997 年与法国索福瑞集团合资组建"央视－索福瑞媒介研究公司"，简称 CSM。

在收视率调查逐渐普及开来之后，央视开始思索如何提高媒体、广告公司等对于收视率的重视程度和科学应用。在这个过程中，央视的广告部可以说起了主导作用。20 世纪 90 年代初期，电视广告资源十分稀少，导致央视的广告时段遭到激烈的争夺。据当时的广告部主任谭希松回忆："企业就认央视一套的黄金时间，七点钟到十点钟，这段时间非常畅销。白天没有人要，十点钟之后也没有人要，二套没人要，三套的时间没人要，就是卖不出去。"[1] 因此央视开始考虑对于过热的广告时段进行相应的提价，并且对其他相对冷门的广告时段的销售进行推动。

在这一时期，中央电视台广告部开始考虑参考收视率调查组的数据对每个广告时段进行按质定价。考虑到客户一时接受不了价格上翻倍等的提价，谭希松请《消费者报》帮忙发布《老板，你的广告价格是由什么来制定的》这样一篇文章来说明央视广告提价的原因，以及"黄金时段只有人均六分钱"的投资回报率。此后，央视黄金时段广告费一连四次提价，将央视的广告价格调节到一个相对平衡的状态。这个过程直接导致了后来中国的电视广告使用收视率这一指标来定价。当时，为了让广告公司等各方面能够迅速地了解央视的价格是如何制定的，谭希松要求央视所有的广告代理公司订阅央视出版的《收视率调查》。这一行为直接推动了各方面对收视率的了解和重视，也促进了央视收视率调查组的生存和发展。

随着这一系列的推动措施，各媒体、广告公司等方面对收视率都开始重视起来。收视率开始成为节目质量的重要衡量标准，以至于在过分重视收视率的时期产生了一种收视率至上的做法，很多节目因此濒危，从而出现了"收视率是万恶之源"的论断。这一不合理的评判标准引起了社会关注，现在也开始增加"观众满意度"等更加合理的指标，使收视率的使用摆在一个恰当的位置，既能够起到电视媒体度量衡的作用，又不会成为"万恶之源"。在收视率调查

---

[1] 2009 年 6 月原中央电视台广告部主任谭希松口述。

研究快速发展的同时，央视索福瑞和央视市场研究（CTR）开始开展其他媒体和受众的调查研究项目，如报纸广告监测、全国读者报纸阅读率等，全面展开了中国媒介调查研究的新局面。应该说，至少对于整个中国广告业而言，与央视相关的媒介研究在媒体自身展开的调查研究中扮演了一个最为重要的角色，在某种程度上对地方各级电视台甚至其他媒体都起到了重要的启蒙和普及意义。

3. 专业市场研究机构与学界的媒介调研实务

20世纪90年代初期，中国专业的市场调研机构还非常少。按照刘德寰的说法，1988年7月1日，广州市场研究公司（GMR）成立，这是行内公认的国内最早的专业市场研究公司。1992年，袁岳、马旗戟等四人成立了"零点调查公司"，这是比较早的本土民营市场调研公司。直到20世纪90年代中后期，央视市场调查、央视索福瑞、勺海、新生代等公司才陆续成立，这些机构构成了中国本土力量的萌芽。1992年9月，由原广州市场研究公司的一批工作人员成立的远东市场研究公司，与美国Synergy Research Group（SRG）成立了中国第一家合资市场研究公司。[1] 这家公司的成立拉开了在中国大陆外资和本土两股力量并存的序幕。到2000年左右，国际型大公司Gallup, MBL, AC Nielson, RI, Millward Brown, Taylor Nelson Sofres, NOP, IPSOS, NPD等相继落户中国，至此，大型外资公司进入中国市场的格局已经显明。

与中国的广告公司类似，中国的中小型市场研究公司也呈现出"遍地开花"的局面。1998年，在北京召开了"第一届中国市场调查业现状与发展研讨会"，在会上与会专家估计，当时中国执业的正式市场调研公司已经有800多家，年营业额在6—8亿人民币之间。这些大大小小的调研公司分布在媒体、院校、政府、私营或合资的多种经济组织内，但多方面的原因，导致中国的市场研究公司处在一个数量多，规模小，力量分散，难以配合执行调查层面业务的局面，并且至今十年来这一现象并没有得到质的改变。

在媒介研究方面，这种并存和较量以央视索福瑞和AGB尼尔森的交手为

---

[1] 刘德寰主编：《现代市场研究》，第27页，北京：高等教育出版社，2005年。

典型。央视索福瑞是中方控股的合资公司，AGB 尼尔森则是由 WPP 集团和尼尔森集团各出资 50% 组建的独立运营企业。虽然随着 2009 年全球金融危机中尼尔森退出中国市场，现在已经无需讨论央视索福瑞和 AGB 尼尔森的竞争，但是这两家公司十几年来对于收视率市场的竞争还是非常典型地突显出了本土力量和外资力量在中国市场上各自的优势和劣势。

根据王兰柱的回忆，"1996 年，尼尔森作为外资公司第一个跟中央电视台谈合作问题"。[1] 当时，尼尔森坚持要控股，占百分之八十的股份，这在 1996 年对于中国的事业单位来说是很难实现的，因为其时的政策并不支持外资控股；更何况中央电视台已经开展了许多调查研究工作，本身具备一定的调研能力的部门，不可能完全放弃主动权，完全交由外资公司控股经营收视率调查。最终，索福瑞跟中央电视台进行合作谈判的结果是中央电视台控股百分之六十，索福瑞占百分之四十，但是经营管理权属于索福瑞。这样一方面中央电视台仍然有绝对的决策权力，另一方面索福瑞可以自由管理引入国际化的操作方式和经营理念。至此双方才达成共识。

在中国这个巨大、复杂的市场上，能否了解市场需求和把握市场需求的变化是非常重要的。中国各地不同的市场经济差异还是非常大的，这就决定了市场购买力的不同。尼尔森初期采用的是较为先进的测量仪进行收视率的测量，这样的优势是较日记法更加精确一些，但同时成本会提高，这就决定了其市场的容量是有限的。而央视索福瑞采用了测量仪和日记法相结合的方式，虽然在测量结果上可能不如测量仪精准，但是这种方式比较适合中国经济发展参差不齐的市场状况。AGB 尼尔森后来也有转向日记法的做法，但是已经失去市场先机。2004 年尼尔森取消了所有的日记法，转向了省网的调查。作为一个跨国公司，尼尔森在中国的经营经历了非常艰难的探索。

相比之下，两个公司还有一个很大的不同：央视索福瑞是由中国本土的经营管理者在决策，而尼尔森是国外的公司在决策。这样，也许央视索福瑞的决策更加本土化、更加迅速，而尼尔森的决策也许更加全球化，但是相对应的反应没有那么快捷。相对而言，央视索福瑞仍然是跟中央电视台合作的媒介调查单位，虽然极力地促进公信力和中立性的形象建设，其中立性和数据的应用仍

---

[1] 2009 年 6 月索福瑞媒介研究总裁王兰柱口述。

然遭到多方的质疑。要想改变这一在公众（特别是广告代理公司和广告主）中间已然形成的"刻板印象"，提升自身的公信力，还有待于索福瑞的高层和公关部门通过自身真实的业绩付出长久不懈的努力。

20世纪90年代后期，互联网作为一种新兴的媒体在中国逐渐发展起来，这也迅速吸引了当时刚刚成立的各种研究机构。在当时那个阶段对互联网媒体进行的定量数据分析还以政府的研究为主（如CNNIC的《中国互联网络发展状况统计报告》），而调研公司进行的这些更加细致的互联网研究很多都是没有经过网站或者企业委托的，这些研究带有公益和一定程度上的学术的性质，也体现出调查公司的某种前瞻性和品牌意识。例如，1996年8月零点公司曾经对国内9个大中城市月收入在千元以上的消费群体进行随机抽样调查，将其互联网使用程度和香港特别行政区居民之间进行对比，并分别就调查受众的年龄、性别、职业等自变量对互联网使用习惯的影响进行描述性统计分析，对目前中国内地互联网用户主体的基本情况进行了初步的分析。这种研究虽然比较简单和朴素，但对于彼时刚刚兴起的网络广告无疑是具有应用价值的。

除此之外，在中国（大陆地区）的各类高校和研究机构中，也有一部分研究者和研究资源实际上在从事着媒介调研的实务工作。这些高校（仍然是多集中在京、沪、穗）的研究机构一般由一些受过良好的传播学、经济学、心理学、管理学或社会学实证研究和市场调查训练或者具备相关知识准备与研究条件的学者带领，如陈崇山、柯惠新、黄升民、喻国明、黄合水、刘德寰等，参与研究的人员也多为相关专业训练有素的硕士、博士研究生。在媒介研究方面从事过相关实务的院校，有社会学、工商管理学、心理学等领域，但比较成体系、成规模的还是集中在新闻传播学领域。与一般的市场研究机构相比，高校所从事的媒介调查研究虽然常常也有商业的目的和用途，体现出"产学研"结合的特色（比如院校与企业合作的各种"横向课题"），但总的说来，无论是调查人员的专业构成还是操作程序等方面，都呈现出比较浓厚的"学院派"的特点。

这种"学院派"特点的一个突出表现，就是利用自身所具备的学术积累和敏感，善于发现和培育引导行业未来的前沿领域。近年内地学界的市场研究机构中比较引人注目的，有中国人民大学新闻学院（设有"新闻与社会发展研究中心"和"舆论研究所"）、中国传媒大学广告学院（设有"IMI市场信息研究所"和"IAI国际广告研究所"）等。但相对而言，近年来前者的调研比较侧重于各种媒介所体现出的舆情变化趋势,而后者比较侧重于受众消费行为和媒介经营。限于篇幅和业界的主题,本节不再一一展开介绍。

4. 中国媒介调研的问题与对策

中国的媒介调研业经历了几十年的发展,在业界内部仍然存在很多问题。其中很多问题,已经成为摆在行业发展过程面前不可回避的一些瓶颈。在此,谨将一些初步的思考分述如下:

首先,中国的市场研究方法不应该仅仅停留在对与西方调研业亦步亦趋的模仿的阶段,而应该针对中国市场特色和中国人的心理,建立起本土化的测量与评估的指标体系,开发更多的调研方法和产品服务。这个问题从根本上看,可以说是中国市场和西方市场的一种冲突,进而深入至文化的冲突。"市场调研"本身就是起源于西方的一种行业,与中国的市场调研的一般情况类似,中国媒介研究起步晚,并且受到国外的方法与操作实务的高度影响,原创性和针对性还不高。但众所周知的是,中国作为一个"新兴市场"有许多独特性,中国人的心理特点和西方人的心理特点是差距很大的,但目前国内的调研体系却基本是倾向于以西方的心理学和消费行为学作为基础的,因此在各种跨国公司帮助中国引入各种国际通行的调研方法的同时,也带来了本土化不足的缺点。在这方面,结合中国市场和中国人心理特点的调研方法还需要进一步开掘,才能使调查研究的结果具有更高的效度和解释力。

第二,媒介调研的对象方面,各个媒介行业的发展目前极不平衡。在传统的"四大媒体"中间,电视调研基本上行业内都有了收视率这个度量衡,并且已经执行多年,各自对于电视媒体的测评和度量已经具有一定经验和规则。但是相对来说,对于广告份额比较小的广播和杂志,至今行业内缺乏一个非常有效的规则或者指标去做统一的分析与统计,这给广播和杂志的经营者带来了一定的困惑。而在眼下,中国媒介研究行业又必须直面各种新兴媒体的挑战。以互联网为例,中国的互联网调研与电视调研相比,媒体自身的重视程度还不够,许多唾手可得的有价值的数据还没有得到充分的开发和商业应用。互联网无疑是下一个阶段企业进行品牌竞争和创意传播的首选媒体,因此互联网的媒介调查还是一个有待开辟的蓝海。如何不断地提高技术和服务,从而适应媒介环境和媒介格局的新变化,改变中国媒体调研行业电视调研"一枝独大"的局面,可以说是摆在从传统媒体起家的中国媒介调研行业面前的一个重要任务。

第三,数据的真实性还有待行业自律的加强或者第三方(如政府或行业组织)的监督管理的实现。长期以来,中国的媒介调研行业缺乏第三方的监管,这是一个业界呼吁了很久的老问题了。在一些西方发达国家,这往往是通过各种非政府组织或者行业协会的力量来进行的,然而在中国,由于种种原因一直不存在西方那样的媒介监察部门,仅有的几个行业组织目前也缺乏行业监管的职能和相应权力,所以媒体和其他用户对于中国媒介调研数据的真实性以及"数据垄断"等对于行业的质疑声不绝于耳。以平面媒体为例,杂志的发行量这个起码的指标就仍然有很多数据无法查证,对广告主虚报发行量在某种程度上似乎已经成为行业内部的"潜规则"。这在一定程度上养成了不良的行业习惯。面对目前平面媒体市场竞争激烈的形势,这虽然是一种既成的"国情",但是行业监察迟早是一个需要落实的问题,只有这样才能提高行业自身的公信力,进而保证广告市场的正当竞争和健康发展。因此,怎样获得一个好的行业调研生态环境,这还是一件需要循序渐进去着重思考的事情。

第四,中国调研行业自身的企业文化建设还存在一些非常严重的问题。调研行业是为其他行业进行受众和市场研究的,但也许缺乏经济利益的驱使,调研行业针对自身所作的调研似乎还不够。首先,对于数据的收集部分,中国林林总总数千家的市场调研公司,研究人员的素质、调查质量的控制等仍然非常难以把握。除去技术上的、调研方法上的限制,调研过程中仍然有一些不合规范或者人为的错误存在。这是国内调研公司的重要问题。其次,现在的调研事业蓬勃发展,使大众亲身接触到的调研项目增多,犹如广告的蔓延一样,已经开始引起大众的抵触心理等不良反应,如何持续地保持媒介调研行业的质量和公信力,这已然成为中国媒介研究行业发展的一个大问题。

第五,除了提供数据,中国的媒介调研行业还必须提供更好的咨询服务。媒介调研业是一个服务行业,要为企业(广告主)、广告公司和媒体提供有效的服务,而数据和研究报告就是调研行业的产品。调研行业还需要对于数据背后的问题进行挖掘,并且进行深入地分析。我们不能总是停留在得出数据或者总结数据所代表的现象的阶段,只"调"不"研",把数据中所反映出的趋势和深度问题一股脑地推给广告代理公司去应用和解决。但目前中国的"媒介调研"很多时候仅仅停留在执行层面,对于数据的应用和分析水平和功力还有待提升。在这个过程中，调研机构应该加强自己的研究力量，吸引更多高水平的研究型人才加入；与此同时，业界要充分关注学界的前沿，展开高端的合作，只有这样才能为调研业的消费者提供有针对性的解决方案，实现优势互补，从而满足市场的要求。

第六，在经营管理方面，如何将中国本土的调研机构做大、做强，是一个摆在业界高层面前的现实问题。中国有很多具有一定知名度的本土市场研究、媒介研究品牌，但整体来看与目前中国一些大企业的发展规模相比还不相称。很多公司都有可以发展的空间，许多知名的调研品牌还可以进一步在现有的基础上发挥更大的作用和国际影响力。与此同时，几家大的调查公司几乎垄断了这个行业的半壁江山，从而对一些中小型企业的生存空间产生压迫。在这个过程中，本土的中小型市场研究公司也不妨可以考虑进行资本联合，在此基础上强化品牌意识，开发出适应于中国受众和企业的媒介研究策略和特色服务，这是在目前复杂的市场环境中求得夹缝生存的一条重要道路。在这方面，中国的相关政府管理部门（如工商总局、新闻出版广电总局等）和媒介研究行业组织应该进行积极的协调，并开展有关工作，在必要的时候政府有关部门应该通过立法和行政手段对行业的发展进行行政的规范和对民族资本进行必要的保护。

在被誉为"中国经济晴雨表"和"广告业界风向标"的 2010 年中央电视台年度黄金资源段位广告"招标"大会上，中标标额历史性地超过了 109 亿人民币，在招标大会结束之后的第二天，WPP 旗下的市场研究机构群邑（GroupM）不失时机地发布了"招标结果分析报告"，其中放言"2010 年全球宏观经济形势向好，金融危机后中国经济企稳回升"，似乎"经济危机"在中国企业中的影响已经渐渐褪去。且不说这种乐观的结论是否言之尚早，至少我们可以感受到的现实是，人们对于广告效果的科学化理解也逐渐超越了头脑发热的"标王"阶段，而转向更加理性的媒介广告影响力等指标。可以看出，经过几十年的积累，目前在中国，"媒介调研"的观念已经逐渐进入广告主、媒介和广告公司的心目中，但是与此同时，我们也还是常常听到人们对于中国的媒介研究机构提出某种怀疑或者不信任的声音。无论如何，我们还不能说中国目前的媒介研究已经到达了一个成熟的阶段，不到三十年的积累还只是中国媒介调研行业发展历程中的一个开端。

小　结

尽管我们常常不愿意陷入一种"线性"的历史发展时间观，但不可否认的是改革开放三十年来，中国广告学科走的恰恰是这样一条不断提高的道路。在学术前沿的问题上，无论对于广告业界，还是学术界其他领域来说，广告学人都一定要结合自身的特点贡献更多原创性的力量，而不是追随业界或者学术界已经出现的种种时尚。只有这样，我们才能够引导整个中国广告学研究居于整个学术界的前沿的地位，从而引领行业和学术的发展，而不仅仅是对于已经出现的种种前沿和热点的追随和模仿。当然我们也应该看到，与其他学科的发展相比，广告学界的整体成果还显得有些单薄。无论如何，广告学首先是一门现代高等教育制度中的"学科"，其次才具有自身"应用学科"、"贴近实务"等独特性。广告学人一方面当然要得到业界的认同，但另一方面，甚至更重要的是得到整个人文社会科学学术界的认可和接纳。我们也相信中国广告研究恢复至今三十余年的时间，对于一个学科，特别是对于未来的中国广告产业来说还只是一个瞬间，未来的广告研究还远远没有穷尽它的全部可能。

第四章 "广告"与其他学科

—— 广告学的学术源头及其当代资源

无论人们是否认同广告学是一门独立的科学,一般也都会倾向于承认广告是一个复杂的、边缘的、交叉的知识领域。关于广告的知识,涉及心理学、经济学、新闻学、艺术学的方方面面,但又不等同于这些学科的知识的简单求和。20世纪以来,中国的广告学者正是在上述这些学科的学术背景中,在参考国外经验的基础上,以建构、译介等方法,从无到有地开拓出了广告学这个具有独立学术品性的研究领域。毫无疑问,上述这些学科构成了中国广告学的学术源头,成为"广告学"得以独立的重要学术资源。与此同时,广告学又是一门开放的学科,它在争取学科自主性的同时,也在不断吸收当代学术的最新进展并与之发生交融。20世纪90年代以降,文化研究、创意产业等人文社科研究领域中的学术前沿,也在极大程度上拓展了广告研究的视野,参与了当代中国广告学形成与建构的历史进程。

第一节 心理学、经济学与中国广告学的发生

从学术源头来看,中国广告学研究从一开始就在移植西方的基础上,把对于社会科学的借鉴而不是对于人文学科的模仿作为广告学的立足点,这在很大程度上是符合广告学自身之"应用学科"这一学术特质的。在20世纪上半期中国广告学学术史上,心理学、经济学和新闻学这三门各有其自身的历史与方法的学科,无疑发挥了最为重要的历史作用。

1. 心理学与广告研究的科学化

心理学作为一门严格的科学的历史并不漫长。如同著名实验心理学家艾宾

浩斯（Hermann Ebbinghaus）所说："心理学有着漫长的过去，但只有短暂的历史。"[1] 现代心理学是随着 1879 年冯特（W. Wundt）建立第一个心理学实验室而诞生的。但是，现代心理学从诞生伊始，就和广告有着密不可分的联系，早期心理学家就把广告作为实验心理学的一个重要的研究对象。心理学中严格的科学研究、实验方法与一般结论，一方面极大程度上满足了人们探寻内心世界奥秘的欲望，另一方面也对广告业者的决策提供了很多科学的依据。如果不是心理学相关的研究成果和研究工具，而是仅靠广告业者自身的探索，广告学成为被学术界所承认的一门学科甚至一个学术研究的领域，很可能要推迟一段时间才有可能发生。然而，心理学成为广告的一个最为重要的学术源头，是最早发生在西方（尤其是美国）的事情，经由早期留学生的译介和转述，才成为中国广告学学科建构历程中的一种重要资源。

孙科、师泉

在当时"西学东渐"大潮的背景中，心理学界的种种动向很快就为留学海外的中国学子所注意到并加以及时的引介。广告心理学在中国的引介也并不晚。至少从 1919 年国父孙中山哲嗣孙科在《建设》月刊第一卷第二号发表《广告心理学概论》【图4.1】这篇论文开始，中国的知识界就出现了"广告心理学"这个相对比较稳定的分支学科名称。在这篇文章中，孙科这样描述广告学与心理学的关系：

> 广告学之成为专科之学，近数年间事耳。当初发达研究之者，仅美国广告业中三数先进之士。其后各大学之心理学教授、美术学教授等，踵起继之，日盛一日，至今广告学乃成为应用心理学之一部，为大学商学专科中不可缺之一实学。[2]

随后的 1924 年，师泉在《东方杂志》这个"各科信息交汇的平台"[3] 上

---

[1] Ebbinghaus, H., *Psychology: An Elementary Text-book*. New York: Arno Press, 1973. 转引自 [美]津巴多：《心理学与生活》，王垒、王甦等译，第 7 页，北京：人民邮电出版社，2003 年。

[2] 孙科：《广告心理学概论》，载《建设》，1919 年，第 1 卷第 2 号。

[3] 参见王余光、吴永贵等：《中国出版通史·民国卷》，第 272 页，北京：中国书籍出版社，2008 年。

第四章 "广告"与其他学科——广告学的学术源头及其当代资源

图4.1　孙科刊登在《建设》月刊上的《广告心理学概论》(1919)

也发表了一篇同名的《广告心理学概论》长文。"《东方杂志》由商务印书馆于1904年3月创办于上海，是一份模仿日本、欧美杂志的大型月刊，以'启导国民，联络东亚'为宗旨，除自撰论说外，广泛译录国内外报刊内容，按现代学科门类（文学、哲学、工业、商业、理化、博物等），'广征名家之撰述，博采东西之论著，萃世界政学文艺之精华，为国民研究讨论之资料'。"[1]《东方杂志》[图4.2]也是中国近代报刊史上存在时间最长的一份综合性学术刊物，其所涉及的学科领域之广博，使之成为名副其实的"民国第一刊"。在整个中国20世纪上半叶的历史上，对于广告学的发展和建设，杜亚泉任主编的《东方杂志》乃至商务印书馆，都作出了很多重要的贡献和积累。

当然，在当时广告学发展的历史条件下，这种"通过心理学而由广告学"的介绍，大多并不是基于广告学学术建设的目的出发，而是以心理学的一个学

---

[1]　陈昌凤：《中国新闻传播史：传媒社会学的视角（第二版）》，第118页，北京：清华大学出版社，2009年。

图 4.2 《东方杂志》是当时各学科知识普及和交汇的平台。图为早期《东方杂志》封面

科分支——应用心理学的名义而为中国学者所关注的。广告学在这种译介中，相对于心理学来说，其作为一种研究对象的地位只能是边缘于引介者对于心理学的兴趣的。后来在中国政坛大显身手并担任国民政府要职的孙科并不是广告学领域的学者，他对广告心理学的引介只是个人多方面的学术兴趣之一，此后也没有再次进行有关广告学的研究。而师泉的《广告心理学概论》一文，更是在开篇的"引言"中这样介绍了自己的写作目的：

> 近来应用心理学的范围日渐扩大，这是现代心理学注意实用方面的结果；心理学家欲以心理学的原理应用于人生实际问题以求根本解决，所以他的任务和从前那些专谈意识心灵为任务的完全不同了。应用心理学种类甚多，如教育心理学，工业心理学，医药心理学，广告心理学……广告心理学和商业的发展极有关系，在欧美多用广告术以主张商业发展，但回顾我国，对于广告心理学有趣味的人极少，极缺乏心理学的常识；吾国商业之不发达，原因虽甚多，但广告学之不讲究，也不能说不是一个重要的原因。本篇因欲引起国人研究广告心理学起见，故特介绍一点大意。[1]

---

[1]　师泉：《广告心理学概论》，载《东方杂志》，1924年，第21卷第21号。

在孙科撰写《广告心理学概论》的1919年和师泉撰写这篇同名文章的1924年，尽管已有甘永龙翻译的《广告须知》在中国出版，但中国第一本题为"广告学"的著作——蒋裕泉的《实用广告学》（商务印书馆，1926）还没有出版。这里，师泉虽然提到了"广告学"这个提法，但其实是以中国缺乏广告学为诉求的。这样，"广告心理学"这个广告学分支学科的名称，就先于"广告学"这门上级学科而首先在中国得到关注和研究，其中似乎不免有点"曲线救国"的意味。然而，从学术发展史"逻辑与历史相统一"的标准来看，与其把那个年代的"广告心理学"看作"广告学"的一个分支，不如把它看作"广告学"得以诞生的一个学术源头。因而在那个时代，无论是国内还是国外，"广告心理学"还只能被视作心理学而不是广告学的一个分支学科。

其实，在今天我们称为"理科"的各种学科中间，心理学并非最具有自主性的一门科学。尤其是在当时，心理学作为一门独立的学科自身的历史还并不长，虽然有了心理学实验室，但实验仪器和研究方法的精密性和完善程度还并不高，很多非常著名的心理学流派（如精神分析、格式塔心理学）的研究都还是停留在一般人文社会学科"思辨"、"推理"的层面上，过分依赖于内省的方法和归纳，与其他理科基础学科相比还相对落后。然而即便如此，心理学的问卷调查、控制实验、数据统计等实证的研究方法对于国人来说也是全新的，特别是心理学家对于广告的研究成果相对于经济学家的实证研究要更早地被集中介绍到中国，这些成果将科学的方法应用于对于当时由美术社进行创作的广告的研究，让人们看到"广告"这种复杂的事物自身所蕴含的极大的学术含量，的确可谓"非泛泛者所能胜任"（徐宝璜语），这就极大促进了广告由"术"到"学"在中国的发展。

心理学与广告学学科体系的建构

1925—1926年，先后有两部译自外国学者所著的《广告心理学》在中国出版。1925年，日人井关十二郎的《广告心理学》，由唐开斌翻译，作为商务印书馆"商业丛书第十种"出版；1926年，吴应图翻译的著名心理学家沃尔特·迪尔·斯科特（当时译为史可德）的《广告心理学》一书，由商务印书馆作为"新学制高等商业学校教科书"出版发行。[1] 此后，在对于"赛先生"

---

[1] 详见本书第五章第二节。

大加推崇的时代背景中，涌现出的许多广告原理类教材和相关介绍性文章，其基本框架就是"广告心理学"。事实上，从现代广告学学科在中国建构之初，广告领域中的学者就从未忽视心理学对于广告的影响。如颂先于1932年9月在《国货研究月刊》第一卷第四期上发表的《商业广告浅说》一文中所指出的：

> 广告的目的，既然是推销货品，所以第一步先要明了市场的情形，我们必须知道社会上需要些什么？⋯⋯人们有哪些欲望？如果要彻底研究，就非求助于心理学不可了。近来心理学已有显著的进步，所以广告术的发达，也一日千里。心理学上有所谓"人类的本能"，这是人类一切欲望和行动的出发点，所以我们研究广告术，也就可以从研究人类的本能起始了。[1]

应该说，这并不是颂先自己的"一家之言"，而是当时很多撰写广告学文章、教材、著述的早期中国广告学者们的通见。对此，高伯时在全书仅有30页的《广告浅说》中，有更加直接的解说："广告学中最要注意的，是美术和心理两项：要先研究一般人的心理，然后用美术来引起他们的兴趣和注意。"[2] 心理学也是王贡三论述广告学的性质的时候所提到的唯一一门学科："从广告的定义上，我们已知道广告的对象，是建筑在人类的心理上面，所以心理学为广告的唯一科学基础，可无疑问。"（着重号为引者所加）[3]

而对于心理学研究更加热衷的，当推刘葆儒的《广告学》（中华书局，1932）。该书通篇介绍的都是广告心理的"AIDMA"法则，其着意于论述的是本能、情绪、动机等心理学问题及其对商业广告的影响，而对广告创意、文案、媒体投放、经营管理等其他同样重要的问题几乎存而不论。根据书前的"编辑大意"，可知"本书的编辑，全据好令威士（Harry L. Hollingworth）所著的《广告学》。""广告学以心理学为依据。心理学名词，与其他科学名词同，尚未统一。本书凡遇较特别的名词，著名原文，以便对照。"而对于以心理学作为广告学的主体，作者给出的解释，是"广告学尚未能如其他种种科学有系统。凡是经许多专家研究过的问题，资料自然较多。篇幅多寡，不能一

---

[1] 颂先：《商业广告浅说》，天津国货研究所编《国货研究月刊》，1932年第一卷第四期。
[2] 高伯时：《广告浅说》（民众商业丛书八种之一），第2页，上海：中华书局，1930年。
[3] 王贡三：《广告学》（高级中学商科教本），徐国桢校，第7页，上海：世界书局，1933年。

律。"[1] 由此，完全依据心理学的框架，刘葆儒结构出了一个独特的广告学基础理论体系。

刘葆儒的著作中，既介绍了"遗忘弧"（curve of forgetting，即艾宾豪斯遗忘曲线）等西方心理学理论研究成果，[2] 也介绍了一些实验心理学家所作的广告心理学研究，他提到的心理学家有斯科特（斯考答）和斯特朗（斯德朗），这在当时广告心理学研究领域是非常前沿的。不仅如此，他还对其研究方法和结论推广意义进行了简要的评论：

> Scott（斯考答）询问订户每月中杂志里所登的广告，觉得何者最有兴趣。这种试[原文如此]验的结果，虽然未尝没有价值，但是仅仅限于局部，并且是很粗梳的。
>
> Strong（斯德朗）辩记比较价值[即诉求点——引者注]：选择某一商品，试验各种广告的成绩。氏用 20 个早餐食品广告对于五十个人试验。结果：对各广告对于各人特种兴趣或良能[即本能——引者注]的陈诉力，大小各不相同。[3]

此外，刘葆儒还介绍了"长路陈述"与"短路陈述"等广告诉求的心理学法则。他提出的长路陈诉，即"尚辨记"的理性诉求法则，适合耐用消费品；而"短路陈诉"：则接近于本能的感性诉求，"适合贴近人身的产品"。这种区分在当时提出，无疑是令人耳目一新的。从此书的理论来源看，Harry L. Hollingworth 是著名的应用心理学家，也以广告研究见长，其 1920 年出版的代表作 Advertising and Selling；Principles of Appeal and Response 正是刘葆儒所依照的母本。可以看出，原书名中并没有任何"学"或者"Psychology"的字样。而将一本应用性读物冠之以"学"字头的中文标题，似可看做当时中国知识界"唯科学主义"心态的表现。

而此后冯鸿鑫的著作中，还提到了闵斯特伯格及其关于广告登载次数问题的心理学实验："蒙斯德堡（Münsterberg）即以 60 页广告，令 30 人每 22 秒读一页，重复四次的四分之一页广告，较之一次的整页广告或二次的半页

---

[1] 刘葆儒：《广告学》，第 1 页，上海：中华书局，1932 年。
[2] 同上书，第 102—103 页。
[3] 同上书，第 121—122 页。

广告的效力超出一倍余。"[1] 这很可见出心理学的科学地位对于广告学的重大影响。我们看到，这些研究成果的介绍虽然简单，广告学界的作者和读者对于研究的过程也缺乏足够的兴趣，但无疑大大提升了广告学研究的科学性，使得心理学真正成为中国广告学的一个学术源头。

而此时，与蒋裕泉等人的早期著作相比，20世纪30年代之后出版的各种体系性广告学著作中，苏上达、徐国桢、吴铁声、朱胜愉、冯鸿鑫等作者已经大多为心理学角度的广告研究保留了足够的篇幅。此外，查原燕京大学新闻系学生撰写的两部文献索引（高向杲《中国新闻学文字索引》和汤健文《新闻学文字书目引得》），可知1919—1936年间中国报刊上发表的广告心理学著作、文章、译文等还包括《广告心理学》（作者不详，载《时事新报》1934年12月2日、3日、17日）、《广告心理学》（舒怡波译，载《时事新报》1934年2月5—26日）、《广告心理之种种》（高光世译，载《心理附刊》第10期，第1—14页，1935年5月21日）等。而商务印书馆还曾翻译出版日本野辰见著《商业心理学》（新智识丛书，高书田译，1929年）。至此，广告心理学成为20世纪上半期中国广告学研究中的一门"显学"，心理学的研究成果使得广告心理学成为广告学各个门类中集中译介国外学术成果最为丰富的一个领域。

不过也必须指出，当时对于广告心理学的译介与接受还是存在一些局限的。一方面，从研究的深度来看，这一时期中国广告心理学研究中的原创成果远远低于译介成果。与同时期其他广告相关成果的翻译相比，广告心理学领域翻译作品的数量和质量都首屈一指，但无论是当时杂志上的文章还是出版的专著，大多只见广告心理学的泛论式介绍，而鲜见利用当时译介著作中所介绍的方法进行的研究，更遑论广告心理学的实验报告。可以看出，人们在对心理学一般结论产生兴趣的同时，对心理学研究方法关注不多。如刘葆儒所说："有关实用的，则多加采取，说理较深的，以及心理学家试验的结果等，则不尽采。"[2] 这些著作的一般结论，似乎要比其方法更为广告界的读者所接受，这在引入心理学的一些一般性结论的同时，有把一种心理学庸俗化的倾向，因而难以促成读者基于中国人文化心理的特殊性对其方法和结论结合中国的特点和实

---

[1] 冯鸿鑫编：《广告学》（中华文库·初中第一集），第99页，上海：中华书局，1948年。
[2] 刘葆儒：《广告学》，第1页，上海：中华书局，1932年。

例作出反思和批判。

另一方面,从研究的广度来看,从消费者心理角度出发研究广告的介绍比较多,但对于广告学其他方面的心理学研究多有遗漏。"广告心理学"作为一个学术领域,并不能仅仅狭义化理解为"消费者心理学",而当时的广告心理学研究似乎没有充分注意到格式塔心理学、审美心理学、艺术心理学(如接受美学)等其他研究成果对于广告的重要意义。对于视知觉、图形、色彩构成等艺术心理学、审美心理学的研究成果,也应该成为广告心理学的组成部分。此外,对心理学20世纪30年代以来的发展,特别是行为主义心理学对于广告学的贡献的介绍在当时也有很大的遗漏。在斯科特之后,美国的广告心理学研究有了极大的进展,特别是行为主义心理学家华生(John B. Watson)在斯科特的基础上进一步在商场中实践,为广告的科学化作出了极大的推动,只是当时的中国学者似乎对这些进展并没有表示出足够的兴趣。这些问题,只能留给20世纪80年代之后的广告心理学分支研究加以解决和完善了。

2. 经济学与广告学的现实关联

在20世纪上半叶,"传播学"这门学科尚在襁褓之中的成型阶段,这个学科名称甚至还不为国人所熟知;而心理学界只是把广告作为一种研究对象,很多广告心理学的著作都是以"商学丛书"或"商业学校教科书"的形式出版的。然而,由于诉求于"商战的利器"、"提倡国货的手段",现代中国广告学的起源与经济学及商学有着天然的血缘关系,使得作为基础理论学科的广义的经济学和作为应用学科的商学也成为中国广告学的另一个重要的学术源头。

作为一种商业现象,广告活动中的主体,也包括广告公司、广告媒体和提出广告营销要求的广告主,这样看来,仅仅从媒体(新闻学)和广告公司(心理学)的角度来研究广告也是不够的。事实上,早期广告学者,对于这种博弈关系已经有了比较清楚的认识。王贡三在其《广告学》第七章中提出的"广告组织",就包括"广告社 — 公司 — 广告主",[1] 而冯鸿鑫在其《广告学》第二章中也提到"广告的组织方式"涵纳"公司广告部 — 报馆杂志广告部 — 广告

---

[1] 王贡三:《广告学》(高级中学商科教本),徐国桢校,上海:世界书局,1933年。

社——广告主的才能和责任".[1] 在这个框架下,中国广告学者没有遗忘从经济学角度入手,对广告这种复杂的现象进行探究。

孙孝钧与《广告经济学》

经济学是今天的一门当之无愧的"显学",但其实在晚清以降,"Economics"为中国所熟知,仍然是经历了一番曲折的过程的。对于这门学科的命名,梁启超等人曾经有过多轮次的讨论与争辩,从"平准学"、"理财学"到"计学"、"生计学",再到采用日本译法的"经济学",其实并不像今人想象的那般自然顺畅。1902 年在《新民丛报》的"问答"中,梁启超谈到 Political Economy(今译政治经济学)这门学科的译名的时候表示:"政术理财学之名,冗而不适,……惟此名求之古籍,吻合无间者,实觉甚难。"他对日本依据中国古籍中的观念所采用的"经济学"这个叫法似乎也颇有些微词,而倾向于采用"生计学"。[2]

不但如此,"Market"(今译市场)这个词在当时也没有对应的中文译名,梁启超在其刊登在《新民丛报》第 19 号的《生计学学说沿革小史》一文第九章中,别出心裁地把这个词翻译为"玛杰",称环球九万里为白种人之一大"玛杰"。对此他自己的解释是"玛杰者,英文之 Market 今译其音也。西人都会中,皆公建一市场,百货群萃于其中,谓之玛杰。广东俗译谓之街市。香港有之"。[3] 但有些沮丧的是,无论是梁启超主张的"生计学"还是"玛杰"这些译名,在今天都没有保留下来;相反,"经济学"、"市场"这样梁启超看不上的名词,在后来却已经相对稳定并得到广泛的流行,在这样的背景中,当时甚至产生了以"经济学"为旗号的广告研究成果。

1931 年,南京书店出版了孙孝钧的《广告经济学》【图4.3】,这是 1949 年之前笔者见到的唯一一本题为"广告经济学"的专书。但细看之下,就会发现这本著作同曹志功向民众普及介绍"分类广告之真意"的著作,却名之为《广

---

[1] 冯鸿鑫编:《广告学》(中华文库·初中第一集),上海:中华书局,1948 年。
[2] 梁启超:《新民丛报》问答,(原载《新民丛报》1902 年 3 月—1903 年 3 月各号),收入夏晓虹辑《饮冰室合集·集外文》上册,第 81—95 页,北京大学出版社,2005 年。
[3] 同上。

图 4.3 孙孝钧《广告经济学》(1931)书影
（中国人民大学图书馆藏书）

图 4.4 曹志功《广告与人生》书影
（上海图书馆藏书，出版年不详）

告与人生》[图4.4]类似，[1]很可能是"名不副实"的一本一般性的广告学体系著作。在《广告与人生》的开篇，曹志功就这样把"分类广告"与"人生"联系在了一起："广告者，广布也。其效力不仅推广营业，抑且于人生有密切关系。"（第1页）"分类广告，为广告之一种，其用途若何，虽有知之者，但其与人生有密切关系，则知者尚鲜。世人多以此类广告形式过小而忽之，以此为无足轻重之事。此无他，未明分类广告之真意耳。"（第3页）由此出发，曹志功系统地介绍了关于"分类广告之资格真意"、"分类广告之经济"、"分类广告之需要"、"分类广告之范围"、"分类广告之体例"以及投登分类广告之手续、申报分类广告刊例等问题。在论述"分类广告之经济"的时候，曹志功仍然念念不忘"广告与人生之关系"：

> 分类广告……吾人不喜利用之故，即在经济问题。盖普通报纸广告，刊资昂贵，手续繁琐。虽有需要，不愿化巨资以求之，是犹因噎而废食，实可一慨

---

[1] 曹志功(1900—1977)，安徽徽宁人，1925年任职上海《申报》，曾创办《国产月刊》、《国货工厂》等刊物。抗战胜利后任上海市卫生局药政处处长，新中国成立后受聘为上海市文史馆馆员。

之事。报纸以销数关系，广告刊资随之而昂。有所载广告不必利用报纸销数之全部者，亦不愿化此巨资。在报纸方面，虽知如此，但以刊资无法减少，且因营业日渐发达关系，对此琐碎广告，亦听其自然。因之广告与人生之关系，愈难明显。[1]

但总的说来，由于《广告与人生》仅仅是一本普及分类广告知识、鼓励民众应用分类广告的小册子，这里不拟详述；只是由现实的应用需要而催生广告知识的系统化，进而在"广告"与"经济"之间建立联系，《广告经济学》一书可谓分享了与曹著相似的背景，并采取了同样的写作进路。

《广告经济学》一书，按照"广告学之意义及其效能、凭藉广告以为宣传之根本原因、广告之媒介、引人注目要则之研究、撰拟广告之初步问题、撰拟广告文之要则、引起欲望之稿文、标句、字体与花边、图画、色彩、商牌及商标"共分为12章，仅从这12章的标题中就可见出其主要内容，其实并不关心广告业的生产、分配、交换、消费等理论问题，更不是论述广告产业与国民经济关系或讨论广告代理制的"广告经济学"专题研究，而是一本普通的广告学教科书。那么为什么要叫做"广告经济学"？使用这个大题目是否有"跑马圈地"的嫌疑？对此，孙孝钧在开篇第一章第一节"广告之意义"中的"夫子自道"，或许可以对此提供某种解释：

> 广告之用至广，常人往往以为广告仅为商业上招揽交易之利器，不知官署之公布文字，广告也；乡民之鸣锣集众，广告也；工厂之放汽笛，广告也；报纸之新闻报告，广告也；盖广告者：凭借一物，或举动以欲语之事，使众周知之谓也。惟其在商业方面应用广，故人多不觉其他方面应用之存在。本书所述，亦本其广用于商业，专论商业之广告……[2]

可以看出，在孙孝钧这里，广义的"经济学"概念和狭义的"商业"概念

---

[1] 曹志功：《广告与人生》，出版年、出版地不详，由于该书封底存有《申报之特色》广告，推断应为《申报》馆自行印刷出版。
[2] 孙孝钧：《广告经济学》，第1页，南京书店，1931年。

发生了替换,"广告经济学"其实也就是"商业广告学"的意思,因而本书并不是真的建立在经济学理论的基础上论述商业广告(区别于公益广告、政治广告、文化广告等)的专著。这种商业角度论述广告的广告学读物,在当时已经出现了许多种,如果不从名称上有所区分,恐怕是很难吸引读者的注意的。无论如何,似乎通过孙孝钧让我们看到,谈论"经济学"至此已经成为一种时髦的事情,但其实真正的广告经济学专著在当时并没有出现,反而是商学领域的广告研究更加繁荣,也更加"名正言顺"。

何嘉与《现代实用广告学》

尽管广义的经济学包含商学,但如果细究这两个词的区别,可以看出商学(或称工商管理学),是一门建立在经济学基础之上的应用学科,相对于经济学的基础理论和数学模型,无疑后者具有更加贴近实际的应用("术")的价值。经济学研究的"Market"(市场)成了商学中的"Marketing"(营销),尽管"Marketing"的观念要到20世纪80年代之后才引入中国,但对于这一实用学科领域,梁启超也投以了相当的关注。尤其在推动商学这一"事的学问"的过程中间,梁启超作出了卓绝的贡献。1912年《在临时工商会演说词》中,梁启超就提到了中国工商业人才的问题:

> 即以公司言之,办理公司之人,无论何种人,中国均可谓之无人。……我国工商学校既不发达,不得不盼外国留学工商学者之归来。……即有一公司,亦能办理,公司之人,自总理而下,纯然不知新世界之工商业者。以纯然不知工商业之人而办公司,又何怪乎其公司之不发达也![1]

1916年他再次论述到商业人才的培养:"然现在世界交通便利,商务上之竞争日烈,一切情形,与闭关时代迥然不同。仅恃此数点,而无专门学问智识以补助之,实不足以图存。或谓此种学生,学问虽好,经验毫无,何能遽

---

[1] 梁启超:《在临时工商会演说词》(十一月一日),(原载《大公报》1912年11月17—20日),收入夏晓虹辑《饮冰室合集·集外文》中册,第577—582页,北京大学出版社,2005年。

用?不知经验非生而有之者。苟予以相当之习练,数年之后,经验自富。"[1]这样,工商人才的培养逐渐受到了上层知识界的重视,"商业"也堂而皇之地得以进入新式学堂并出版教科书,广告也由此成为很多中级、高级商业学校甚至大学的必修课程。与此同时,已经有林振彬等一批留学海外的早期中国留学生,在国外(尤其是北美)修习广告学专业的本科、硕士课程并回国投入实务,相对于重视数学和模型的经济学理论,显然是作为应用学科的商学背景的广告学著作和教科书,更能符合广告学"实用"的品性,因此,经济学视野中的广告学由经济学而商学,就是在这种大的背景中应运而生的。

在各种商学背景的广告学著作中,首先值得一提的是何嘉的《现代实用广告学》。何嘉具有经济学背景,任教于多所中级商业学校。他的《现代实用广告学》一书的出版,得到了政界、商界、学界许多名流的重视与题词,其在商界的交往尤其使得本书标榜和突出商业上的"实用"价值。江亢虎为该书所撰"序"中介绍说:

> 何生子若攻经济学有年,于广告学亦颇有研究,……我国工商事业落后,即广告学术亦迥不逮人,近年振兴实业之说,为国内人士所盛倡,则广告学术之亟宜普及,亦为当务之急,何生此书,于此现象之下,殆为时势所切要者,我知其裨益于我国实业前途者,当非浅鲜也。[2]

事实上,除了何嘉等人外,在早期广告学著作的作者群体中,还有很多具有商学、经济学的学术背景,相比之下,蒋裕泉、赵君豪这样新闻学背景的作者反而属于少数。在这种情况下,很多广告学著作实际也是直接论述商业广告(如叶心佛《广告实施学》),而对其他广告形式避而不谈。在一些著述中,已经出现了关于"广告代理制"等广告商业模式这一基本问题的介绍与讨论。这样进一步塑造了广告学"由术而学"、"学与术之不可臾离"这一重要的学术品性。而何嘉本人对于广告与商业的关系也有清晰而独到的认识:

---

[1] 梁启超:《在上海商务总会之演说(姚咏白笔记)》(十二月二十日),(原载《时报》1916年12月22—23日),收入夏晓虹辑《饮冰室合集·集外文》中册,第659—665页,北京大学出版社,2005年。
[2] 何嘉:《现代实用广告学》,序第5页,上海:中国广告学会,1931年。

> 人家以为广告是附属于商业的，但我以为广告是领导商业的，换句话说，广告便是商业的先锋，也便是商业的灵魂，商业没有了广告，就像断了辕的车子一样，在近时代更觉得广告在商业上的重要，欧美的商店，有广告费化去资本金十分之七的，日本人对于广告也非常注重（他们的广告，有一种特殊的作风），其他工商业发达的国家，对于广告事业都是很孤立的，我国工商业落后，广告事业更不能与之一较长短，为觉得目前底需要，特不惮琐屑地再讲一讲。[1]

然而，理清楚广告和商业的关系，并不天然地意味着理清楚了广告学和经济学或商学的关系，也不意味着广告学必然地从商学这里借鉴到了学理的基础。翻看何嘉的《现代实用广告学》，大抵也只有第六章"广告与经济"谈到了经济学及商学的学理在广告上的应用，即根据经济学的"理性人假设"提出了最为经济的广告预算原则——"能够化费却少度金钱得到很大的效力"，[2]包括提出广告费用是企业生产成本的一部分，广告费用需根据不同的行业进行科学的预算，以及企业设立单独的"审度部"（有些类似于今天的市场营销部）负责进行市场调查、统计分析、营销计划、广告预算等等。无论如何，何嘉的著作虽然具备商学的背景，但只是借鉴了一些经济学和商学的常识用以分析广告，还并没有发展出广告经济学的独特的研究对象和研究方法。

苏上达及之后

20世纪30年代中运用经济学的理论和研究方法，对广告加以科学化的研究的学者，首推经济学家苏上达。苏上达于1930年编辑出版的《广告学纲要》，是一部严谨的经济学学术著作，其中很多研究方法和研究主题，都是令广告界读者眼前一亮的创新，其理论化和操作化程度都要高于同样出身于经济学背景的何嘉，这不能不说得益于苏上达雄厚的学术背景和严谨的学术训练，当然也得益于其"编著"的形式使得苏上达有机会直接参考更多国外的同类著作。在《广告学纲要》的"绪论"部分，就引入了广告营业额的概念和相关统计图表，这是很多同时期的广告学著作所难以望其项背的；而苏上达在广

---

[1] 何嘉：《现代实用广告学》，第6页，上海·中国广告学会，1931年。
[2] 同上书，第17页。

经济学研究方面的成果，集中体现在《广告学纲要》一书中的第二篇"市场"（包含第四章"市场之研究"、第五章"调查市场之方法"和第六章"调查市场之实例"）中。苏上达在介绍了统计、问卷（"询察表"）等研究方法的同时，以多种国外企业和商品为例，用相当的篇幅和大量的数据、表格等介绍了"调查市场之实例"。尽管这些内容大多系编译自国外的材料，国内广告领域的市场研究者是否能看懂并应用这些方法也不得而知，但这种经济学研究方法在广告学界的自觉引介，也使得中国广告学在科学化、学术化、自足化的道路上又迈出了至关重要的一步。

无论如何，苏上达并非纯粹意义上的广告学者，作为经济学家，广告只是他的一个研究对象或者研究领域，他的主要精力在于经济学的研究，广告类的文字只是他大量著述中的一个部分。真正在实践中应用苏上达所提出的框架和方法对于广告加以深入的研究，在当时还有赖于广告业界的从业者。业界从业者很可能并没有以专著的形式系统表述自己的思想，但他们参与的一些学术组织活动，为广告学研究注入了现实的活力，其中面向工商界、旨在"行销到世界上去呐喊"（见《百业广告月刊创刊之前的几句话》）的《百业广告月刊》和《广告与推销》等广告专业杂志的创办，以及中国广告学会、中国工商业美术作家协会等行业组织的建立，都为这种业界与学界的互动建立了平台。尤其是这种业界出身的广告学人的生成，与广告行业组织的建立与自觉有密切的关系。如1944年，丁馨伯在《广告学》一书中所描述的：

> 至于我国广告之演进，各大商埠、私人组织之广告公司，固然不少，（如沪中商务联合，生生美术等）十余年前犹忆沪上万国函授学校美人 H. R. Harger 亦曾发起联络美孚油行，英美烟草公司，慎昌洋行以及吾国各广告公司拟组织一中国广告学会，借以与世界广告协会取得联络。九一八以前沪上研究广告学者亦曾印行有"广告与推销"杂志，印刷精美，纸张华丽，作者亦曾附和其间，惜以人事经费关系，未几中断，殊为可惜，于此可知吾人欲创办一事，人才固不可少，而经费之充足，尤属重要，期望吾国工商业界领袖，放出远大眼光，登高提倡耳。[1]

---

[1] 丁馨伯：《广告学》，第 8—9 页，上海：立信会计图书用品社，1944 年。

这里所提到的《广告与推销》杂志，就是广告人兼出版家徐百益所创办的一份广告研究的专业期刊，体现出广告学者对于独立的学术阵地的需求。[1] 1948年，徐百益继续编辑出版了《工商管理》【图4.5】期刊，继续刊发广告学的文章和译文，为广告研究的独立发展作出了重要的贡献，他本人日后也成为较早地从广告实务界出身的独立的广告学者。首期的《工商管理》杂志，刊发了《广告一生》（即霍普金斯自传《我的广告生涯》之节译）和《战后的广告任务》（介绍美国二战后广告业的恢复与发展）两篇译文。虽然这一时期经济学与中国广告的"亲密接触"仍然是以编译自国

图4.5 徐百益主编《工商管理》（1948）书影（北京大学图书馆藏书）

外研究成果为主，而鲜见国内经济学背景的学者以经济学方法对中国广告业和中国广告市场的专题研究，但仅仅是这些译介，对于当时广告学界内外的读者的影响也是巨大的，很多也是针对中国广告业具体实际的有所选择的翻译。

在抗日战争胜利之后，中国的广告经济学研究迎来了一个新的高峰。1948年，冯鸿鑫在其《广告学》第三章中，明确提出"作广告的研究"包括市场研究、商品研究、方法研究、发表研究、引人注目研究、媒介物的研究等内容，广告的经济学研究成为与美术、心理、媒介研究并重的一个领域。而该书第九章"广告与经济"中则专门探讨了广告学与经济学的关系，并探讨了"消费者是否负担广告费"，"广告足以改进货物品质"等与广告相关的经济学原理问题。这种探讨不仅对于广告学自身的建设，就是对于经济学的理论争鸣也是有益的。[2] 可以想象，如果不是20世纪30年代突如其来的战争和国难，中国广告学沿着科学化的发展道路在20世纪30－40年代还会取得更多的、

---

[1] 经查询，该期刊仅于1936年出版过一期，封面为有"美丽牌"香烟广告图案的商业街景。
[2] 冯鸿鑫：《广告学》（中华文库·初中第一集），第96—97页，上海：中华书局，1948年。

本土化的学术成果。

20世纪90年代以来，中国学界素有"经济学帝国主义"的提法，言经济学的思维、方法、范式，大有主导整个人文社会科学界的声势，但其实广告研究中的"经济学帝国主义"，早在20世纪上半叶就已然上演。我们甚至可以说，把中国1949年之前的广告学（如果存在这样一门学科的话）视为经济学与商学的一个门类而存在，恐怕是在那段时期内对其最为恰当的学科归属。与此同时，广告学著作作为"商学丛书"、"商业学校教科书"陆续在商务印书馆、中华书局、世界书局等这些具有一定学术品位出版社的大量出版，使得这个学科受到了学术界越来越多的关注。直到今天，"经济学"学科群成为当代学术中毫无疑问的第一显学，其中"工商管理"类的"市场营销学"，其实也包含了一部分广告的内容。甚至有一些高校的"广告学"专业，正是设置在"经济管理学院"之中的，这也使得"经济管理类"的广告学教育，成为中国当代广告教育的一支重要类型。

然而，尽管商业广告是各个广告部类中最重要的一种，广义的"广告"并不能够仅仅指涉商业广告，作为一种信息传播的手段，仅仅从经济学和商学的视角来研究广告也是很不够的。且不说从外延上说，"广告"不仅仅只包含"商业广告"（尽管那是一个主要的门类），就是从商业广告的研究角度来看，一般经管背景的营销学者更着意于广告绩效研究、消费者行为研究、品牌传播效果测量等细节领域，而经济学背景的广告学者则侧重用产业经济学的框架来分析作为宏观国民经济一个部类的广告产业。但是，除了这些内容之外，广告本体所包含的创意设计、媒介投放等方面的内容，也许是同样重要的，而这些内容只有在"传播"的思考框架之下才能获得真正意义上的整合和更为根本的理论基础。如果仅仅把广告作为"经济管理"的一个部类，那样无疑只能使广告成为一个商业的附庸或者经济学或管理学领域中的边缘学科。广告学要想完全成为一门自足的学科，还有赖于其他的学术源头的发现，以及在各个源头之间的充分整合与创新。

第二节　早期新闻、美术、伦理视角中的广告

广告学毕竟是一门交叉学科，由于广告与文化现象和视觉呈现的密切联系，这使得人文学科的视角在中国广告研究中也逐渐成为一直不占主流、但也不可或缺的研究力量。对比来看，人文学科视角的广告研究，在20世纪上半期中国广告研究中，与社会科学视角的广告研究形成基本平衡的互补局面。但是，由于新中国成立后的特殊政治文化背景，人文学科视角（主要是马克思主义和毛泽东文艺观）的广告研究一度占据主流，这使得80年代以后，广告学要重新经过"艺术与科学"大辩论之后，才重新回归到社会科学的基本定位。无论如何，人文学科视角的广告研究，对于广告学理论体系的格局，形成了一种有益的补充，尤其是在广告外部研究中发挥了重要的理论意义。

1. 新闻学视角中的现代广告

与注重实证研究的"传播学"不同，"新闻学"更多地体现出一种人文学科的色彩。现代新闻学作为一门学科虽然能够为广告学提供若干的学术资源，但其自身的理论基础并不能够称得上殷实厚重。如同蔡元培为徐宝璜《新闻学》一书所写的"序"中所说："凡学之起，常在其对象特别发展以后……我国新闻之发起（昔之邸报与新闻性质不同），不过数十年，至今日而始有新闻学之端倪"。[1] 作为一门实用性学科，新闻学更多是对新闻实务中的经验、技巧进行理论化的总结，而不是诉诸于哲学理论、文化理论等形而上的思辨，更不是诉诸于心理学、经济学那般量化的研究方法。因此，新闻自身是否"有学"这个问题一直存在争议，而新闻学领域内"新闻专业主义"的兴起，乃至至今这个领域中仍然有较大量的学科反思一类的文章，都很能表明从业者对这门学科自主性的焦虑，因而把"新闻学"作为"广告学"知识来源的一个源头是颇具有一番风险的。尽管如此，我们也必须看到，在推进广告学作为一门课程进入中国高校的课堂，以及专业人才的培养和使用等方面，新闻学都为广告学做出了重要的贡献。

徐宝璜的《新闻学》【图4.6】是中国历史上的第一部新闻学专著，目前这个

---

[1] 蔡元培:《蔡序》(1919)，载肖东发、邓绍根编《徐宝璜新闻学论集》，第41页，北京大学出版社，2008年。

图 4.6 徐宝璜《新闻学》(1919)书影

界定要比中国历史上第一部广告学专著更确定,也更为人所熟知。此书共 14 章,其中第 10 章为"新闻纸[即报纸,Newspaper——引者注]之广告"。应该说广告所占据《新闻学》这本书的篇幅并不大,但却是符合新闻学自身的要求的。现代广告起源于媒体自身经营的需求,"掮客"是早期对于报刊广告经理人的形象化的称谓,现代广告是新闻业不可或缺的一个组成部分,如天庐主人所说:"一个报馆的消费,全赖着广告来维持。健全的报,一方面是以新闻卖给读者(发行),一方面是以地位卖给商家(广告)。"[1] 然而,现代广告的范围又不仅仅限于新闻业的一部分,广告学自身的知识体系包含"广告媒体",但也包含其他内容。新闻学、广告学这两个学科只能说是"互有交叉",而不是上下级的学科从属关系。因此,立足于新闻学的广告论述,必然围绕"广告作为报业经营的一种主要手段"来进行论述,以广告经营为主,兼及广告创意("意匠")、设计("图案")、制作等方面,不可能是关于全部广告知识的深入的专论。而作为新闻学教材的一部分的广告学,由于篇幅的局限,不可避免地只能"浅尝辄止","新闻纸的广告"这一章便是如此。

不过尽管并非广告学的专论,但从"新闻纸之广告"这一章中,很能见出徐宝璜对于广告的研究视野和学术特色。他重点讨论的广告学议题有二:一为报纸销路与广告量之间成正相关关系,二为报纸广告专业人才的培养。尤其是后者,对广告学课程在大学之中设立有重要的功劳。徐宝璜说:"广告现已成专门技术,非泛泛者所能胜任。必请精于斯道者经理,方能谋其发达。"[2] 这是区别于当时社会上很多人对于广告专业技能的理解的。官费留学于美国密歇根

---

[1] 天庐主人:《天庐谈报》,第 13 页,上海光华书局,1930 年。
[2] 肖东发、邓绍根编:《徐宝璜新闻学论集》,第 102 页,北京大学出版社,2008 年。

大学经济学专业的徐宝璜，在这里把"广告的专门技术"在一般人所理解的绘画、美工的静态的艺术作品之外，开拓出了广告经营和广告产业的位置。这种论述很大程度上影响到了后来大学新闻系的课程，以及广告学课程的内容设置。此外，他还比较早地提到了广告伦理的问题，他提出由于对于媒体来说"广告者，与货物有别"，因此报纸应该"登载正当之广告"。[1] 由于出于商人的自律而非对于伦理学学理的借鉴，这里笔者没有把伦理学作为现代广告学的一个学术源头来进行描述，但中国广告学研究者的确比较早地关注应用伦理问题，也是一个事实。[2]

除"新闻纸之广告"一节外，徐宝璜还有很多论著中谈到了广告学的问题。作为一位有社会责任感的爱国学者，他尤其重视报纸的社会责任，并且他的论述不仅限于报纸新闻，也多次提到了报纸广告的社会职责。如他在谈到报纸与社会之需要时多次提到报纸"补助商业"之功能，即"树立广告之信用"、"提高广告之技术"和"谋商业新闻栏之充实"。[3] 在1929年的《论新闻学》中他还提到了报纸广告对于振兴实业和国货的责任：

> 处今日商战剧烈之世，欲谋国家之富强，非振兴实业不可，此天下之公言也。提倡之责，舍势力伟大之新闻纸，其谁与归。故振兴实业，亦应视为新闻纸职务之一，而在今日之中国，此职务尤见重要。欧美大报，例辟商业专栏，请有智识之人，司理其事。……至其广告，因经理得法，常足以助新公司之成立，与旧公司之发展也。我国报纸，对此职务，向未重视，但现值提倡国货之际，亟应奋起搜集各种实业界之新闻与统计，以备阅者之参考，登载各种制造之方法，以增进阅者之智识，并减轻国货广告之刊资，以示提倡。[4]

1929年，在谈论"新闻事业之将来"的时候，徐宝璜以"报纸之公共化"、"报社之商业化"、"新闻之事实化"、"广告之艺术化"进行了四方面的

---

[1] 肖东发、邓绍根编：《徐宝璜新闻学论集》，第101页，北京大学出版社，2008年。
[2] 1920年以前，中国有关广告与伦理的论述还有《广告与商业道德之关系》（世界杂志寰球广告社联合会会长、美国赫斯敦原著，程景灏译，载《东方杂志》，1916年第13卷第12号）、《广告与道德》（作者不详，载《东方杂志》，1919年第16卷第2号）等。
[3] 肖东发、邓绍根编：《徐宝璜新闻学论集》，第138、148页，北京大学出版社，2008年。
[4] 同上书，第157页。

论述。除把"新闻纸上广告既多,则无须于津贴,议论亦归于纯正,消息因亦求其灵确,销路既然广,广告遂亦臻上乘矣"当作"新闻纸发展之一种向上的进化"外,还把"广告之艺术化"单独提出来进行讨论。在他看来,广告"若能化成艺术,或有文学上之意味,非特尚美于一时,亦可见效于俄顷也。因广告与新闻甚有关系,特论及焉"。[1] 由于这些言论更多属于徐宝璜基于对业界观察所得出的"广告思想",而不是体现其个人研究成果的"广告学术",这里就不多论述了。英年早逝使得徐宝璜没能对于中国的新闻学和广告学教育与研究做出更大的贡献,他曾一度酝酿的创办北京大学新闻学系之事也因此搁浅,这不能不说是早期新闻学教育的一个遗憾。

另一位深入涉及广告问题的新文学人是邵飘萍。作为《京报》的创办人和北京大学新闻学研究会的导师,邵飘萍的主要精力和研究兴趣自然集中在新闻学本身而不是广告。但是与学界出身的徐宝璜不同,作为一位资深的报人和报馆经营者,邵飘萍对于广告有很多独到的见解,虽然往往只是作为新闻学的一部分或者零碎的形式出现,并不能构成一个理论体系,但对于后来的广告学研究却不免有"但开风气不为师"的学术意义。与此同时,邵飘萍以自己职业报人的身份,游走于上庠之间,出任多所大学新闻学教席,并在《我国新闻学进步之趋势》等文章中数次为中国大学创办新闻学专业或开设相关课程"鼓与呼",他短暂的一生中仅有的几部著作,也多系在私立平民大学、国立法政大学与国立北京大学新闻学研究会等学术机构授课或开设讲座的讲义、笔记,这使他在业界与学界两方面都建立了很好的声誉。

在1924年出版的国立法政大学新闻学讲义《新闻学总论》中,邵飘萍对1923年出版的《实际应用新闻学》进行了增补,在后者以新闻采写编辑为主的基础上,增补了历史、法律、经营等内容,这样一来,其著作就显得厚重多了。在第三章"报社之组织"的第十二节,邵飘萍论述了"广告发达之历史",随后的第十三节是"广告技术之研究"。作为比较早的新闻学著作中的广告论述,这两节都有比较精彩的学术价值——不是说其结论多么精辟或具有恒久价值,而是其选题和研究方法在学术史上有"发凡起例"的范式开创之功。此外,邵飘萍的遗稿《中国新闻学不发达之原因及其事业之要点》一文中,也用

---

[1] 肖东发、邓绍根编:《徐宝璜新闻学论集》,第154页,北京大学出版社,2008年。

一定篇幅谈到了"报纸之广告",其中有很多精彩的观点。[1]但同样由于本书对于"学术史"而不是"思想史"的关注,故在此仅分析其《新闻学总论》中有关广告内容的学术兴趣和研究方法。

邵飘萍对于广告史的关注,是从广告作为报纸营业部门的一种重要业务以及报纸与广告的血缘关系入手的,但很快就转入通过追本溯源的方法对于"广告"的起源及其本质等问题的研究。他看到,广告"溯其起源,既非始于商业之利用,亦非尽载于新闻纸。盖占昔公示招牌等之遗意,至近世而益扩张重视耳。在英语之'Publicity'、拉丁语之'Advertere'皆含公告指示之意"。[2]随后从古埃及、希腊、罗马谈起,到中世纪,对古代广告的历史进行了梳理,至1745年英国"广告新闻"的出现,乃有现代广告的雏形。这样的论述在今天几乎已经成了任何一部《中外广告史》中都会进行论述的"常识",但在当时缺乏参考书的情况下,邵飘萍较早对此进行总结和梳理,是具有一种对广告史进行学术研究的态度的。这篇文章比1926年蒋裕泉出版《实用广告学》中的广告史叙述早两年,比林振彬、陈冷等1936年为庆祝华商广告公司十周年而出版的《十年来中国之广告事业》早12年,而比如来生1948年出版中国第一本独立的广告史专著《中国广告事业史》要早24年。对于广告史研究领域来说,这不能不说是新闻学界的一种特殊的影响与贡献。

而在"广告技术之研究"一节中,业界出身的邵飘萍极其着意于通过一种科学的方法对广告绩效进行考量。这种研究是非常具有现实意义和学术上的前沿性的。广告效果的测量至今仍是困扰广告主和广告公司的一大难题,迄今并未建立起一个科学而全面的广告效果测量的指标体系。当然上个世纪20年代的邵飘萍也并不可能完成这样的任务。但在当时广告普遍被认为是一种"小技",就连美术界也对广告业者表示出一种鄙夷的时候,邵飘萍及时而必要地引介了当时西方广告学者关于广告"效能率"最新的研究成果,介绍广告所占面积之大小及登载次数之多少与广告"效能率"之间的关系,并且敏锐地注意到"盖横行、纵行既属有异,则他国研究之方法,未必即可通用于我国"。[3]

---

[1] 邵飘萍:《中国新闻学不发达之原因及其事业之要点》,载黄天鹏编《新闻学名论集》,第48—50页,上海联合书店,1930年。
[2] 肖东发、邓绍根编:《邵飘萍新闻学论集》,第125页,北京大学出版社,2008年。
[3] 同上书,第127页。

只是限于篇幅和精力，邵飘萍面向业界只是介绍了西方广告学者关于"效能率"研究的结论，而没有深究其研究方法或介绍"效能率"的操作化定义，因而这种"效能率"的研究结果是否具有效度和信度值得怀疑，更没有真正带动国内的相关实证研究，更遑论在各种实验方法、测量仪器有大发展的今天，其很多具体结论必然受到时代的挑战和更新。然而无论如何，这里褒扬的是邵飘萍一种敏锐的学术嗅觉，对于广告实证研究的引介之功仍然是同时期的很多其他学者所不具备的。

此外，还应该看到新闻教育对广告课程建设的影响。1918年，时在沙滩红楼的国立北京大学设立新闻研究会（翌年改称新闻学研究会），聘请徐宝璜、邵飘萍等新闻学者和著名报人担任导师，讲授新闻学讲座，有学者认为，这是中国第一个广告学研究团体和中国高校广告教育的开端。事实上这是不恰当的。在此时的北大，不用说广告学，连新闻学本身还只是作为讲座而非大学部课程的形式开设，而在这种讲座中间虽然涉及广告的内容，但如果说北大新闻学研究会是一个广告学研究的团体，未免也太过草率。我们可以把北京大学新闻学研究会的成果以及徐宝璜、邵飘萍等人的著作看作中国现代广告学的一个学术源头，但是必须看到早期广告学与新闻学之间的关系，并不像今天"新闻传播学"教育中座位并列的专业这样平等。

燕京大学是一所1919年由美国传教士司徒雷登在北京创办的教会学校，1924年设新闻系，其新闻学系和广告学课程的设立时间虽然晚于平民大学等一些私立学校，但燕大新闻系作为燕大最大的系之一，也是整个中国现代教育史（1919—1949）上最具学术声望的一所新闻系。燕大新闻系不设广告专业，但开设有广告专业课程。1940年，时任燕京大学新闻系（原称报学系）主任的刘豁轩撰写《燕大的报学教育》【图4.7】时这样写道：

图4.7　燕京大学新闻系学刊《报学》（1941）书影（中国人民大学新闻学院藏书）

> ……其次,燕大报学教育的第二种目的,便是"造就适合于高尚的职业环境的报人,使其所学,切合于报业的需要。"……中国报业的现状同美国比较,在物质方面,落后一个世纪。假使中国的报学系也按照美国的办法,将报业经营这门功课分化成许多独立的课程,如"广告招揽"、"广告设计"、"科学的推广销路"、"工厂管理"、"印刷技术"、"报社会计"等等,这当然是不切实际的"浪费"了。这一句话,不只是造就中国报人的一个最低限度的标准,也是施教方针"题中应有之义"。[1]

从这番论述中我们可以看出,在新闻系的两大主要课程门类中,"编辑"的地位本来就比"经营"要高,而"广告"更是被视为"经营"的从属部分而讲授的,因而广告课程之设立于新闻系,最初只能是作为"附庸的附庸"。但无论如何,由于受到美国密苏里大学新闻学院教学模式的影响,"广告"是燕大新闻系的一门重要课程,有专任广告学讲师、美国人葛鲁普(1932年后回国);也出现了以广告为选题的硕士、学士毕业论文。[2]此外,1932年燕大新闻系编辑出版的学术刊物《新闻学研究》上,也出现了多篇高水平的广告专论,是这段时期内不多见的广告学术研究的论文。[3]

在高校教育之外,一些报界从业者也参与撰写了广告学的专著,《申报》等大型报馆也把广告学纳入了函授培训的计划,其中有代表性的著作有报人蒋裕泉编写的《实用广告学》(商务印书馆,1926)、赵君豪《广告学》[图4.8](申报新闻函授学校讲义之十,上海申报馆,1935—1936年间出版)等。新闻背景的广告学研究者固然在广告媒介方面的介绍要更加深入和专业,但其他方面,如广告心理、图画、制作等方面也并不逊色。但总的说来,与同时期工商领域学者所撰著的广告学体系性一类的著作相比,这些著作并没有显著的新闻学特色,因而就不一一详述了。

然而,无论如何我们需要看到,以新闻学学术的外延而言,它可以也实

---

[1] 刘豁轩:《燕大的报学教育》(1940),收入《报学论丛》,第108页,天津益世报社,1946年。

[2] 如1931年,美国密苏里大学学士、燕大的硕士毕业生、美国人葛鲁普撰写的《广告在中国》(Advertising in China),以及1934年刘志远撰写的《中国新闻纸广告之研究》。

[3] 如高青孝《分类广告之研究》、管翼贤《新闻广告》、萨空了《五十年来中国画报之三个时期及其批评》等。

图 4.8 赵君豪《广告学》(1935—1936 年)书影
(中国人民大学新闻学院藏书)

际构成了中国广告学学术的一个源头,但是,如果仅仅把广告学作为一门从属于新闻学的下级学科的话却是不恰当的。在废除科举考试之后的整个 20 世纪上半叶中国高等教育中,为数不多的以高等院校的专业课程(而不是北京大学新闻学研究会式的课外演讲)形式存在的广告学教育,很大程度上只是散见于新闻系和艺术专科学校的图案或实用美术教育中,而始终没有成为一门独立的学科或高校专业。无论是新闻学还是艺术学,都只是与广告学发生交叉关系的边缘学科。广告学的学术定位,不可能完全建立在新闻学的基础之上,但是在"传播学"话语还没有引介进入中国的 20 世纪上半叶,广告学作为一门独立的专业及其作为"传播学"的一部分的学科定位问题只能被悬置起来。

2. 美术学与广告设计研究

也许在一般人的眼中,"广告"天然就等同于"广告画"或者"广告设计",因而理所应当地属于人文学科的范畴。但其实,现代广告在中国从引入伊始,就与这种非专业的思想划清了界限。毫无疑问,人文学科中的美术学与广告有着密切的关系,但是在广告学的理论体系中,美术只是其中不可或缺但比重很小的一个部类,以"美术"来涵纳现代意义上的"广告"无疑是很不恰当的。这是因为在现代广告的产业和学术格局中，相对于策略层面的营销策划、媒体投放等内容，执行层面的创意、设计、表现等并不处于中心的位置，因而不会得到广告学者的首要关注。然而，在中国广告学术史上，人们对于这一点的认识是经历了一个过程的。在20世纪上半叶人们从西方、日本移植过来的"广告学"理论体系中，这种格局当然是清楚的。但是，1949年之后，中国的广告公司经历了"公私合营"，最终被并入"美术公司"从事宣传画的创作，使得1979年之后恢复广告伊始的一段时间，"广告"都被认为是"工艺美术"的一部分，要到"艺术与科学"论辩之后的90年代才慢慢发生转变。[1] 然而在今天"文化研究"、"创意产业"的理论格局中，广告与人文学科的关系正在被人们重新定义。无论如何，作出在百年中国广告学的学术历程中，人文学科（尤其是美术学）发挥了重大的力量这样一个判断，应该说并不为过。

在整个20世纪上半叶，美术家一直是对广告界贡献很大的一支力量。当时的广告公司主要有两大类，一类是类似于林振彬的华商广告公司这样的现代意义上的全案广告代理公司，而另一类占有极大比重的公司，则是类似于"生生美术公司"、"稚英画室"这样的美术公司。尽管相对而言，前者由于创办人多借鉴海外广告公司的模式从而对今天的广告学术研究更有积极的意义，而后者大多出身于本土师徒授受的"画工"传统而较多传统匠人色彩，我国著名画家杭稚英、叶浅予、张光宇等人，都曾参加过"广告画"或"月份牌画"的创作。但无论如何，这一类的广告公司在20世纪上半叶中国的存在是不可忽视的。不仅如此，当时的美术专科学校开设的培养商业实用美术人才的广告教育和研究，也是我们今天研究中国广告学术史的重要内容。

从早期广告从业者的构成情况来看，美术学理应成为广告学的另一个学术源头，而且美术的确也在最终向公众呈现的广告作品中占有重要的位置。但令人遗憾的是，从其实绩来看，美术学对于广告学科的科学化发展所做出的贡献是有限的。这一方面是因为美术学自身并不具备太多的学理基础，因而多是实践经验而缺乏总结，另一方面也是因为广告画、图案等，本身也被自诩为"正统"的画家们所轻视和排斥。在整个美术界看来，从事广告的实用美术家的低

---

[1] 参见陈刚主编：《当代中国广告史·1979—1991》，北京大学出版社，2010年。

位仍然是很边缘的。20世纪上半叶，曾任北平国立艺专校长和后来的中央美术学院院长的徐悲鸿曾不无轻蔑地指出："想使一般资质较低之青年，习图案美术，执一完善之艺[指技术、技能——引者注]，以求生活，必不致溷迹教育界，以自误误人也。"[1] 在这样的背景中，美术界的广告学术研究不可能受到世人的广泛重视。

从目前仅存的国立北京美术专科学校（今中央美术学院前身）图案系（后改称实用美术系）的讲义和教案来看，也多是"广告画集"而缺乏理论研究的色彩。对于美术和工艺美术而言，作品本身可以进入艺术史，但并不能够算是"学术史"的研究对象。早期美术界出版的广告书，多以"广告画"、"图案集"为多，而学术的发展和教育，自然需要体现为文字形式的研究成果。因此，总的说来，20世纪上半期的中国美术界对于广告术（广告画创作）的贡献尤多，但在广告学方面的学术积累是非常有限的。但是，美术界却在广告的批评方面做出了值得注意的学术积累。早在1919年，还在清华学校读留美预科的闻一多，就曾撰写《建设的美术》一文，对中国工艺美术和设计凋敝的现状提出了学理的批评。[2] 只不过由于关照的对象及视野等原因，闻一多的文字更多是一种广义的设计批评，而非更加有针对性的广告批评。但这种批评在20世纪上半叶是比较流行的。其中反映在广告批评上一个重要的成果，为"中国工商业美术作家协会"。

这个跨越了工商界与美术界两个领域的行业组织，是"全国工业美术家商业美术家之最高学术团体"。这个组织的成员，既包括王晓籁、潘公展、吴鼎昌、丁君匋、赵君豪等商界、报界名流和杭稚英、郑可等商业美术业者，也包括雷圭元、汪亚尘、林风眠、徐悲鸿、潘玉良等工艺美术教育界精英。工艺美术学必须与商学充分结合后，才能成为现代广告学的一个学术源头。而中国工商业美术作家协会，则就是这样一个跨越并沟通起两个领域的行业组织。中国工商业美术作家协会成立后，一方面策划包含广告画与实用美术设计在内的美术作品展览，另一方面利用这个平台推动工商业美术的理论研究。由于与创作

---

[1] 徐悲鸿:《中国艺术的贡献及其趋向》,《徐悲鸿研究·画论辑要》,南京:江苏美术出版社,1991年。转引自祝帅《"设计"的阐释焦虑》,载《美术观察》,2004年第1期。

[2] 参见祝帅:《中国文化与中国设计十讲》,第七讲《闻一多的艺术设计批评与工艺美术思想》,北京:中国电力出版社,2008年。

现状的密切关联，加上独立的美术理论家此时尚未出现，因此，这种与广告相关的理论研究，与一般的广告学理论研究在语言方式、话语系统等方面显出较大的差别，即便在同一位作者（如何嘉）那里也不例外，从而更多地体现为一种"广告批评"的形式。

这里应该提到何嘉与"中国工商业美术作家协会"【图4.9】【图4.10】

图 4.9　中国工商业美术作家协会会徽

的关系。1937 年，该会出版了收入各种工艺美术和现代设计作品的《现代中国工商业美术选集（第二集）》，其中包含杭稚英、蔡振华、丁浩等人的"月份牌画"和商业广告，同时也收录了潘公展、雷圭元、何嘉等人有关商业美术研究的多篇文章。在《中国工商业美术之前瞻与期望》一文中，何嘉从国外商业美术在商业中的重要作用、提高中国商业美术工作者在美术界中的地位，以及重视专业商业美术工作者的培养等方面谈了自己的意见。针对美术界这种对于商业美术的傲慢，何嘉就曾竭力为商业美术和图案画"正名"，从而大力提升商业美术从业者的教育培养与社会地位：

> 工商业美术，在昔辙为一般自命为神圣艺术家者所唾弃，言者鄙之，听者掩耳，抑若务须逐出艺术之范畴而后快者，呜呼，是庸其所自负使命之重大，故关系乎一国工商业以及整个国族之繁荣与凌替也。……然而一方面为社会言之。亦当切实提高商美人才之地位，历来我国美术从业者，"为历史小人视为末技"。而道学者复视为"奇技淫巧，有失中庸"。致艺术家之工作不为人重。三代以来，中国炫熠之艺事贡献，日益替落，讵知其所自负使命之重大，不惟有系于邦族之文化，乌可遽以"雕虫小技"视之哉！[1]

---

[1] 何嘉：《中国工商业美术之前瞻与期望》，载《现代中国工商业美术选集（第二集）》，上海：中国工商业美术作家协会出版事业委员会，1937 年。

图 4.10 中国工商业美术作家协会部分成员像,其中包括雷圭元、颜文樑、潘玉良、陈之佛、郑可等人

何嘉的论述,对于鼓励中国的美术院校建立相关商业美术相关专业、开设专业课程等方面做出了贡献。当时各个国立、省立艺术专门学校纷纷设立图案或实用美术系,但何嘉等论者已经看到,一个优秀的工商业美术人才的培养,仅仅有美术方面的知识是不够的。因此尤其值得一提的一个个案,是中国工商业美术作家协会与上海沪江大学商学院合办的一年制两学期的"商业美术科"中,就有2学分的"商品装潢"(创作类)、1学分的"广告学"(理论类)和4学分的"平面广告"、"立体广告"(创作类)课程。尽管我们并没有见到这个学程的进一步的教案及学生作品,但这种商学院与美术界的合作,无疑带动了广告研究视野的拓展,并在很大程度上影响到了我国1949年之后美术学院中的"商业美术"教学。与闻一多的批评相类似,何嘉的广告批评并非是针对广告作品,而是针对一种整体忽视工商业美术的社会现实的批评。这样的文字,与广告作品的批评或设计批

评似乎有所不同，但对于行业的健康发展是有意义的，直到今天也是需要的。

然而在改革开放之后，广告设计研究的进展却一直滞后于广告设计实践的发展。究其原因，一方面是因为"美术"学科的专业分工，使得美术设计专业背景的广告学人一般并不以理论文字写作见长，因而广告设计研究方面的著作，多为一些图文并茂的教科书，而非深度的理论探索。另一方面，广告设计研究的深度挖掘，客观上也要求研究者不能够停留在图形构成等感觉现象的阶段，而要求综合使用心理学甚至现代医学的脑成像技术等社会科学甚至自然科学的研究方法，取得有深度的研究结论。然而，传统的形式美学、美术学研究方法，恰恰是停留在研究者个体感知的层面上而缺乏科学的论据，无论是构成大师康定斯基的形态学研究还是广告大师大卫·奥格威对于广告版式设计的看法，概莫能外。[1] 无疑，在这一方面的技术难度限制了广告设计学科的科学化进程。这在客观上要求广告设计学科必须开展与社会科学甚至自然科学领域研究者的充分合作，而不是仅仅局限于传统美术学的研究视角。[2]

3. 伦理学与广告批评研究

广告批评是广告研究的重要组成部分。程红甚至把"广告批评"与"广告有效性研究（即研究目的是使广告的创意、管理、沟通更加有效，这个提法大体相当于国内广告学者更加常用的'广告实务研究'）"并列为"广告研究的两大类别"。[3] 需要注意的是，这里所说的广告批评并不一定局限于某则具体的广告作品（尽管那也是广告批评的一部分），而是要涉及广告有可能产生的文化影响、社会影响的方方面面。因此，仅仅从美术批评的角度，毕竟不

---

[1] 例如，大卫·奥格威主张，"决不要把广告正文排成阴式版面，也不要将文案排在灰色或有色的底上……根据美术指导理论，这样会强迫读者去阅读广告文案，读者甚至无法阅读下去"（[美]大卫·奥格威著，《一个广告人的自白》，林桦译，北京：中国物价出版社，2003 年）。就此，笔者等人曾采用认知心理学中的移动窗口技术和内隐联想测验方法进行实验设计，从"可读性"和"易读性"两个角度，就中文平面广告文案的版式设计对读者阅读效果和接受偏好的影响进行了实证研究。结果显示，阴文版式的整体阅读速度略快于阳文版式；采用阴文版式时被试对于文案主题词的阅读速度显著快于阳文版式。参见周小帆、祝帅：《平面广告文案版式设计的实验心理学研究》，载《广告研究》（即《广告大观·理论版》），2009 年第 5 期。

[2] 关于广告设计学术史研究，详见祝帅《设计学的社会科学化倾向与实证研究的兴起》，载《艺术设计研究》，2009 年第 6 期；《实证主义对于设计研究的挑战》，载《美术观察》，2009 年第 11 期；《当代设计研究方法的五个问题》，袁熙旸主编《设计学论坛》第一卷，南京大学出版社，2009 等文章。

[3] 程红：《广告学》，收入鲁曙明、洪浚浩主编《西方人文社科前沿书评——传播学》，北京：中国人民大学出版社，2005 年。

能构成广告批评的全部。在这个过程中，伦理学成为广告批评的一个重要的学科资源。因此，从伦理学角度开展的广告批评，也应该落入广告学术史研究的视野。

广告与应用伦理关系的文字，一方面散见于徐宝璜等人的一般广告学论著中，但也有独立成篇的文章。相对于实证的、系统的理论研究而言，这些文字同样更应该被看作针对具体广告现象的广告批评。1916年，《东方杂志》最早发表了程景灏的译文《广告与商业道德之关系》，这是一篇节译，原著者是"世界杂志环球广告社联合会会长"美国人 Herbert S. Houston。该文以美国的具体情形为例，说明了广告诚实对于商业的重要性，并介绍了美国广告监管的具体做法。除此之外，还介绍了广告教育的重要意义。不过此文仅是一篇译文，虽然从中能够看出中国知识界对于广告伦理问题的先知先觉，但毕竟并非出自中国学者之手。1919年，《东方杂志》第十六卷第二号刊登署名为"科学"的《广告与道德》这篇短文，这是一篇短小精悍的广告批评文字。作者开头就用一种犀利的文风对当时的广告现象加以批评：

> 吾人一阅广告，辄生鄙夷龌龊之想。其因盖有二：一由吾国习尚，以自炫求售为耻；一由吾人所见之广告，龌龊为多。试一闭目冥思吾国之广告，所见者非不堪入目之灵药，则引人入胜之消耗品耳。夫广告之利害，虽尚无不易之定论，然吾人所见广告之罪祸，实广告之蟊贼而已。西国稍知自爱之日报期刊，于登载广告，皆取舍从严，宁少勿滥。吾国实业不兴，报馆于广告，求之不得，何敢苛责，而广告之道德扫地矣。

按照今天的标准，这样的广告批评虽然还只是一种自发的媒体批评，谈不上专业性，但它对广告行业的发展是客观的、积极的，因而也是有利的。不仅如此，作者还通过描述统计的方式，对"某日报之广告"按行业类别进行了百分比计算，得出医药广告几占半数的结论，并在此基础上介绍了美国《星期六周报》与《妇女家庭报》的广告禁刊原则。这种实证的批评文风，相比较今天的"酷评"，的确更增加了批评文字的说服力。当然我们仍然需要看到，这些有关广告与道德的批评文章，更多是出于一种自发的批评，而不是对于伦理学理论的系统的借鉴。倘若就此把伦理学看作中国现代广告学的一个学术源头，还是有些勉为其难的,它们只能算是广告批评的一个伦理的视角。真正的广告伦理学研究的展开,注定不是这个阶段中国广告学所能够完成的任务。

在当时出版的许多广告学的体系性著作中,也给广告伦理议题留出了相应的章节。王贡三《广告学》的第八章专门讨论"广告与道德"。在王贡三看来,"广告上的披露,不啻与一般市场消费者订立一信用契约","虚假广告影响整个行业之声誉","广告信用的破产,也可说就是商业信用的破产"[1]。冯鸿鑫《广告学》也在第十章中专门研究"广告与道德",涉及"广告的欺骗手段"和"广告的道德观念"等专题,初步提出了广告法制化的设想——"社会集团的监督"和"政府机关的禁止"。其中,"社会集团的监督"部分,提到上海市公所、中国广告公会会章有"监视不正当广告"内容;"政府机关的禁止"部分,提到"民国五年[1916]北京内务部曾立法禁止"不道德的广告。[2] 不仅如此,冯鸿鑫还看到"立法禁止"只能治标,"诚实、永久信任"才能治本,这在当时已经是很前沿的探讨了。不过,这种广告批评的文字仍然还嫌太少。基于伦理和法律视角的广告批评的存在,的确在一个广告业健康发展的环境中是不可或缺的。

直到今天,中国广告批评的展开仍然不能说是尽如人意。由于受到比较成熟和定型的"文学批评"和电影、美术等"艺术批评"的影响,在很多人的心目中,"广告批评"被狭义化地定义为一种对"广告作品"的批评。这无疑是很不恰当的做法。虽然广告作品和创意是广告业与公众打交道最直接的一个领域,但广告业真正的主体,还包括广告主、广告公司、广告媒体、广告监管部门、消费者、社会公众等很多环节。真正的广告批评也不是局限于作品的批评,而是对于这些相互博弈的各个主体之间的关系进行一种批判性的实务研究,从而发现问题、解决问题,促进中国广告产业的良性发展。当然,广告批评更不能够等同于媒体和一般消费者对于虚假广告的批判。这方面,目前学术界的批评空间和批评实践都还有待于建立和发展。

与此同时,我们也应该看到广告学与伦理学的交叉学科研究,还存在着许多有待展开的问题。首先,目前在关于"广告伦理"或者"广告与道德"各个

---

[1] 王贡三:《广告学》,第149—151页,上海:世界书局,1933年。
[2] 冯鸿鑫:《广告学》,第104—108页,上海:中华书局,1948年。

场合的讨论中,我们主要见到的都是广告学界内部的学者在发言,而很少见到伦理学专业背景的学者。这就造成了至少两方面的后果,一方面,由于广告学者对于伦理学专业的学术背景的陌生,使得广告学人口中的"广告伦理",常常是一种自发的、简单和庸俗化了的"伦理学"。另一方面,与此相联系,以这样的研究现状和研究成果,"广告伦理学"也只能成为广告学而不是应用伦理学的一个分支学科,这对于这门分支学科自身的规范化建设显然是不利的。其次,目前关于广告伦理的讨论还局限于"广告批评"的领域,然而,有许多非常重要的基础性研究工作,几乎还没有得到人们的重视和展开。例如,20世纪外国广告伦理学史,中国古代广告伦理思想研究等。这些研究虽然只是"外围研究",但对于广告与人文学科的交叉研究来说,它们仍然是一些可以开掘的研究领域。

第三节 广告文化研究的四种进路

广告文化研究作为广告学理论的一个新兴领域,正在逐步受到广告学界和其他人文 — 社会学科两方面研究者的重视。在中国,已经开始有各个学术背景的学者以不同的研究方法在这一领域内展开研究实践,并且出现了一些区别于西方相关研究的独特成果。本节在对相关研究实绩进行宏观综述与反思的基础上,将近年来国内广告文化研究成果梳理为历史史料、社会批判、文化输出、创意产业四种不同的研究进路,并探讨每种进路独特的理论取向及其可能对未来广告学理论体系所产生的积极影响。

眼下,在方兴未艾的文化与创意产业的契机中,广告文化研究正在成为广告学理论的新的生长点。事实上,文化产业的兴起,本来就与广告有着密不可分的血缘联系,法兰克福学派在对当代文化艺术的工业化趋势表示出深恶痛绝的同时,对于广告这种"唯一的艺术品"(阿多诺语)所保持的一份独特的兴味,正是对于广告中挥之不去的文化品性的一种认同。而自从新批评作为一种学术范式之垄断地位瓦解之后,社会批判和文化研究的学者更是从未脱离与消费文化密切相关的广告形象讨论文化史。正如杰姆逊(F. Jameson)在其著名的"后现代主义与文化理论"北京大学演讲(1985)中所预言的那样:"(广告)

形象的出现和普及，必然影响到人们的生活。……（广告符号学）是新近出现的一种崭新的研究领域，是很有发展潜力的，它与文化研究密切相关。"[1]

然而时至今日，尽管来自哲学、文艺学、传播学、艺术学、经济学、管理学等不同学科的研究者仍在为此做着独到的贡献，但当前的广告文化研究却仍然处在一种自发的状态，缺乏必要的沟通、整合与学术史的总结，使得该领域在繁荣的同时也充斥着大量平庸、重复之作，更遑论形成一个有独立学术规则和研究方法的新兴学科。此外，在当代中国的社会环境与学术格局中思考广告文化研究，有着不同于西方主流学术界的一些不同的特点，而这些趋势在近年来现有的一些有代表性的学术成果积累中已经初现端倪。因此，从看似纷杂的广告文化研究格局中系统梳理出该领域具有代表性的学术进路及其成果，应该成为广告学理论研究深化乃至学科建设的必要途径。

1. 作为文化史史料的广告

2002年中央电视台主办的"AD盛典"颁奖典礼上，一个名为"经典广告回顾"的节目再次唤起了我们的一些对于"八十年代"的怀旧情结。因为，"燕舞"、"日立"等影视广告在一代人的心目中早已经超越一般意义上广告的"告知"与"劝服"功能（"燕舞"品牌今天已不复存在，日立也早已修改了其视觉形象识别系统VI设计），其深入人心的广告业已成为那个时代的文化象征。这也许是这几则广告策划之初所想不到的。在当代中国社会，很难想象出包括电影、小说等在内的任何一种别的文化或者艺术形式会有如此广泛的普遍性与代表性。广告以独特的方式记载了20世纪中国的社会变迁，以广告作为一种文化史史料的相关研究，为传统的文化史、文学史研究开辟了新的视角。

根据马克思主义关于意识形态相对独立性原理的经典表述，作为经济基础的生产关系发生变动会引发思想上层建筑领域的变革。对此可以稍加补充的是，最先发生这种变革的思想上层建筑的领域或载体便是人的欲望及其形象表征。在意识形态诸领域中，无论是纯艺术、哲学、宗教还是其他任何人文科学，其变化都要晚于人类传播方式和形象的变革。加拿大传播学家M.麦克卢

---

[1] [美]杰姆逊（詹明信）：《后现代主义与文化理论》，唐小兵译，第222页，北京大学出版社，1997年。

汉认为"媒介即信息",而作为形象的载体,传播媒介的变革也恰恰集中地体现在了不同时代的广告之中。广告大师大卫·奥格威的主要贡献之一,便在于开创了这样"形象"的时代,从而保持了广告与社会变革的这样一种同步性。在这个意义上,作为时代的物化和社会历史的同步记录者,广告进入文化史研究的领域是当之无愧的。

先后出版《大众文化与当代乌托邦》(作家出版社,1996)、《穿越现代性的苦难》(中国工人出版社,2002)两本文化研究专著的北京大学哲学博士陈刚指出,"作为二十世纪最重要的文化现象之一,广告以自己独特的方式记载和表现了时代的变迁,这也就是承认了广告的文化史的价值"。[1] 文化史价值不同于艺术史价值,此类研究不着意于对广告的艺术成就高下作价值判断,而是力图中立地呈现广告与社会之间的种种"真实纪录"、"客观反应"乃至"积极迎合"。以中国民国时期广告为例,无论收藏爱好者和美术史家对其怀有一种如何特殊的感情,以"月份牌画"为代表的这一时期的中国广告,在有意无意间充当了一种消费文化的忠实记录者的同时,是以艺术成就的有限为代价的。然而,也正是由于这层商业而非艺术的特性造就了中国现代广告的独特价值。此种研究既可有如中国现代文学史等传统研究领域中新史料的发掘整理,也可有文化研究式的文本细读或理论描述,而近年来出版界对于"老广告"、"月份牌画"等资料的搜集整理工作为这种研究提供了丰富的资源。

美国哈佛大学东亚文学系教授李欧梵于 2001 年出版名为《上海摩登——一种新都市文化在中国(1930—1945)》的文学史研究专著,一时洛阳纸贵。这本书以文学史家的思维方式阅读广告"文本",从中国现代文学史进入文化史的研究。他脱离了革命的历史叙事与"宏大话语",将笔墨集中在对于上海这个当时的"世界第五大城市"的欲望资本主义、消费现代性发展的线索上,从隐蔽的但又确实存在的角度重新描绘了上海 20 世纪前半期的"文化地图"。在这本书中,作者意识到当时的广告为他的研究提供了不可忽视的图像史料,从而使用将近一章的笔墨透过当时的传媒、广告和"月份牌画"的视角记述了上海的现代性发展史。[2] 中国的现代性历史与广告有着不可分的血缘关系,广

---

[1] 陈刚:《穿越现代性的苦难》,第 137 页,北京:中国工人出版社,2002 年。
[2] 参见 [美] 李欧梵:《上海摩登——一种新都市文化在中国(1930—1945)》,毛尖译,北京大学出版社,2001 年。

告的形象与符号在有意无意间用形象记录了一个时代的变迁和社会的历史。

从晚清 — 民国时期的现代广告到"文革"时期的政治招贴,广告的文化史价值贯穿整个 20 世纪中国,并延续至今。中国内地 80 年代以来的经济建设的进展,进一步地凸显出广告的重要地位和作用。招贴广告中英雄人物的地位逐渐隐退、代之以平常的个体,使沃霍尔的名言"任何人可以在十五分钟之内成名"在中国内地已经接近于现实;品牌的附加值在许多情况下甚至也超过了商品本身的能够满足消费的欲望成为价值的源泉,使得当代社会中充满了"物化"的气息。在消费文化中,现代社会的消费实际上已经变成了符号化的物品、符号化的服务中所蕴含的"意义"的消费,由品牌、广告等因素带来的附加值往往先在地对购买行为产生影响。这种"感觉"和"意义",正是广告开创的消费意境。换言之,通俗化、平面化、反精英、个性化……中国广告所呈现出的后殖民性和所谓"全球化"的特征,正是 20 世纪 80 年代以来中国内地的所经历的一系列深刻变革的形象化对应。在此基础上,文艺学界的部分学者提出了"日常生活审美化"的研究思路,而这种由"日常生活审美化"导致的欲望的膨胀、消费的渴望、对于品牌、时尚的迷恋以及个人主体性存在的证明,都已经早已不局限在传统美学与艺术的领域,在广告中得到了最真实而直接的反映。恰如周小仪所看到的那样:"詹明信认为当今最出色的艺术家是制作广告的那一批人,此话并非虚言。"[1] 广告不仅在很大程度上可以表征被主流历史叙事所忽视的社会生活的某些侧面,从广告形象的变迁中,我们窥见了整个中国社会近三十年来的现代性历程,同时也使广告成了我们这个时代一面最为显明的镜鉴。当然,在这样一种被欲望、消费等所辖制的"大众文化"图像中,对作为研究材料的广告文本的选取和解读,究竟在多大程度上真正地建构起那个时代和社会的"信史",类似的问题也是值得思考的。

2. 作为社会批判手段的广告

尽管广告是与中国社会的现代化进程密切联系的一种文化现象,然而长期以来学术界的一些人认为,广告只能表现为对于消费的追随与迎合,而不能有丝毫的批判性或超前性,甚至应该对日益世俗化的文化负责。不可否认,"虚

---

[1] 周小仪:《唯美主义与消费文化》,第 247 页,北京大学出版社,2002 年。

假广告"现象泛滥对广告的伦理一再形成挑战,而在网络与新媒体兴起之后,尽管极大地拓展了信息传播的视野,使广告呈现出更加丰富的表现形态,但更是带来了诸如信息的泛广告化、传播主体的虚拟性、营销公信度的降低以及责任的模糊性等一些非传统的信用问题。在一些人看来,以广告为代表的消费文化的兴起是种种社会问题的根源。更为可悲的是,一些营销传播的从业者也把"广告就是为销售"的观点在实践中推到了极端。其实,这在很大程度上是出自某种误解和偏见。

认为"广告必须迎合消费者"的观点尽管并不错,但至少是不全面的。我们注意到法兰克福学派在批判"文化工业"、认为大众文化消解了批判性与超越性的时候,却也吊诡地隐藏了对于广告的个人兴味。不可否认,目前生活中充斥着大量低品位的、粗制滥造的广告,在污染着人类的物质生活的同时还污染着精神生活,但是这些既不是广告的初衷和目的,甚至也不是广告营销的经典和主流手段。事实上,批判是文化的内在要求和重要组成部分,是社会中一种不断否定的精神性力量。在对于大众文化的批评中,批评者往往忽视了广告并不是被动、消极地迎合消费者,广告之价值,还在于它在文化的互动中能动地创造着时代的新的文化,而这种文化恰恰是以一种批判性的方式引领时代风尚的。

也许正是因此,"阿多诺尽管指责大众文化缺乏批判性,但对广告却另眼相看"。从符号学层面看,符号通过形成文化秩序也会反过来制约社会生活和人的行为。且不说公益广告对于社会和谐目标的诉求,优秀的广告在不断创新这一点上,与现代艺术的认识是相同的,"其不断创新的特性与现代艺术不谋而合;这种不断创新对现有的文化秩序是一种挑战和破坏,而对人的精神是一种不断的激活,使其始终保持超越现实束缚的想象力。这是人类自由和解放的基础"。[1]

所谓"新",恰恰意味着创造性、时代性和个性化。在瓦尔特·本雅明看来,机械复制技术是大众文化兴起的条件。本雅明继续认为,在这样一个复制的时代,真正的艺术家应当固守那些不能够被"复制"的东西,譬如理念、思想、观念,等等。一些人据此认为,广告是"复制"的产物,自然地缺乏一

---

[1] 陈刚:《穿越现代性的苦难》,第138—139页,北京:中国工人出版社,2002年。

些"纯艺术"的社会职能和艺术属性。这种推断是不恰当的。其实在整个 20 世纪,无论是包豪斯的时代还是新媒体的时代,主流的广告设计和现代艺术思潮,从来都是统一于大众文化的一个整体。正如评论家罗杰·弗莱所看到的,"形式是设计的天然产物,当现代艺术摆脱了学院和贵族的庇护和赞助后,艺术家只有将形式的创造运用与社会的需要,即将现代艺术的成果转换为工业设计,艺术家才能在社会上生存,现代艺术才有再生产的可能"。[1]

其实,在科技全球化的进程中,广告与工业设计本身恰恰是抵制"文化工业"的重复与均制的有效对策。如果没有艺术性的对于人类生活方式、存在方式的设计,如果没有诸多国际广告节对于创新的理念和艺术的追求,而是仅仅把文化商品的目的直接等同于追求经济利润,那么阿多诺所顾虑的"文化工业通过各种技巧,压抑消费者对于差异性和非同一性的认识,从而产生一种'对普遍性和特殊性虚假的统一'的认识"便会成为现实,现代人也最终会被异化成为马尔库塞所说的"单向度的人"。然而,后世法兰克福学派的阐释者们往往重视了现代艺术的精神力量,却忽视了与人类生活结合更加紧密的广告的社会批判价值。

根据美国学者丹尼尔·贝尔的描述,就国际社会而言,在后工业社会来临之时,服务业已成为时代的特征,信息使得科技、能源等问题从主导地位撤离。在这个信息化的时代中,我们身处各种各样的形象与符号的裹挟之中,街道、传媒、建筑甚至衣着,几乎生活社会的各个方面都被广告所占领,我们的生活空间正在成为一个符号空间或意义空间,消费的符号化和象征化成为我们这个时代的一大特色。一方面是现代传播学"双重偶然性"和"共通意义空间"理论的提出;一方面是对于个性化、服务的追求以及体验业的兴起,都已证明了广告与复制性生产所带来的千篇一律并没有直接的必然的联系。反而正如日本学者林近所说:"受到符号强制的人,有时会激进地有时会渐进地改变旧的符号和创造新的符号",这种变化"体现为对旧体系的部分乖离和改造",正是由于消费的符号化和象征化,现代社会的消费传播正在越来越体现出"差异化"的特点,即追求个性和与众不同,所谓"风格传播"的特点越来越突出。[2]

---

[1] [英]罗杰·弗莱:《视觉与设计》,易英译,南京:江苏教育出版社,2005年。
[2] 转引自郭庆光:《传播学教程》,第55页,北京:中国人民大学出版社,1999年。

事实上，20世纪90年代以来个人话语的凸显已经预示了所谓复制时代的终结，今后的广告将会以互动的形态更加明确地体现出对于个人话语和人性存在的关注。如何在广告文化研究中深刻地阐释这一"大众文化"与"碎片化"之二律背反的奇特景观，是颇为值得期待的一个哲学命题。

3. 作为本土文化载体的广告

进入21世纪以来，几则涉及中国民族文化的"问题广告"一再引起波澜。无论是"耐克"还是"丰田霸道"对于中国传统元素和符号有意无意的贬低，都曾一石激起千层浪，引来公众的愤怒和中国政府的行政干涉，从而不得不向中国消费者致歉。但这里的两个例子还仅仅是"民族情结"的一种极端的表现，事实上我们应该已经看到即便是在中国本土的广告作品中，也隐隐地蕴含着一种西化、同质化的威胁。放眼中国当代广告，无论是设计者还是接受者，往往流露出一种对于西方标准与趣味的认同。以中国内地为例，在这场延续了20世纪30年代的上海文化精神的全球化运动之中，广告已经变得无处不在：一方面，广告使这个时代具有鲜明的文化品性；但另一方面，我们似乎更多地看到的是一种历史传统的消弭。中国改革开放以来所经历的所谓"全球化"的进程，一定程度上也是以在不知不觉中消解"多元化"的可能性为代价的。

"当代文化"是一个宽阔的概念。它一方面特指全球化背景中的大众消费与视觉文化，另一方面当然也指向本土的文化特色与传承。面对全球化的进程与西方霸权话语的挑战，中国内地广告需要对中国当代文化及其在西方的传播作出独特的贡献。这是广告文化研究中不应轻视的一个重要问题。由于广告业与中国文化的融合属于广告的内部研究，除了对于中国古代广告史的研究之外，结合当代广告业发展与广告策划设计实践在这一领域展开思考的广告学人，还主要来自于设计学这一微观领域。许多研究者探索了关于"中国元素"与广告（特别是在各种国际广告节等舞台上）的"中国特色"等问题，但此方面的研究也还仅仅停留在"元素"这一表层。其实，值得我们去研究、开发、理解的中国古今人文文献中的广告美学、伦理、传播思想，可以说是一个有待开垦的宝库，关于这方面的阐述我们可以从很多角度进行下去。

通过中国传统的人文思想拉动现代广告的学术进展，便是解决整个中国广告创作的水平与文化产业发展相矛盾这一问题的可能性之一。例如，道家曾经用"忘腰，带之适也"来描绘一种大音希声、大象无形的境界；与此相联系，最优秀的广告，也许不是刻意的标榜"创意"的广告，而是可以和我们的生活亲密无间地结合在一起，呈现出丰富而隐秘的传播形态，以至于人们遗忘了"设计"的存在。再如，中国美学历来重视通过审美涵养个人性情进而教化社会，据此理解，广告策划对受众的反作用加以充分的考虑，并不是仅仅出于迎合，而是同时具有一种适当批判、引导大众审美意识并对其进行美育的社会责任。概括地说，就是源于受众，高于受众。如果"过"，则曲高和寡；如果"不及"，则如"脑白金"广告，成为"过街老鼠"，即便在营销上取得成功，也不能说是一个优秀的广告。因此，此类广告文化研究要求研究者把对于设计本体的关注与研究拓展到进入对于广告的宏观社会效果的研究。

除了对于"中国元素"的探寻，其他领域的广告学人对于本土广告公司的发展道路、"中国模式"下广告业的宏观走向等问题的关注与此也有密切关系。中国式的思维有可能产生独特的广告理念，陈刚用"后广告"描述未来传播环境中的广告形态便是一种独到而积极的探索。[1] "后广告"的提出和探索很好地传达了一种东方式的智慧与人文精神。在这一意义上，也许广告会在承担"本土文化输出"之重大使命的同时，使广告文化研究也最终走出"以销售额为唯一标准"这样的商业评价模式，从而更多地吸取传统文化领域的人文资源，提高广告学自身的价值，从而融入当代学术的主流。

我们坚信，眼下广告所承载的这层文化性的缺失，可以通过广告学高等教育和广告研究的完善而得到解决。这与广告作为一门社会科学的要求本身并存不悖。一个理想的广告学人，应当具备社会科学（营销学、传播学）和全面的人文科学（尤其是伦理学、美学）两方面的学术背景。而随着广告在当代文化与学术中的地位受到应有的重视，随着广告学科的研究领域与视野不断拓展，我们有理由期待中国广告在"全球化"和消费文化的时代背景中开拓新的阐释空间，以独特的风格丰富当代文化的多元化发展。可以预见，随着21世纪文化交流的频繁和加速，广告学界在这方面的研究和探索必将形成许多具体而深入的思路。

---

[1] 陈刚：《穿越现代性的苦难》，第130页，北京：中国工人出版社，2002年。

4. 作为创意产业支柱行业的广告

从上个世纪末"文化研究"（Cultural Studies）被以"当代西方学术主流"的名义介绍到内地，直到21世纪后"文化产业"的勃兴，"文化"一再成为一个从误解到有意误取，后又被国内的研究者们滥用的概念。一方面，"世界杯文化"、"痞子文化"、"流氓文化"等层出不穷，甚至艺术家徐冰设想的"配猪"方案艺术——将所谓"天书"烙印于两头正在交配的肥猪身上，并美其名曰"文化动物"！另一方面，原先从事艺术设计、策划制作的各种广告下游公司和从业者，纷纷贴上了"文化传播"、"文化产业"的标签，却几乎仅仅把"文化产业"简单等同于文化符号与产品的拼贴……种种现象提示我们必须首先对"文化"的内涵与外延进行分梳。事实上，在文化研究兴起之前，学者们已经开始对于"文化"做出一些限定，但见解却言人人殊，迄今也没有形成一个明确的定义。一个原因也是因为自从维特根斯坦提出"家族相似"的理念以来，使日常语言对一个概念作本质的界定与剖析已经变得不可能和无意义。也许在这个意义上，2004年前后"创意产业"理念在中国的广泛引介及其与文化研究的混合，使得人们对于"文化产业"外延的理解变得更加明朗，为广告进一步进入"文化研究"的合法性建立了坚实的基础。

目前在中国，无论是官方还是民间，都罕有专门意义上纯粹从事创意产业和文化研究的学者；文化研究或是他（她）们感兴趣的诸多研究方向之一，或是被作为从宏观上突破自己的正统学术方向而进行"日常生活审美化"转型的一个视角。这并非因为文化研究学术积累薄弱，相反，当前学术出版中关于文化研究的译著就数量而言堪称名列前茅。但当前国内从事文化研究的主要学者，似乎都倾向于从自己所从事的专业（比如文学、电影、动漫等）进入创意产业和文化研究。然而，细细思考这些学科与当代文化的关系却是颇可值得玩味的。相对其初衷，从这些角度展开"文化研究"，真的能够解释处于转型期的中国社会所经历的复杂的历史进程吗？与小说、影视等"小众"文化结合的"文化研究"，真的消弭了通俗文化与学院研究的边界了吗？谁赋予了它统握中国现代性社会中全部文化问题的话语权力？它是更加靠近抑或疏离了作为研究对象的大众文化？无论从"文化研究"、"创意产业"的学术规范的建立还是建构自身存在理由的"正名"角度来看，这些问题都是从事创意产业和文化研究的学者们所必须直面的诘难。

在中国当下学术状况中,"文化研究"约定俗成地被列为人文学科,中国当代最活跃的一批相关学者里面,大部分隶属于文学研究(特别是文艺学、当代文学、比较文学等)的领域;大学中罕有的"文化研究"教研机构或者"创意产业"课程也多为中文或艺术系所承担。无疑,在文学作品中极容易呈现现代人的生存状况。以当代小说为例,全球化、欲望、消费、都市等这些时髦的观念,在"新生代"、"美女作家"的笔下可以得到多角度的描述;小说这种问题的叙事方式也使得它能够对于当代文化现象作全景式的展现。这些都使以小说为代表的一类文学作品具有了较客观的纪录性,"晚清情结"、"上海摩登(现代性)"以及通俗文学热等,都印证了小说作为史料的重要文献意义。但是必须指出,小说一类文体并不能够代表大众文化特别是当代文化的全貌。这一点集中地体现在小说的选择性与主体性上。比如,我们很难从"五四"新文学的作品中解读出鸳鸯蝴蝶派作品中的那种对于欲望资本主义的描述,而后者恰恰反映了一个时代的重要文化现象——这就提醒我们以小说史料或作品进行文化研究时必须警惕作品中的局限性和片面性,即体现出作家的某些个人接触与选择。此中甚至包含某些滞后性,不能够涵盖整个当代文化的全部风貌。对于大众文化研究来说,也许只有具有普遍的社会意义的作品才能作为更加有代表性的范例。

影视的情况和文学略有不同。就电影而言,不难看出其拥有来自更丰富的社会阶层的更多的接受者。电影与当代文化,自然成为一个很好的研究课题,从事文化研究的学者们也从未忽视电影这一关键词。从各个角度看,电影与创意产业的关系也很密切。这种研究并没有错,然而仅通过电影进行文化研究也还是不够的。由于电影和文学一样,属于表现性较强的艺术门类,尽管与大众文化有千丝万缕的联系,但毕竟带有精英主义的"小众"色彩。联想今天有多少人宣称自己"从不看电影",动漫、电视剧在中国也并未形成"全民运动",由此,影视所提供的社会和文化潮流的"代表性"是可疑的。

体现"创意产业"之核心价值、并使大众文化研究成为可能的文化现象,应该具有全民性、广泛性与互动的机制,有条件能动地创造时代文化、引领时尚。从这样的要求来看,广告这种几乎与任何人日常生活都有关的文化产品似乎更客观的符合此标准。如同陈刚所指出的:"广告业是文化产业发展的重要组成部分，具有无可替代的优势地位。创意产业的发展使广告业更加受到瞩目。……广告业作为以创意为核心价值的产业，必须找准其在文化产业中的定位，以文化产业的发展为助力，成为文化产业发展的发动机和推进器，成为文化产业的支柱产业，进而提升广告产业在整个社会经济发展中的影响力。"[1] 尽管目前广告学界的成果在"创意产业"学术格局中的表现还有待观察，但这方面一旦加入广告界内部研究者的独特力量，将会推动创意产业理论与实践的实质性进展。在这种机遇与挑战中，广告学研究者有必要从学科的高度拓宽视野，在更加宏观和整合的中国当代学术与社会背景中观照新世纪的广告文化现象。随着自身的发展与学术地位的提升，广告学必将在文化产业与创意产业的学术格局中获得全新的发展空间。

第四节 "创意产业"在中国的诞生

"创意产业"无疑是当今中国广告学界的热门话题和前沿领域。其实，在"创意产业"在中国"遍地开花"之前，"文化产业"的概念已经在中国学术界高调引入。北京大学于1999年初就成立了文化产业研究所，在2000年中共中央十五届五中全会通过的《关于制定国民经济和社会发展的第十个五年计划》中也明确指出："十五"期间我国产业结构将进行战略性的调整，文化产业将成为中国经济的支柱产业。在此之前，国内外也已经有很多学者提出，信息产业和文化产业是21世纪全球最大的两个产业。[2] 可以说，在"创意产业"概念异军突起之前的很长一段时间中，文化产业曾一度占据着学术界的热门地位。正因此，"创意产业"概念一引入中国，在学理上就有些混乱，甚至逐渐产生出"文化创意产业"、"创意文化产业"甚至"文化创意内容产业（金元浦）"等等把几个不同内涵和外延的概念混为一谈的中国式"变种"。再加上此前曾经出现过的"知识经济"、"创意经济"等新兴经济形态以及"设计产业"、"内容产业"等部门产业的介入，更使得今天相当一部分介入"创意产

---

[1] 陈刚：《中国广告产业重新定位的四个维度》，载《广告大观》，2006年第12期。

[2] 参见叶朗：《文化产业与创建世界一流大学》，收入江兰生、谢绳武主编《文化蓝皮书：2001—2002年中国文化产业发展报告》，北京：社会科学文献出版社，2002年。

业"讨论的学者和业内人士感觉缺乏头绪。

在笔者看来,其中一个关键的因素,是因为几乎目前国内所有的讨论都把"文化工业(Culture Industry)"和"文化产业(Cultural Industries)"这两个不同领域的概念混为一谈,误以为这是同一个概念的不同中译(笔者本人在过去相当长的一段时间内也持此错误观点)。这就使得在今天仍有相当一部分人试图论证"文化产业"与"创意产业"的一致性,而另一部分人则力主强调"创意产业"对于"文化产业"的超越。但这些争论在很大程度上恐怕都不得要领。这是因为这些争论都是建立在这样一个错误的前提之上的:即:"目前相对一致的看法是,'文化产业'(Culture Industry)概念的产生可以追溯到20世纪40年代的法兰克福学派。"[1]这种观点认为今天我们所说的"文化产业"就是过去法兰克福学派所批判的"文化工业",进而认为"文化工业是文化产业的旧译",而没有看到这二者之间并不存在天然的转化或者流变的关系。

至此,在中国学者心目中,20世纪早期由法兰克福学派提出、用以批判大众文化的哲学与社会理论贬义概念"Culture Industry"(笔者主张将其译为"文化工业")与近几十年来产业经济学领域中的新兴的中性概念"Cultural Industries"(笔者主张译为"文化产业")之间建立起了严密的对接。中国学者这样认为:仅仅停留在法兰克福学派意义上的批判并不能够解答有关产业化发展的问题。随着全球化程度的提高和人口流动速度的加快,文化产品必须直面产业化大生产的模式,"市场"在今天的文化实践中,再也不能够像工业化之初那样一概遭到知识分子的贬斥。因此,中国学者借用了英文中"文化工业"(Culture Industry)的理论资源用于在今天指称"文化产业",而对于西方产业经济学中"Cultural Industries"这条从一开始就与批判学派不同进路的"文化产业"线索却置于不顾。

不难看出,"Culture Industry"和"Cultural Industries"虽然面貌极其接近,但却有两个重要的区别:一是"文化"一词的词性不同,二是"工业/产业"一词的单/复数不同。由后面这一层区分可以知道,"Culture Industry"更多是一种单一的工业化形态(也就是法兰克福学派所批判的那种批量生产)的比喻性说法,"Cultural Industries"指向的则是一系列从属

---

[1] 刘轶:《我国文化创意产业研究范式的分野及反思》,载《现代传播》,2007年第1期。

于"文化产业"的子产业集合。并且,第一层区分具有更加重要的意义。然而,这里所提及的这一类的研究,几乎都是遵循着"Culture"和"Cultural"不加区分的研究范式。事实上,"文化工业"、"文化研究"和"文化产业"三个理论范畴中,只有"文化工业"中的"文化"对应的是英文中名词词性的"Culture",而"文化研究"和"文化产业"对应的则是英文中形容词词性的"Cultural"！Culture 指向的是"文化"本身,而 Cultural 则是"与文化有关的（of or related to/involving culture）"。可谓词性之差,谬以千里。

事实上,"文化产业"选择的是另外一条经济学和公共政策进路。在产业经济学的意义上,西方国家提出了作为一种政府行为的"文化产业"的概念。与"文化工业"不同,"文化产业"本身并不包含任何价值判断。所谓"文化产业",简而言之,其研究对象正是进入市场经济环节的当代文化现象、文化事业。当代文化产品必须能够符合工业化大生产的技术限制,能够投入市场并批量生产,表现为进入市场、可以批量生产的经济实践。在过去"文化产业"这一概念并未进入政府行为之前,无论是学院教育还是学术研究机构,都没有能够把文化事业与市场经济联系在一起做深入的研究,对文化、市场的互动关系也没有能够得到充分的认识。然而,文化事业只有在充分进入百姓的生活之后才能够发挥其社会价值,而这其中关键的环节就是在以往的文化研究中未得到充分重视的市场因素。因此,"文化产业"这一概念提出之后,在这样的政策鼓舞下,出版、设计、广告、影视、传媒、音像、动画等传统的文化事业纷纷向着产业化的模式发展。

"文化产业"与"文化工业"没有继承演变的关系。"文化产业"中"文化"的定义,与现代主义的批判学派的理解大相径庭,但却与后现代的"文化研究"对于"文化"的理解是相联系的。文化研究意识到在一个后现代的全球化时代中,以文学等传统艺术形式为中心对于"当代文化"的代表性恐怕是极其有限的,正因为发现这一点,文化批评家纷纷把兴趣点投向了与大众日常生活更加紧密相关的领域。一言以蔽之,"文化研究"中的"文化"并不同于"文化工业"之"文化",后者是指一种建构出来的精英文化,而前者指的是处于后现代主义时期的当代社会文化表征——消费文化、大众文化、通俗文化。并且,文化研究的学者们对于这些泛审美/艺术门类的关注,是运用文学、社会学批评模式对待新兴的艺术现象进行严肃的学术研究,而并不存在对于这些领域的"人文性缺失"的批判。因此,确切地说,"文化研究"在这样一种学术语境中更确切的翻译应该是"当代文化研究"。

尽管"文化产业"这一概念比较晚出,然而促成"文化产业"兴起的人文理论基础,却恰恰是涵盖各个当代通俗文化、消费文化部类的"文化研究"。2004年,"创意产业"(Creative Industries)的概念被正式引入中国学术界。一些起先从事"文化产业"研究的学者,发现自己的研究领域与这一新兴概念的部分重合,于是纷纷从"文化产业"跨入"创意产业"研究领域,或是通过"文化创意产业"或者"创意文化产业"等在西方无法找到对应物的概念来体现对于"创意产业"这一学术热点的追踪。这些混乱产生的一个重要原因,同样是因为没有意识到"文化研究"作为"文化产业"和"创意产业"的重要理论资源这一前提。事实上,正是在文化研究的基础上,人们意识到"创意"对于当代消费文化的重要意义及其商业价值。研究者发现,当代文化中,一些有"创意"的门类尤其受到一个消费社会的青睐,这些门类在当代文化中的异军突起,同样也吸引了经济学者的目光。

其实,"创意产业"与"文化产业"概念之间并不存在着超越性,因此,在中国创意产业理论研究者的观念中很有市场的"创意产业是对文化产业的递进"[1]这种说法是有些不妥的。尽管中国学者对于"创意产业"可以根据中国的市场和产业特点有着不同于西方学者的界定,但至少"文化产业"和"创意产业"之间并不存在着递进、超越或者演变这样一些取代性的关系。但我们可以说,创意产业是目前文化产业研究领域中的前沿问题,或者说,是文化产业中的某些新兴的部类。但无论如何,创意产业并没有从整体上否认文化产业。毕竟,创意产业和文化产业都是指向经济学产业部类的概念,二者完全不同于法兰克福学派在社会学批判意义中使用的文化工业这一术语。

笔者认为,"创意产业"是"文化产业"中的一种表现形式,涵盖"文化产业"中与"设计"、"创意"行为有关的几类有代表性的行业,甚至可说"创意产业"的核心产业。在今天的学术格局中,"文化产业"往往是从高端的、理论的层面来描述这种新经济、新媒体背景下的新兴产业,而"创意产业"则

---

[1] 参见许静:《创意产业与新闻传播教育的发展方向》,收入程曼丽主编《北大新闻与传播评论(第二辑)》,北京大学出版社,2006年。

往往具体描述其中的某些部类。"文化产业"包含"创意产业",但前者的外延比后者更大。"文化产业"更多地体现在一种宏观的产业理论层面,同时涵盖面更广;与此同时,"创意产业"则具体指向那些以"创意"为核心的文化产业部类,比较有代表性的如服装产业、设计产业、广告产业等。换言之,"文化产业"涵盖了"创意产业",但并不是所有的"文化产业"都是"创意产业",创意产业只是其中的一部分。文化产业中还包括文物交易业、出版业甚至艺术品投资、传统电影业等与"创意"并无直接关系的文化事业,传媒业中也只有如广告等一部分属于"创意产业"。

"创意产业"是"文化产业"中最具有创新性意味的一部分。作为文化产业中的一个新兴部类,它不但具有文化产业的一般特征,当然也具有一些自身的特殊规定性。

对于新媒体和新技术的运用,是创意产业兴起的一个必要条件。在现代主义时期尽管也不乏"创意"的实践(如达利、杜尚等艺术家以及广告大师李奥贝纳、奥格威等人),但那时的"创意"还不足以形成"全民运动"和"产业",而后现代语境中的"创意产业"是一种与新媒体、新技术共生的文化现象。一方面,它必须通过个人电脑和互联网时代的新媒体、新技术激活创作者的创造力和个人传播的可能性。眼下,在网络上流传的各种"恶搞",与手机、数码相机、DV、MP3/4 等数字设备以及 Flash、Photoshop 等软件的普及密不可分。这些新技术极大地激发了公民创意才能的发展空间。新媒体的兴起使得"创意产业"并不仅仅局限在目前文化研究领域的学者所提出的"视觉文化"这一层面。比如通过黄健翔在 2006 年世界杯期间的失态解说而改编的"手机铃声"的各个版本、《一个馒头引发的血案》这样的短片以及"彩信"等,都超越了单纯的"视觉"层面,而是通过新媒体的复合性拓展到了视觉、听觉甚至触觉等各个领域,是一种真正综合的创意。[1] 另一方面,"创意产业"也必须通过各种新技术建立一种"互动"的机制,鼓励受众的参与和传播。因为以设计为代表的创意类产品往往是需要满足于某种实际的用途,因此,创意者在创作过程中必须考虑到传播媒介的特点以及与消费者的互动。

如何协调作为一种社会能动力量的"个人创意"与艺术设计类、新闻传

---

[1] 参见陈刚:《复合型媒体时代的到来》,载《广告大观》,2006 年第 2 期。

播类等专业院校所培养出的"专业创意"这两种不同层次的创意人才之间的关系,也是创意产业理论和实践发展中所必需直面的一个问题。作为一般意义上的社会大众创造性的解放,"草根创意"的兴起及其利用互联网的传播的确是社会解放性力量的一种体现,但我们无法保证创意者个人的专业水准和创造能力。"由于至今并没有对从业者设置必要的行业'门槛'(如相关的管理体制、行业组织或行之有效的教学体系),大量并不具备创意才能的设计人员充斥于目前的设计实务和设计教育界。…… 有意或无意地复制、抄袭甚至剽窃他人的创意这样的'低水平重复建设',几乎已经不约而同地成了中国各门类设计'创作'的主流;…… 设计作品往往不但不能够对于公众的审美水平起到任何积极的作用,反而矫揉地迎合乃至借'创新'之名误导本来审美水平就令人堪忧的公众,使他们误以为这才是'名副其实'的设计 …… 在这种背景中,终究会出现格调低俗的设计和广告作品,它们甚至远低于公众的一般审美标准(比如至今让人不得安宁的'脑白金'),行业内部对此却只能束手无策;而真正的'专家'和专业的设计批评的缺席,也难免对此起到助长的作用。"[1] 因此,不应因此而否认专业创意人才的价值及其有可能对于极易走向"庸俗"的"草根创意"的正面、积极的引导作用。如同杨伯溆所指出的:尽管"新媒介的出现,基本上解决了创意的准入门槛问题",但"我们也应该看到,这个框架并不是完全排斥较高层面的创意的"。[2] 因此,只要我们还相信艺术的等级和标准并不是完全相对的,则专业化的学院教育在这样一个草根文化的时代仍然具有重要的存在价值并能起到积极的引导作用。

创意产业的兴起对于现有的知识产权法律法规也带来了挑战。以往我们的知识产权保护措施,更多的是针对一般意义上的文化工作者,但却并不特别地指向创意者。如在著名的"网络恶搞"《一个馒头引发的血案》中,天才的创意者胡戈利用陈凯歌电影《无极》中的一些构成元素,巧妙地利用创意重组并赋予其新的含义,甚至成为很多广告与艺术设计类院校课堂教学中的正面案例。但是胡戈在这里却恰恰遇到了"知识产权的尴尬"。因为不管胡戈的价值如何体现在对于电影元素的意义颠覆和重组方面而不是那些元素自身——如同

---

[1]　祝帅:《科学设计创新观的起点》,载《美术观察》,2006年第10期。
[2]　杨伯溆等:《"创意"与"产业":新媒介传播环境下创意产业的一些基本问题初探》,未刊稿。

20世纪天才的艺术家达利在《蒙娜丽莎》的嘴上添加了两撇小胡子而创作出一幅颠覆性的杰作一样——按照现有的知识产权法规，胡戈却的确要获得一个与"抄袭者"无异的"侵权"判定。这是我国现有知识产权保护法规的一个有待于完善之处。尽管立法并非一朝一夕可以完成的，但这样的漏洞有可能会对创意产业的发展形成无形的制约。

　　创意产业并不仅仅指向"创意"作品，它要求在每个人都具有的"创意"与产业化的盈利模式之间建立一种联系。如果说出版、文物交易等"古已有之"的文化产业类型本身不存在"如何盈利"方面的困惑的话，相当一部分新型的"创意产业"却必须直面这个新问题才能够保证在市场中的壮大发展。对于现有的创意人才进行经营管理、投资融资、服务模式创新等教育，是我们在培养"创意中间阶层"的同时所不容忽视的一个重要任务。当然实现这一点仅仅靠培养一些"经纪人"或"中介人"是不够的。而此前的艺术设计教育，恰恰忽略了作品如何与营销、管理、商务等产业经济学概念结合的有关内容。[1] 我们应该结合艺术与市场这两种因素思考与"创意"有关的制作过程及其成果，一方面能够在艺术创作、设计创意中不断有原创性的视觉资源（这是在此之前的艺术设计院校的主要教学目标）；另一方面，应该还能够利用各种推广与营销手段，从多个入口切入市场，将艺术设计院校的作品通过生产变成一系列的消费中的可能性，从而进入"产业"的广袤空间。

第五节　广告学学科定位问题的讨论

　　应该看到，尽管我们明确了广告学这门学科与心理学、经济学、新闻学以及其他人文学科的历史联系，确认了这些学科作为不同的学术源头在广告学学科建立伊始阶段的重要意义，但是，当这些学科的视角和方法已经融入广告学学科内部之时，相关学科同广告学的关系必然要从一种对尚不成熟的广告学起到借鉴作用的"学术源头"，转化成一种在广告学学科成熟独立之后彼此学术上的隶属与定位的关系。作为一门后起的新兴学科，广告学是在借鉴了这些相

---

[1] 参见许平：《设计管理与设计商务教育》，收入《视野与边界》，江苏美术出版社，2004年。

关学科已有的研究成果的基础上发展起来的，相关学科为广告学的发展建立起了一种多元化的研究角度和问题意识，使得广告学体现出一种与以上任何一门学科的单一角度都不同的综合的问题意识，形成了广告学的独特学术品性。但是，广告学毕竟不是一个无所不包的大杂烩，如果那样它将失去自身的研究对象，并且作为对于广告业现实议题的呼应，广告学的发展更与广告业的发展密不可分。解决这一问题必须触及的一个前提，就是明确关于广告学自身学科定位的问题。因而，广告学是一门吸收了上述学科特点的综合学科、边缘学科和交叉学科，这样的一门新兴学科一旦形成，就势必要求从以上任何一门学科的附庸地位之中独立出来，而要求自身在整个当代学术格局之中的定位。

应该看到，在20世纪上半叶，"广告学"在高等教育中仅仅是作为一门新闻学专业的课程而不是一个独立的专业而存在的，即便是在50—70年代，"广告学"作为"商业美术"专业的课程也不例外，因而关于"广告学学科定位"问题的讨论，在整个20世纪80年代以前的中国学术界，并不体现为一个紧迫的问题。然而，自从20世纪80年代以来"广告学"升级为一门"专业"的时候，则必须正视这门学科在整个大的人文社会科学背景中的定位问题。今天看来，从中国最早设置广告学本科专业的厦门大学（1983年6月）开始，把"广告学"专业设置于"新闻传播系"，从而把这门学科定位于"传播学"这个学科领域的做法是明智的。而这一举措，则与美国著名传播学家施拉姆（中文名宣伟伯）及其中国香港弟子余也鲁（1924—2012）密不可分。

尽管按照新闻史学家方汉奇的说法，"在中国，……传播学的研究萌芽于40年代初，逐步开展于80年代以后"，[1] 但是"传播学"作为一门学科真正为中国学者所认知，还是1982年以来的事情。1982年，在余也鲁的促成和翻译下，施拉姆来到中国讲学集中介绍传播学的原理与实践，其演讲稿整理成《传学的发展概况》与《传学与新闻及其他》。[2] 这些文章不但让中国学术界第一次听到了"香农"、"拉斯维尔"这些名字，更是集中了解到了"传学"这

---

[1] 方汉奇：《新闻传播学博士文库总序》，载该丛书各册，北京：新华出版社，2004年。
[2] 收录于首都新闻学会《新闻学会通讯》1982年第14期，参见陈力丹主编：《不能忘却的1978—1985：我国新闻传播学过刊》，第165—166页，北京：新华出版社，2009年。

门新兴学科的进展及其与新闻学的关系,其影响是巨大而深远的。[1] 值得说明的是,"传学"或"传理学"也是华语学术界至今混用的概念,而用"传播学"这个今天在中国内地学术界普遍采用的名称来翻译"Communication"这门学科,则是随着1983年厦门大学设立"新闻传播系"以及1984年施拉姆的《传播学概论》一书在北京新华出版社的翻译出版(1985年,当时的中国展望出版社还曾在内地影印出版了该书的香港版《传媒、信息与人——传学概论》最新增订本)才确定下来的。此后,随着"传播学"这个一度不曾为新中国学术界所熟悉的学科进入中国高等教育的体制中,以及1997年国务院学位委员会将"广告学"划为"传播学"二级学科下的三级学科这一基本学术机制在中国的确立,这一时期新建的高校"广告学"专业,纷纷定位于"营销传播"而不再是"商业美术",因而越来越多的设置在了传播学系或者新闻传播学院。

但是,即便是引入了"传播学"的视角,广告学的学科定位始终不明晰。时至今日,仍然有很多学者对广告学视而不见,或是抱以轻蔑的目光。应该说,这里面自然有一些传统人文学科学者的"傲慢与偏见",但另一方面也与广告学自身的学术建设与学科定位不明确有关。作为一门形成了100多年,在国家教育部正式建立也有20余年时间,目前在全国有338个本科招生高校的高等教育学科来说,"广告学"似乎有一个自己比较清晰的研究领域和范围,但是长期以来却并没有自己的研究方法。在广告院系中,"广告学研究方法"的课程或者教材,却常常是"社会学研究方法"、"心理学研究方法"或者"传播学研究方法"的内容,而所谓的"广告统计学"课程或教材,也无非是"社会统计学"或者"心理统计学"加上几则广告作为例子。这种现象的普遍存在,使得尽管广告学毕业生在就业市场上炙手可热,但广告学作为一门学科,却始终不能从工商管理、传播学等学科中独立出来,从而与其他主流的学科相对话。

因为意识到了这一现象,进入21世纪以来,广告学界有许多学者开始关注"广告学学科定位"的问题。陈培爱指出:"对于广告学研究的理论基础的

---

[1] 《新闻学会通讯》的一位听了宣伟伯讲学的编辑回忆说:"宣伟伯给我们留下了极深的印象!听了他的讲座,大家对传播学简直着迷了!譬如明安香,他本来是研究国际新闻报道的,听了讲座之后就转行去研究传播学了。"参见陈力丹主编:《不能忘却的1978—1985:我国新闻传播学过刊》,第166页,北京:新华出版社,2009年。

认识，学术界长期以来有过不同的看法：一是认为其理论基础应是市场经济理论，因为广告是推销产品的手段，其应用范畴主要在市场经济领域。二是认为广告是一种信息传播活动，其本质特征是信息传播，市场只是广告发挥其作用功能的一个重要领域。"[1] 这里，显然陈培爱对于后者赋予了更大的合法性。刘泓在《广告学"学科规训"及其知识谱系》一文中，借鉴福柯、华勒斯坦等人"学科规训"的理论，提出"广告学科作为一种知识生态系统是开放的。这个新生的生态系统确保了新生的学科规训具有无穷的增值潜能。当然，我们寻找新的、更合理的学科知识谱系，就意味着寻找新的、更合理的权力关系和学术话语制度"。此文对于其他学科的借鉴尽管在理论上有生硬之感，但作者对与学科定位与广告学研究本体的发展之间所具有的权力关系的意识是有洞见的。[2] 也有研究者则表达出对于广告学研究缺乏明确的"核心问题"从而有可能被边缘化的某种关切，指出"任何一门专业知识在演变为受到承认的'学科'过程中，都必然面临……学科理论体系和研究规范的建立"。[3] 可以看出，广告学研究者对于学科基础问题的讨论，已经进入到一个比较深入的反思阶段。

显然，目前"广告学"自身在整个人文社会科学学术格局中的定位是不清楚的：从国务院学位委员会颁布的"学科目录"来看，"广告学"作为一种"三级学科"，隶属于"新闻传播学"（一级学科）下面的"传播学"（二级学科）；而中国国家图书馆的"中图法"分类标准，"广告学"则并没有被归入"G（新闻教育文化传播）"，却被归于"F713"的"工业贸易经济"和"J"类的"工艺美术（商业美术）"。正因如此，目前中国广告学的高等教育，始终有"新闻传播类"、"经济管理类"、"艺术设计类"三大类广告教育模式的分野。可以说，"广告学"作为"传播学"的分支学科虽然在业界内部基本达成共识，但是为整个学术共同体所接纳还需要一定的时间。不过，广告学的特殊性使得尽管自身还处于一种边缘的地位，但是实际上学界内部的研究并没有严格地局限于教育部的这个学科定位，甚至可以说正是这种边缘化的身份，赋予了广告学研究以很大的空间。

因此在很多人看来，广告学学术定位的不清晰，并不妨碍业内的人士讨论

---

[1] 陈培爱：《20世纪中国广告学理论的发展》，载《厦门大学学报（哲学社会科学版）》，1999年第4期。
[2] 刘泓：《广告学"学科规训"及其知识谱系》，载《新闻大学》，2006年第2期。
[3] 唐乐：《广告学的核心问题和研究视角》，载《新闻与传播研究》，2009年第5期。

专业的问题，促进广告学研究的市场价值，这甚至是一件有利于不同背景学者联合介入本学科研究的好事，因此所谓"广告学学科定位"是一个没有价值的伪问题。这种观点的产生当然有其现实理由，但广告学目前的"三级学科"定位肯定是不恰当的，无法与本学科目前所形成的规模和研究进展相称。特别是，目前广告学人在整体上处于同业界的对话之中，而与学界的对话还很不够。例如，在《中国社会科学》等主流的学术期刊上，我们几乎从未见到过广告学人的身影，就连在《新闻与传播研究》、《国际新闻界》一类新闻传播学界的主流学术刊物上，"广告研究"的栏目也常常被排在最后——尽管目前广告学专业拥有全国新闻传播学一级学科各门类中规模最大的招生量。

在这一方面，不遗余力地推动"广告学学科升级"，即从"新闻传播学"目录下的三级学科升级为与"传播学"并列的二级学科，并进行学科建设层面理论研究的有张金海、陈培爱、杨海军等。虽然至今在教育部的专业目录中，"广告"仍然是三级学科，但是学者的呼吁仍然有利于让学界看到今天在广告学学科发展已经远远超过传播学自身的规模之时这种分类方式的问题，进而思考广告学学科自身的特点。不过总的说来，广告学学科理论体系和学术规范的建立，一方面需要这种呼吁性质的文章以及国家教育部门的政策支持，但另一方面更重要的是，广告学要真正受到其他领域学者的尊重和广泛认同，还需要在这个领域中出现一批有分量的学术成果，现有的积累显然是不够的。

当我们把视角扩展到广告学在整个学术界的处境时，必须承认广告学的地位仍然极其暧昧和模糊。学科定位的模糊，势必影响到学术自身的建设和发展，而这种问题并不是随着"学科升级"便能够迎刃而解的。学术意识的形成呼唤整体产业及学术环境的支持；也必然要求广告学界从自身加强学术建设。

首先，中国广告学研究的学科划分并不明显。广告学界学术热点的过分集中以及对实务性研究的过分仰赖，造成广告学研究中实际上还具有很多空白的学科领域。广告学人往往在很多方面出任专家的角色，几乎对于任何与广告行业有关的热点现象都具有发言权。事实上广告学是一个涉及很多部门的大的范畴，经济、管理、传播、伦理、文化、心理、艺术、法律等不一而足，而这些不同的领域往往对于从业者的素质和学术背景有不尽相同的要求，随着学科的"升级"和学术梯队的建设，广告学势必细分为不同的分支学科和研究领域，不同的研究领域都呼唤真正的"专家"。目前，广告学人往往被邀请对于一种自己并未从事过专题研究的广告现象（比如广告伦理问题、广告法问题）发言，很有可能只是停留在感性和自发的层面而缺乏相关学科学术背景的支持，在此背后很可能是真正学术特长的缺席。而真正在这些领域开展学术研究的广告学人，本身却往往同时承担着许多其他重要学科的研究任务，与我国早年曾经出现过的广告心理学与广告史方面专门研究的专业化倾向是不同的。[1] 而在更多的学科领域，广告学人的研究还停留在自发的层面，没有进行更深层的理论总结和学术积累。例如广告批评（包括对广告学研究成果的学术批评、书评等）、广告文化研究等，近年来出现的相关文章很多，也得到很多广告学人的关注，但作为一门广告学分支学科，其基础理论问题还有待于建设和解决。再如中外广告史，随着学术研究的深化，也有必要细分为"西方广告思想史"、"现代广告学术史"甚至"广告史料学"等。类似的研究领域如果拓展为课程，也应在广告学研究生阶段的教育中开设，但从整体情况来看这些领域依然是缺环。

其次，广告本体的研究仍然占据主流，广告交叉学科的研究似乎并没有得到广告学人的充分重视。几乎广告学人都承认广告是一门"交叉学科"，但这种"交叉性"应该至少体现在两个方面：一是从业者学术背景的综合性；二是广告学领域的研究成果也应该体现出多学科交叉的特点，使广告学能够进入社会科学领域并与其他学科相互补益。然而，广告学界往往重视了前者而忽视了后者：2006年度中，从文学研究、文化研究等角度对于广告的研究并不为少，但这些领域中鲜见广告学界内部的研究成果。很多比较出色的广告政治经济学批判、广告符号学解读、广告修辞甚至广告创意的研究，都是出其他领域学者之手。除了方兴未艾的广告文化研究之外，甚至中国现代文学研究等领域的学者也开始关注到自己的学科与广告、传媒的关系，并利用广告史料做出了有价值的研究。但是这些研究者（特别是从文学领域进入文化研究的学者）"由于不明确广告研究的本体，不了解广告业的发展现状和规律，这种研究很多都是肤浅和片面的"[2]。只有对广告本体和其他学科两方面都有充分了解和把握的

---

[1] 参见杨海军、王成文：《历史广告学——广告学研究的一个新领域》，载《广告研究》（即《广告大观·理论版》），2006年第4期。

[2] 陈刚：《自觉与反思：对中国广告学研究方法的分析与思考》，收入程曼丽主编《北大新闻与传播评论》，第二辑，北京大学出版社，2006年。

广告学人进入相关研究领域,才会开辟广告文化研究及其他广告交叉学科研究的新视野、新层面,而不至于沦为一种"抢占学科空白"的学术泡沫。

最后,广告学对于整个人文社会科学研究的交流和贡献依然有限,广告学人对整个学术界的贡献尤其并不明显。尽管这一类的研究往往属于非广告本体的研究,但需要用发展的眼光看到,随着广告学的学科升级和研究梯队的壮大,广告研究也势必向着类似于文学领域的"外部研究"方向拓展。事实上,在今天的文学理论等学科中,关于文学本体的研究或曰"内部研究"只是一个方面,而对于文学交叉学科的"外部研究"正在逐步吸引着人们的研究兴趣,成为文学理论的重要组成部分。随着今天整合营销传播带来的种种营销乃至泛营销现象都在扩大着我们对于"广告"本体的理解,学术领域中广告学研究视野的拓展、广告交叉学科研究的展开也是不可阻挡的趋势,然而,目前的广告学界即便与近邻设计艺术学等领域的交流都是极其有限的。在这一方面,广告学者有很多机会可以与学术界相对话,像《中国社会科学》、《文史哲》等这样综合性的学术刊物基本上没有机会发表广告学学者的研究成果、中国人民大学书报资料中心《复印报刊资料》基本上不转载广告类期刊文章的这种情况,决不是广告学科独立性、自主性的表现。

此外,"学科规范化"问题的讨论,也是近年来广告学界的一个令人瞩目的热点现象。学术规范当然是当今广告学研究中应该加以提倡的。"学术规范"的含义,一方面讲的是学术的原创性、引用他人言论或者观点应该加注释等等起码的学术道德。对于这方面的问题来说,这种起码的学术道德虽然早期并没有被明确地提出来并由教育主管部门加以倡导,但实际上一直是为人们所意识到的,至少在鲁迅的时代,我们就可以看到人们对于"文抄公"的鄙夷和不满。另一方面,"学术规范"则是指向文章写作体例、研究方法、注释规范等层面。目前广告学的论文基本上形成了两种倾向,即实证研究和非实证研究。一般而言,实证研究的论文或研究报告,要求遵循 APA(美国心理学会)制定的写作规范,而非实证(如广告史)类的论文,则要求遵循 MLA(美国语言协会)的格式与体例。这当然有所谓"西方中心主义"的影响,但作为一种学术界通行的惯例也无可厚非,目前中国广告学界对于这种规范性问题也正在积极倡导。

但是对于广告理论研究来说,"学术规范"并不是可以解决一切问题的灵丹妙药。所谓"学术规范",应该是现代学术的一个起码的和基本的条件,然而"学术规范"成为一个问题,并且在学术研究中加以明确的强调,在整个中国人文社会科学学术界是上个世纪90年代以来的主动建构。广告学人(甚至包括传播学者)并没有直接介入那场以人文社会科学各个经典学术领域的学者为主体共同参与的"学术规范大讨论"之中,[1] 但广告学界此后关于学科规范化建设的呼吁,则可看作对于整个人文社会科学领域的一种回应,而不是广告学界基于自身问题从内部提出的一个孤立的事件。

这种介入无疑是积极而必要的。以往的很多广告研究,在学术规范方面并没有加以刻意的要求和强调,它们同样对广告业界和广告学术思想的发展做出了贡献,但是也留下了许多的问题。因此,今后广告学界的学术规范化建设,是随着广告教育、学术期刊、学术评价机制等整个学术制度体系的整体推动和发展的一种必然的走向。在这方面,广告学人已经初步达成共识并建立起了相关的基础,但是与此同时我们也应该看到,停留在形式而不是思想内容上的"学术规范"的建设,同样也只是一个必要的条件和最低的标准。[2] "学术规范"不是可以解决学界一切问题的"灵丹妙药",广告学术研究的真正进展,还有待于在"学术规范"这个底线的基础上的全方位展开。

小 结

中国广告学是一门处在人文、社会诸学科边缘的交叉学科,相对于其他学科而言有其类似的发展规律,但也面临一些独特的问题。从广告学从业者的规模来说,也许人数并不在少数,但是学术积累薄弱、基础理论欠缺、研究方法与学术规范的混乱等都在很大程度上影响了中国广告学的学术水准,[3] 尤其是中国广告教育的一种潜在的非学术化倾向已经成为阻碍广告学理论发展的重大阻力。目前国内理论性的广告学教育与广告理论研究的氛围和广告学研究生教

---

[1] 参见邓正来主编:《中国学术规范化讨论文选(修订版)》,北京:中国政法大学出版社,2010年。

[2] 参见祝帅:《2006年度中国广告学人与广告学研究》,载《广告研究》(即《广告大观·理论版》),2007年第1期。

[3] 胡晓云:《现代中国24年来的广告学理论研究》,http://www.zeview.com/index.php?option=com_content&task=view&id=719,2005。

育的规模相比，总体显得还很薄弱。必须看到这些年来中国广告学教育在为企业、媒体和广告公司输出了大量优秀实务性人才的同时，对于广告学人培养的成材率相对而言还显得很低。对此我们呼吁在保持广告教育与业界实务紧密联系的同时，不妨考虑在个别人文社会科学研究背景比较雄厚的综合型高校中加强我国学术理论型的广告学教育，特别是在研究生层面进一步明确"实务型"和"学术型"在研究方向上的区别，同时在一些重点院校本科高年级阶段不妨也考虑采纳"职业定位"和"学术定位"两种不同的专业细分，在加强广告史与广告基础理论的教学的同时因材施教，对于以学术理论见长的学生甚至可以考虑逐渐取消其实务性的实习学分，进而鼓励有其他专业背景的学生进入广告理论研究生层面的学习，从而保证实务性与学理性教学研究的并行发展——这些至少可能成为未来学科升级后一种必要的探索方向。

令人欣慰的是，从学术史和研究方法的角度，广告学界一些有识之士已经开始了自己的反思，目前广告学界内部已经出现的对于中国广告学学术发展进行学术史综述与学科建设研究的专著及文章。尽管广告学术史研究至少到目前为止还并不能够成为一门独立的广告分支研究领域，更无法与史学、文学、法学、政治等其他人文、社会科学的学术思想史研究相提并论，但对于这一类研究的积累、重视与批评，将成为中国广告学学科发展学术自觉意识的一个重要开端。广告学的学术发展与学科建设，有赖于广告学界内部的学人们的共同努力，同时也有赖于广告学与整个中国学术（传播学、经济学、艺术学乃至更广泛的自然—社会科学大背景）的密切沟通与合作。

第五章 从"本土情怀"到"中国模式"
—— 广告研究的全球化与本土化

在一个全球资本主义的时代，广告学的研究当然要求一种全球化的视野，但无论如何，作为一门"舶来"的学科，广告学在中国的发达，势必要经过一番"本土化"的过程。应该说，这个"本土化"的过程从20世纪上半叶"广告学"初抵中国伊始就已经开始。在配合"购买国货就是爱国"的运动所兴起的对于广告实务需求的同时，广告学要想成为"西学东渐"大潮中的一门独立的学科为学术界所接受，中国的广告学者们自然还要在"实用"之外大动脑筋，本土化的学术倾向和研究方法的建设便是两个积极的探索成果。可以说，中国本土广告理论体系的探索、建立，是百年中国广告学发展的最为重要的内部线索之一。今天，比较中国广告学术建立初期与西方广告学术关怀，在此基础上比较不同学术背景和立场的学者之间的差别，进而发现早期广告学人对广告基础理论问题研究的一些闪光之处，既有利于建立一个有本土化的学术传统、同时又面向新的传播环境和市场环境中的当代中国广告学研究的体系，也是解决广告学领域某些具体的问题的前车之鉴。

第一节 本土情怀与家国想象

20世纪上半期中国广告的学术著作，虽然整体上看系移植自国外既有的广告学体系，事实上其中很大一部分作者，如甘永龙、吴铁声、朱胜愉、李汉荪、唐开斌、吴应图等人，都没有写作自己的学术著作，而是直接翻译或采取"编译"的方式译自美国、日本的著作，而其他人即便是自家撰述，也在很大程度上属于模仿之作；然而值得注意的是，在这些整体上移植、模仿西方的著作的局部，已经开始表现出一种"本土化"的倾向和努力。这部分是因为广告学虽然在原理上有许多基础性的知识是不分国界的,但由于广告和文化、艺术、心理、市场等密切而复杂的关系,使得广告常常表现为一种"地方性知识",许多国外的广告理念并不见得适用于中国的市场环境;另一方面,这也与20世纪初在中国悄然上演的一场"国货运动"有关。甚至可以说,舶来初期的中国广告学尚不具备开展本土化研究的基础和条件,因此正是主要因为后者而不是前者,才使得这种不自觉的广告学术研究本土化的倾向在中国早期广告学界上演。

从当时出版的各种广告学著作的前言、序言之中,我们总是可以看到这一类的论述:"今日我国之实业,已具欧美分业之雏形,即出品日少,而竞争日烈,经商者苟不借广告之术以辅佐之,而欲营业之发展,未之有也。"[1] "近年振兴实业之说,为国内人士所盛倡。则广告学术之亟宜普及,亦为当务之急。"[2] 没有必要过多引用,我们已经可以看到这种叙述的一种基本逻辑,即预设了"国外(欧美)实业"为"中国实业"的参照系,欧美实业之所以发达,中国实业之所以落后,广告是一个关键的因素。欧美广告发达,且广告研究成熟,中国广告落后,且不受重视。这样,广告学在中国的引介,既有了合法性的基础,同时又被赋予了一种"实业救国"的宏大的爱国主义色彩。在这样的背景中,早期中国广告学者开始探索一种对于广告学的引介与本土化阐释共时进行的写作风格。

首先体现在对于"广告的性质与历史"的阐释中。这是"泰西"的广告著作所不可能具备的一个环节。很多著作在对西文的"Advertising"进行介绍的同时,都从"广"、"告"二字在中文中的含义等角度进行了阐释和发挥。如笔者所见的第一本广告学著作——蒋裕泉的《实用广告学》[图5.1]中,在第一章"中国之广告史"中开篇的"广告之沿革",一直从上古论述至今:

> 广告原为一种披露式之文字,源始何时,甚难稽考,大概始于有文字以后。三代之"诰"、"誓","诰"以敷政,"誓"以训戎,战国时之"令",秦代之"制",汉之"策书"、"制书"、"诏书"、"戒敕",张仪告楚襄王之"檄文",后魏攻战克捷,欲使天下闻之,乃书帛于漆竿上之"露布",以及官署之"批"、

---

[1] 戈公振:《序三》,收入蒋裕泉《实用广告学》,上海:商务印书馆,1926年。
[2] 江亢虎:《江序》,收入何嘉《现代实用广告学》,上海:中国广告学会,1931年。

第五章 从"本土情怀"到"中国模式"——广告研究的全球化与本土化

图5.1 蒋裕泉《实用广告学》(1926)书影
(北京大学图书馆藏书)

"判"与"碑志"等类,一切公布式之文言,皆含有广告于众之意,殆即所谓广告之滥觞欤。[1]

从洋务运动到国民政府的宣传政策,带来了新兴的民族国家观念的普及。而"新文化"和"整理国故"的运动,也戏谑地使国人生发出"外国有的东西,中国也有"的思想观念。在蒋裕泉的叙述中,"广告"成了一种滥觞于中国上古时期的东西。既然广告在中国有如此古老的起源,那么当今中国广告的衰落,就自然而然地被叙述为一种近代以来方始凋敝的现象。这种叙述无疑希望在某种程度上起到增添中国广告自信力的作用。但是显然蒯世勋的论述更加符合于历史的事实:

> 在外国,有所谓广告学这一个名词,也不很久;在中国更是新颖了。我国昔日,除了招牌和"仿单"以外,并没有广告这一回事。自从和外国通商之后,商业日渐复杂发达,广告之应用亦随之传入。"外国人会做生意",这一句话我们是常常听到的;他们所以会做生意,广告是一个最大的原因。广告实在是商

---

[1] 蒋裕泉:《实用广告学》,第1页,上海:商务印书馆,1926年。

战的利器!……于是我国商人看出广告之效力,觉得要做生意就非注重广告不可,广告就渐渐地发达起来。到了近来,虽还不能和外国比拟,但广告已是非常发达了。[1]

相对于蒋裕泉偏重于设计、印刷、制作等单一视角的《实用广告学》而言,蒯世勋的《广告学ABC》已经更加综合、更加宏观,这种对于"广告"的界定也更加符合实际,但是苏上达的《广告学纲要》中讨论"中国广告发达史"时,再一次重复了蒋裕泉"三代时即有广告"的说法。在苏上达看来:"广告之发达,只有七八十年历史,然而人类之有广告,则远在数千年以前,几与人类各种历史有同样之悠久。"[2] 无论如何,早期广告学者关于广告的性质与历史的论述并没有达成共识(这也不是这些著作要讨论的主要问题),但其中的一种"中国视角"的叙述,进而使中国富强广告发达的"本土情怀",在许多早期作者那里却是一以贯之的。

其次,这种"本土情怀"还体现为以中国广告事业和广告实践为例证,去论述广告学的原理。在原理方面,本身并无中西之分,很多原理系参考自西方学者的研究成果,但对原理的介绍的同时,援引中国广告作为例证,便可见出编纂者的一种特别的中国情结与观照。如刘葆儒以编译的方式出版《广告学》时,虽依照西人Hollingworth的著作为母本,但在译介其学说的同时,尽量搜寻中国本土的国货广告为例证,如其本人在"编辑大意"中指出的:"本书举例,以中文广告为限。""本书所采广告,以国货为主,但有时不能选得,亦间用非国货广告。"(第1页)又如何嘉在论及"上海之广告事业"时所说:

> 人情风俗以及商情,是各不同的,在揣读外国广告学籍时,可以专注意他的学理,应用时融会变通,再考攻自己观察所得的经验不应该守着书籍义的死的 [原文如此]。[3]

---

[1] 蒯世勋:《广告学ABC》,第1—2页,上海:世界书局,1928年。
[2] 苏上达编:《广告学纲要》,第5页,上海:商务印书馆,1930年。
[3] 何嘉:《现代实用广告学》,第136页,上海广告学会,1931年。

其实,早在论述"广告之种类"的同时,蒯世勋就极其注意以中国的广告作为例子,形成一种本土化的阐释,这令人联想到日本学者小林太三郎的《新型广告》,[1] 而这种本土化的广告学著作是今天很多中国出版的广告学著作所不具备的。因而在他的论述中常常会出现这样的句子:"此种广告在中国不易见到","中国广告,以此种为多",或"中国广告学之研究者甚少,此等小广告鲜有令人满意者",等等。[2]

最后,在本土化的叙述范式之下,很多广告学著作中纳入了对于中国当代广告事业的观察和叙述。从何嘉《现代实用广告学》设立"上海之广告事业"的单独章节开始,早期中国广告学著作多以中国广告发展史和现状为开端,逐渐形成了一种独特的现状描述,涉及中国(主要是指上海,偶尔提到天津、青岛等早期工商业较为发达的城市)广告公司、广告媒体、广告市场、广告行业协会等方方面面,其中如苏上达等人还使用到了简单的描述性统计,像我们展示了当时广告经营情况的一些基本的数据。1937年日军侵华战争爆发,国难当头,国民经济与广告事业受到极大的冲击,广告学研究也一度停滞。1944年丁馨伯出版的《广告学》,是中国1937年之后出版的第一本广告学著作,其中对战前的上海广告史进行了这样真实的记录,成为我们日后研究早期中国广告史的重要史料:

> 至于我国广告之演进,各大商埠、私人组织之广告公司,固然不少,(如沪中商务联合,生生美术等)十余年前犹忆沪上万国函授学校美人 H. R. Harger 亦曾发起联络美孚油行,英美烟草公司,慎昌洋行以及吾国各广告公司拟组织一中国广告学会,借以与世界广告协会取得联络。九一八以前沪上研究广告学者亦曾印行有"广告与推销"杂志,印刷精美,纸张华丽,作者亦曾附和其间,惜以人事经费关系,未几中断,殊为可惜,于此可知吾人欲创办一事,人才固不可少,而经费之充足,尤属重要,期望吾国工商业界领袖,放出远大眼光,登高提倡耳。[3]

---

[1] 参见[日]小林太三郎:《新型广告》,谭琦译,北京:中国电影出版社,1998年。
[2] 参见蒯世勋:《广告学ABC》,第12—13页,上海:世界书局,1928年。
[3] 丁馨伯:《广告学》,第8—9页,上海:立信会计图书用品社,1944年。

在很大程度上，这种本土化的阐释形成了早期广告学著作的一个鲜明的特色。直到1946年出版的吴铁声、朱胜愉编译自西方的《广告学》中，这种"本土情怀"下生成的对于中国广告发展历程和现状的特别的关怀，也一直没有失却，体现出中国广告学者对广告学进行本土化阐释的种种努力。不过我们也应该看到，这种本土化的阐释还只是在例证的层面上以中国广告活动为例，去印证西方已有的广告营销理论，而并没有像社会学、人类学、美学、史学、文学甚至宗教学等学科那样，在20世纪上半叶生发出广告学科高水平的本土化或曰"本色化"的理论成果，更没有诞生诸如胡适、鲁迅、赵紫宸、顾颉刚、费孝通、宗白华这样通晓"泰西学术"的大理论家、大学者。

同时我们也应该看到，早期广告学研究中的这种"本土化"的倾向，似乎更应该描述为一种爱国主义的热情或者家国想象。而这种爱国主义热情兴起的一个直接的契机，就是当时的国民政府所支持的一场以"购买国货就是救国"、"物质救国"为诉求的轰轰烈烈的"国货"运动，在其背后的，其实并不是对于五千年历史的"文化中国"的诉求，而是一种新兴的现代民族国家意识的起源。如同美国学者葛凯所说，广义的"国货"运动并没有一个中心控制枢纽。[1] 这个过程中，对于"国货"的抬高和对于"洋货"（乃至一切来自于外国的物质文化和精神文化）的妖魔化，是带有极大的感情而不是理性的色彩的。而其中，"国货运动促使广告成为一种反抗进口货优势的方式"，[2] 广告自然要为"国货"的销售和推广贡献力量。在中华民国国民政府工商部1928年出版的《中华国货展览会纪念特刊》【图5.2】【图5.3】以及同时期大量的"国货月刊"类杂志中，已经有很多作者注意到了"广告"与国货的密切关系，[3] 随之而来的就是体系性广告学著作的大量涌现。国货运动带动广告的勃兴，而广告学术研究

---

[1] 葛凯认为，广义国货运动的表现包括"1912年颁布的纺织法、《国货月报》和许多其他的杂志、20世纪20年代末政府支持的'国货运动'、20世纪30年代官方的'国货年'（1934年的妇女国货年、1935年的学生国货年，以及1936年的市民国货年）、20世纪30年代中期一份主要的国有报纸（《申报》）每周发行增刊、成千上万的广告、定期的时尚国货展览，以及为了展览和销售国货特意组织数百万人参观博物馆、举办固定和活动的展览会，还有一大串的零售店。"参见 [美] 葛凯：《制造中国：消费文化与民族国家的创建》，黄振萍译，第6—7页，北京大学出版社，2007年。

[2] [美] 葛凯：《制造中国：消费文化与民族国家的创建》，黄振萍译，第240页，北京大学出版社，2007年。

[3] 如马崇淦《推销国货与广告之关系》、孙道胜《提倡国货与宣传问题》、苏上达《对于提倡国货问题应有之认识》，载《中华国货展览会纪念特刊》，南京：中华民国国民政府工商部，1928年；颂先《商业广告浅说》，载《国货研究月刊》，第一卷第四期，天津国货研究所，1932年9月等。

第五章 从"本土情怀"到"中国模式"——广告研究的全球化与本土化

图 5.2　1928 年国货展览会纪念特刊封面

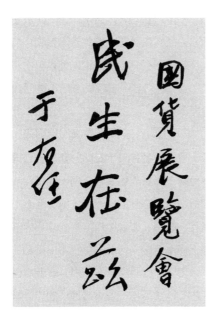

图 5.3　国民政府监察院长于右任为国货展览会题词

随着这一运动登上历史的舞台,难免诉求于国货运动的道德合法性以确定自身的时代价值,这样,产生一种带有高度民族国家感情化色彩的广告叙述,而不是真的意在完成一种本土化的广告学术形态的理论转型,似乎就是一种顺理成章的事情了。

因此,早期广告学研究中的本土情怀与家国想象,同21世纪以来中国广告学者所取得的一些本土化的成果——如关于"中国元素"的阐释与讨论,以及对于广告产业"中国模式"的探讨等——是有很大不同的。相对而言,前者还只是一种表面的、浅层的、初级的"本土化",其理论资源是新兴的民族国家观念而不是中国的文化传统与市场特点,它是自发的而不是自觉的,换言之,这种倾向并没有体现为明确的结合中国市场特殊性所阐释的本土化的学术自觉、实践模式和研究方法,而只是广义的"洋务运动"、"西学东渐"这条线索的组成部分。

第二节 西方广告理论的引介与接受

尽管中国有丰厚的广告本土资源,但不可否认,广告学作为一门成熟的现代人文社会学科,更多倚重的则是西方(尤其是美国)的广告学者和广告人的努力而建立起来的。对于后期的中国广告学研究,当然无论如何也无法脱离这一国际语境来"闭门造车"。在甘永龙编译《广告须知》(1918)之后我们首先看到的,是两部《广告心理学》的翻译。

1925年,日人井关十二郎的《广告心理学》【图5.4】,由唐开斌翻译,作为商务印书馆"商学丛书第十种"出版。日本学者井关十二郎并非广告心理学领域中最为重要的学者,这本书也并没有附上译者或编者的任何出版说明或译后记;因而我们对其翻译出版的动机和背景缺乏充分的把握和了解。但本书作者对商业领域极为熟悉,紧扣经济、商品、联想、表现等广告学的核心内容,而不是一般泛泛介绍心理学的结论,加上译笔流畅,因此虽然在本书开篇的"广告之本体及广告之繁复化"中提及"余著《广告心理学》一书,非就广告之历史,定义,机能,以及其效果而叙述之",[1] 从而与一般体系性质的广告学概论

---

[1] [日]井关十二郎:《广告心理学》,唐开斌译,第1页,上海:商务印书馆,1925年。

图5.4 井关十二郎著,唐开斌译《广告心理学》(1925)封面(北京大学图书馆藏书)

图5.5 司各特(斯科特)著,吴应图译《广告心理学》(1926)书影(北京大学图书馆藏书)

著作拉开距离,但仍堪称20世纪上半叶中国出版的唯一一本译自日文的体系性广告学著作。

1926年,吴应图翻译的著名心理学家沃尔特·迪尔·斯科特(当时译为史可德)的《广告心理学》【图5.5】一书,再次由商务印书馆作为"新学制高等商业学校教科书"出版发行,与中国第一本本土作者写作的广告学原理教科书——蒋裕泉的《实用广告学》列为同一书系。斯科特是现代心理学史上一位重要的应用心理学家,心理学史家古德温这样描述:

> 早在1895年,斯克里普彻在《思维、情感、行为》一书中指出,登广告者可以从心理学家对有关注意和记忆的了解中受益。世纪之交过后不久,沃尔特·迪尔·斯科特(Walter Dill Scott, 1869—1955),他曾经跟随冯特在莱比锡大学接受过传统的实验心理学的训练,通过《广告的理论与实践》(1903)开启了应用心理学中的一个杰出历程。在书中他提到,消费者不是理性决策者而是会受到暗示与情绪吸引的影响。……与此同时,雨果·闵斯特伯格(Hugo

Münsterberg,1863—1916),一位年轻的德国心理学家,也是冯特实验室培养的博士生,正在哈佛专注于他所谓的"经济心理学"研究。……(闵斯特伯格书中的研究包括)是否应该把所有广告安排在杂志的一处或者分布在整个杂志之中,广告大小对产品记忆的影响。[1]

按照古德温的说法,斯科特从 1903 年起就开始撰写有关广告的著作,他于 1919 年开设了一家面向商业界的心理咨询公司,是由心理学家创办的第一家商业咨询公司。[2] 翌年,斯科特被任命为美国西北大学校长。在《广告心理学》一书中,斯科特奠定了现代心理学研究广告的一个较为全面和实用的体系,而吴应图浅近文言的翻译,更为本书赋予了本土化的亲和力和可读性。在该书的"译者序"中,吴应图指出,"理论与应用,二者兼顾,而无偏倚,故尤称特色",[3] 但其实本书的特色并不仅限于此,更值得注意的是全书严谨的态度和科学的研究方法,如斯科特所言:

> 夫广告之对象,为人类之心,故广告唯一之科学基础,实为心理学。……1895 年 10 月之《白令德应克广告杂志》(Printers' Ink)所载:"若世运更趋开化,则广告起草人,恐亦必如学校之教师,而研究心理学。该学校之教师与广告起草人,二者职务虽异,根本目的则同,以其皆以影响人心为务故也。"……论者尚以心理学之研究,为属于将来之问题。但在今日 [1907 年后——引者注] 此等文中,均以为苟欲于能获有成之广告者,则非研究心理学不可,且非立即着手研究不可也。[4]

与其他体系性广告学著作的臆断性语言不同,斯科特作为心理学家极其注重研究结论和表述的科学性,书中有大量的原始数据、实例和统计图表,其中很多章节几乎就是一部完整独立的心理学实验报告,此外,还包括对于

---

[1] [美] C. 詹姆斯·古德温:《现代心理学史》(第 2 版),郭本禹等译,第 287—294 页,北京:中国人民大学出版社,2008 年。
[2] 同上书,第 479—480 页。
[3] [美] 史可德:《广告心理学》,吴应图译,译者序第 1 页,上海:商务印书馆,1926 年。
[4] 同上书,第 2—5 页。

抽样、问卷("质问法")等研究方法的介绍。可以想象,这部著作的出版,在极大程度上加深了读者对于广告的科学化的认识。斯科特自述撰写此书的目的有三:一为诉求于广告业界之实用价值,二为为职业心理学家提供研究人心的一个新视角,三为以广告这种日常生活中常见的形式向一般读者介绍普通心理学原理。且不说后两个目的是否在中国读者中实现,仅凭斯科特的学术地位及其学术成果在1926年就得到中国工商界学者的注意和翻译,就不能不说是一个神话。

然而,一旦一种产生于西方的理论与中国的特殊文化、社会、市场环境相结合,就会产生所谓的"本土化"和"适应性"的问题。这种问题显然在当时没有被学术界意识到并加以深入地讨论,甚至在今天,我们仍然不能说已经得到了很好的解决。但我们仍然可以认为对外来理论加以"本土化"的改造并不是一个"新问题",至少在20世纪80年代的中国广告学界,已经开始对这个问题进行试探与思考。

十一届三中全会之后,中国国门开始重新向世界打开。在"文革"的阵痛中,很多人的读书权力被剥夺,尤其是阅读西方最新学术著作更成了"禁区"。因此,在整个社会思潮发生转折的春天,文学界、美术界都曾短暂地兴起了一阵"伤痕"风,学术界随即打出了"读书无禁区"的号召,人们希冀着能够赶快补回这十年被耽误的光阴。出版界开始大量翻译国外的各种学术著作,人们惊喜地发现,不知从何时起,"资产阶级"的学术著作封底上的"内部发行"几个字也悄然消失了。一时间,"文化热"成了最能代表20世纪80年代中国社会的一大景观。很多学术著作一次印刷就是几万册还供不应求,各地的新华书店充满读者的情形一度成为都市的一道亮丽的风景。这种情况要在90年代之后,才随着整个社会的"向钱看"而逐渐消失。

然而即便如此,在当时最能够吸引国人目光的,还是西方的哲学、美学、社会学、文学理论、政治学等历史比较长的经典学术领域的著作,出于我们上面谈到的原因,与这些学科相比还显幼稚的广告学是一个十足的"边缘领域"。虽然这一时期的广告学著作从绝对数量上看来似乎并不为少,但与《存在与虚无》等学术著作相比,还是难以令人满意。20世纪80年代影响最大的几套学术译丛——商务印书馆的"汉译西方学术名著丛书",三联书店的"现代西方学术文库"乃至稍晚一些的江苏人民出版社"海外中国研究丛书"

等，几乎没有收录一本"广告学"著作，也在很大程度上反映出这种实际。这当然不能满足新兴的广告行业对于海外广告学学术著作的需求。在广告学者唐忠朴，时任外广协秘书长的姜弘，台湾学者刘毅志、颜伯勤等人的共同努力下，中国广告学界在 1991 年出版了一套堪称经典的译丛——《现代广告学名著丛书》。这套《灰皮书》，一共包括美国广告人所著的《一个广告人的自白》、《广告运动策略新论》（上、下册）、《广告攻心战略——品牌定位》、《广告媒体研究》、《怎样创作广告》、《广告写作艺术》、日本学者的《广告心理》和台湾学者原创的《成功广告 80 例》共八种，由中国友谊出版公司出版，此后曾多次加印。

与其他学术译丛不同的是，这套"灰皮书"是一次性推出的，很多广告人一次性就把全套买了下来。直到今天，很多广告人提起这套"灰皮书"来都还颇有感情。有人说"这套书是中国广告业发展史上的一座里程碑"，这样的评价并不为过，这套丛书中的很多本，在今天看来依然是广告史上的辉煌经典，更是每一个广告学学子们不可不知的著作。不妨以其中的几册随举几例。

这套书中，最为广告圈内和圈外人士共同称道的，就是大卫·奥格威所著《一个广告人的自白》。此书在台湾曾出版由赖东明翻译的繁体字本，但简化字本则是 1991 年作为"灰皮书"之一在内地首次公开亮相。这也是"灰皮书"中为数不多的一本由内地翻译家重新翻译而并没有沿用台湾译本的一本。但由于种种原因，书名"Confessions of an Advertising Man"仍然沿用了台湾译本的中译，但事实上，"Confessions"一词在西方文化史上有"忏悔录"这种文学体裁的含义。奥格威在这里对这一西方读者熟知的文化资源的借用，本身就体现了他的一种天才创意，很可惜这层意思在中文中没有能够体现出来。尽管如此，这本书在中国所引起的反响仍然不亚于世界其他地区。可以说，《一个广告人的自白》已经成为中国引进版广告类图书的一面旗帜，也是短期之内很难被后来者超越的一个奇迹。

还应该提及的是两位营销大师丹·舒尔茨和艾·里斯的代表作《广告运动策略新论》和《广告攻心战略——品牌定位》。两部书的中译本，都出自刘毅志的译笔。美国西北大学教授舒尔茨的原著是一本"大部头"，因此此书中文版以"编译"的形式撷其精华出版。该书从营销观念入手，完整地介绍了广告运动的方方面面,因而可以看作中国广告学界在20世纪90年代初引进的一本系统的西方《广告学》通论类著作。灰皮书的影响应该说到1998年还是绝无仅有的,当然,它们的简陋和粗糙也是显而易见。但无论如何,《广告运动策略新论》让中国广告人较早地从通论角度了解到西方广告学学术体系的进展。著名策划人叶茂中提到这本《广告运动策略新论》时曾说:"那是那套著名的灰皮书中的一本,教会了我专业的广告知识,为了能迅速刻在脑子里,我把那书抄了一遍。"[1]

《广告攻心战略——品牌定位》一书则与此书的"定位"不同。艾·里斯所写的这本书,并不是一本体系性的广告学通论教材,而是一本专著。这本书并非包罗万象,而是专注于一个至关重要的理论问题,经过"灰皮书"的传播,不管"定位"的观念自身还有多少理论上欠完善欠考虑的地方,都已经在中国广告界深入人心。因而此书已经成为广告学子必读的经典著作之一,不论是在广告史还是广告学术史上都建立了自己的一席之地。因此,对于这样的经典著作,不会随着内容的过时而被人遗忘。此后,这本书还曾以《定位》的名称在国内出版新版,而艾·里斯后来的新著《新定位》、《公关第一、广告第二》等在中国广告界所引起的波澜,在一定程度上与人们通过"灰皮书"对于《定位》的记忆有很大关系。

还有一本非常经典的著作值得一提,那就是美国记者丹·海金斯访问的《广告写作艺术》。这本书单从名字上看,似乎不如前面几本书那么有名,但其对于中国广告创意从业者来说具有非常高的含金量和学术价值。编者对于波恩巴克、李奥·贝纳、葛里宾、奥格威、瑞夫斯五位广告大师的访谈,既具有实践中的现实意义,也是研究美国广告文化史的重要资料。在很大程度上,这本书也是五位广告大师的思想精粹,因而,其价值应该不仅仅限于"广告写作"这个单一的方面。此书后来也以《广告文案名人堂》的新译本的面貌,由国内著名图书策划商华章公司在中国财政经济出版社出版新版。

当然,客观地说,这套"灰皮书"也存在着一些缺陷:一是译介的对象过于偏重于美国。这本是现代广告业的特点所决定的,但对于欧洲各国广告业发展的状况毕竟缺乏足够的资料与介绍;二是选题虽然比较全面,但水平

---

[1] 叶茂中:《一晃十年》,载龙之媒广告书店《广告书香二十年》,非正式出版。

似乎并不均等。如《成功广告80例》、《广告媒体研究》等，虽然也是有价值的著作，然而距离"现代广告学名著"似乎还有一定的距离。三是丛书的选题虽然是"广告学"，但所有的图书都只是广告实务层面的著作，而并未完全涵盖广告理论、广告史等文化研究领域的名著。最后，由于过分倚重刘毅志所提供的译稿，这套书后来也并没有推出后续的新译作来延续这一品牌，因而在20世纪90年代后半期很快被新兴的"龙媒广告选书"所取代。

这套丛书以及这一时期中国广告人对于国外广告学理论的接受也是经过了一番耐人深思的过程的，这不可避免地牵扯到当时中西文化论争的大背景。1988年，电视纪录片《河殇》的放映，曾经形成一场中西文化选择的大论战。由于西学经典的大量引入和西方民主人权观念的启蒙，在《河殇》的主创者们看来，传统的中国文化（"黄色文明"）面临着现代化（"蓝色文明"）的灭顶之灾。而此前由一批中国哲学、中国文化史等领域（当时"国学"这一名称尚未像今天这样普及）的学者们创办的"中国文化书院"，则以文化保守主义（并没有贬义）的立场与此针锋相对。在这样的大背景中，中国广告同样面临着这样一种类似（但不完全等同）的选择：是完全接受西方业已成功的理论应用于中国市场，还是根据中国市场的特殊性进行本土化的扬弃？

《现代广告学名著丛书》的主编唐忠朴认为，西方广告学理论包含了"现代广告的本质特征及其基本原则和技巧"，因而"不弄清现代广告学独自的专业知识和理论体系，就谈不上结合我国国情，建立和发展社会主义广告理论。"[1] 这种说法当然是对的，但即便我们承认有这种普适性的现代广告学的知识体系，也很难说它一定就是在西方文化背景及其商业经验基础之上建立和总结出来的。事实上，这套丛书中提出的很多具体经验，是无法直接应用于中国的市场环境的。比如全面的"代理制"，比如有关广告公司按月收取服务费的方式，都已经被证明在当时的中国市场是很难直接挪用的方案。再如里斯提出的"定位"理论，在陈刚看来，很可能并不能生搬硬套地应用于中国，而是需要进行一种合理的"误读"：

---

[1] 唐忠朴：《现代广告学名著丛书·前言》，见 [美] 丹·海金司《广告写作艺术》，刘毅志译，第3页，北京：中国友谊出版公司，1991年。

很多海外营销理论在中国有一种误读,在我看来,这种误读就是最大的价值。我们从自己的角度来解释那些营销理论才是对的,才是最符合中国发展情况的。相反,如果严格按照那些理论来做一定不会有好的效果。比如里斯讲"定位",反复强调不是要改变产品,而是要改变在消费者心目中的定位。但在中国,我们还是强调产品的定位,这实际上是产品的细分,取得了很好的效果。这是因为,里斯的定位是在产品细分已经足够、企业没有细分市场可以挖掘时的方法,但现在中国产品细分市场还有很大的空间,因此只要做好产品细分就能有很大的市场,如果一味地改变在消费者心目中的定位则不一定能够成功。[1]

因此,也许奥格威本人在为《一个广告人的自白》中文版所写的"为1991年中文版序"中的说法更为全面:

> 我谨请我的中国读者不要生搬硬套我在书中所列举的例子。原则和技术可以放之四海而皆准,对原则和技术的解释和实施则会因各国的经济、社会和文化背景的差异而有所不同。而中国的经济、社会和文化背景在许多地方都是很独特的。[2]

可以说,20世纪80年代是翻译文化的时代。"思想解放"、"面向世界"、"走向未来"的风气,在整个文化界产生了巨大的影响,也自然不可避免地影响到了广告界内部的讨论。早期的很多广告学教材和著作,都是由外语好的译者翻译自国外,或者在港台译本基础上加工引进的。"灰皮书"是20世纪80年代广告译著的一个高峰。在中国广告尚没有建立起正式的学术研讨会的制度时,许多自发的讨论就已经在广告界内外自由地展开了。80年代初期对于"广告是艺术,还是科学?""资本主义广告和社会主义广告的区别何在?"等讨论,就是这一时期中国本土广告问题的一个缩影。随着中国广告学会,特别

---

[1] 陈刚:《广告进入黄金时代》,http://www.beijingdaily.com.cn/cm/xsqy/200707/t20070718_313892.htm,2008年8月访问。

[2] [美]大卫·奥格威:《为1991年中文版序》,收入《一个广告人的自白》,林桦译,第3页,北京:中国物价出版社,2003年。

是后来的中国广告协会学术委员会的成立，一些更有价值的研讨议题占据了广告学术论争的中心位置，比如"全案服务"、"广告代理制"等，都是与业界实务发展阶段密切结合的理论探讨。今天看来，这些问题也许是幼稚的，因为它们的提问的方式和假设本身就有很大的问题，而且受到浓厚的意识形态的影响，但作为一种现象，这些主题的确是对80年代西方理论大举进入中国的时候，对于中国本土广告业时代性问题的一些积极回应。

第三节 围绕"中国元素"的实践与研究

进入到90年代，"定位"、"CI"、"整合营销传播"等理论都经历了在中国的"理论旅行"，使得中国广告学界和业界形成了一种"路径依赖"，以至于脱开这些话语就无法阐述广告。应该说在某种特定的历史时期，这种种引介是必要而及时的。从学科发展的角度来看，虽然中国广告学研究起步并不算晚，但由于历史的原因曾经几度停滞，使得恢复广告事业以后人们已经无法直接接续起此前的广告学统，而西方的进展又不为我们所知，因此对于西方广告理论的翻译与介绍是一种必然的行为，也在业界和学界产生了重要的影响，是今天中国广告学快速发展的一个必要前提。而从现实的意义来说，广告本身就是一个高度国际化的领域。自从中国改革开放伊始，"电通"等外国广告公司就一直看好这块市场领地，随着1986年第一家中外合资广告公司"电扬"的成立至今，在这样一个全球资本流动的时代，已经不可能保守出一块不受到外来资本侵蚀的封闭的中国市场，"国际化"或曰"全球化"，确乎已经成为伴随当代中国广告史三十余年发展的一个关键词。

但如果说上一个时期的中国广告学研究有一种通过译介和宣传大举引入西方广告与营销理论的学术倾向，那么可以说新世纪以来，人们开始更多地意识到种种"西方话语"在面对中国现实问题的时候，往往因为历史、文化差异等原因而具有不适切性，中国的广告学研究也开始呈现出一种"本土意识"。其实在业界这种本土意识的形成要比学界早得多，特别是在广告公司和广告创意制作的领域，要先于广告学界开始了"国际化"与"本土化"的论争。应该说，"本土化"的问题形成大规模的争论，最初是起源于广告创意设计而不是广告经营领域的。

1996年7月,中国广告代表团的"兵败戛纳",使得中国广告人在创意设计领域关于"国际化"问题得到一次切身的体认。回国后,胡川妮在《戛纳节的震撼》一文中总结,首次组团参加戛纳节的中国广告人至少在这样两个方面受到了震撼和启蒙,一个是"创意"的力量,而另一个就是"国际化"的启示。[1] 但是,如果说在1996年,中国广告还因为没有完成"创意革命"而必须把自己在创意设计方面的首要任务设定为追随西方,尽快补上"创意"这一课的话,那么十年以后的2006年,在昆明举行的第十三届中国广告节期间中国广告协会举办的"首届中国元素国际创意大赛",则似乎是十年来中国广告业找回自信的一种宣告。在那次创意大赛中,外资广告公司北京李奥贝纳公司获得全场大奖,似乎则是宣告海外广告公司"本土化"战略的阶段性成果。

其实在2000年之后,"中国元素"作为广告创意与设计领域中的一个前沿议题就开始浮出水面(笔者在CNKI"中国期刊网"输入题名"中国元素"进行搜索,得相关收录文献434篇[次],其中最早的一篇为2000年发表),但只有随着中国广告市场的发展和壮大,讨论"中国元素"的问题才能够有一个雄厚的资本基础。

我们必须将"中国元素"的提出放在整个中国广告产业发展的大背景中来理解。随着中国广告业主体意识的崛起和自信,"中国元素"也成为中国广告业向世界发出的某种声音和表征。以"中国元素"倡导人之一的高峻为例,他在《中国广告,走向西方的自信》一文中这样说道:"当东方人站起来的时候,西方人基本上躺下来","我认为中国今天已经影响世界,……无数无数的,在中国做到世界第一的排名。但是反过来我们看到中国的广告行业,我认为它是落后于中国的企业的","创意的行业排在首位的是广告,所以我们的机会最多,我们的责任最大!"[2] 可以说,在中国广告业基本上完成了从西方的历史和经验之中"启蒙"的任务之后,从文化输出等角度提出"中国元素"的问题,是中国广告业自信的一种表现,也是中国广告业实力增强后文化责任感的一种客观体现。中国元素问题的提出并得到呼应,从某种程度上说是现实的也

---

[1] 胡川妮:《戛纳节的震撼》,收入《1996戛纳国际广告优秀作品资料集》,北京:现代广告杂志社,1996年。
[2] 高峻:《中国广告,走向西方的自信》,载《广告大观》,2007年第7期。

是必然的，只是这只是中国广告对于世界广告业有可能做出的若干贡献中的一种，而没有穷尽中国广告市场的全部独特问题。

但是总的说来，与其说"中国元素"是一个学术问题，不如说它仅仅是一个宣告了中国广告自主性崛起的口号。这个口号的提出，与新世纪中国广告产业的自信有着密切的联系，这种自信并不直接通向学理性的研究。关于"中国元素"在中国广告业的位置，基本上属于观念先行、学术后进。目前主要停留在广告公司创意执行的层面上，而在广告学界，"中国元素"的讨论在学理层面上所见到的不多，对这一论题发表积极看法的主流广告学人，主要是高峻、金定海、何洁等侧重于创意设计领域的学人，还有很多其他广告学人对于这个提法持审慎的甚至批评的姿态。尽管从检索来看，关于"中国元素"的文章虽然有很多，但从学理角度展开的探讨，目前基本上不外乎体现在对"中国元素"这一概念的外延进行具体分类和梳理，以及对于充实"中国元素"的内涵，拓展"元素"的可能性这样两个层面上。而其中真正有学术史的意义的研究，从历史的角度来看很可能并不多见。

前一类研究的理论基础是符号学（或者毋宁说，是对于符号学理论的简化和误读），以"符号"的形式归纳中国元素的资源列表。其中最为细致入微的研究，是对"中国元素"的具体外延进行梳理和定义，如沈栩竹把近年来在国际广告中出现的中国元素作了列表，归纳为"精神尊严类"、"人物类"、"景观类"、"建筑类"、"书画类"、"动物类"、"植物类"、"日常用品类"、"服饰类"等15个类别，上百种符号资源。[1] 且不说作者的分类及其编码方式是否有形式逻辑"划分标准不统一"的问题，但至少这种类似于"内容分析"的研究态度是认真而丰富的。作者所列举的这些符号资源，既包括中国传统文化的元素，也包括"姚明"、"章子怡"、"刘翔"等当代文化的表征。

然而，仅仅从图形符号的角度来理解广告创意的"本土化"，未免有些过于简单化了，加之这种把"中国元素"等同于"中国符号"的做法，其实也是在业界（尤其是广告创意设计领域）最有代表性的一种理解，因此在广告创意和设计实践中，对于"中国元素"的应用，常常沦为一种简单的表面化的挪用

---

[1] 沈栩竹：《从符号学视角解读国际广告中的中国元素》，载《广告研究》（即《广告大观·理论版》），2008年第2期。

与拼贴，缺乏对于中国文化精神的深层理解与契合。对于广告创意来说，也并非应用了"中国元素"就自然而然地完成了"本土化"的任务。其实在当代创意设计研究中，"创意"的理解早已超越"旧元素，新组合"这种停留在表面符号的阶段。从"中国元素"的选择到一个好的广告创意策略的具体执行，中间还要经历许多复杂的环节。不仅如此，倘若一味地倡导"中国元素"，甚至把"中国元素"作为一剂解决营销问题的灵丹妙药，则不免对行业形成误导。在业界，人们对近年来曾经发生过的日本丰田汽车、美国的"立邦漆"和"耐克"应用了"中国元素"的广告所引起的争论记忆犹新，这些广告对于企业品牌的传播效果反而不如一些没有运用"中国元素"的作品。

在这方面，设计艺术学领域的研究要领先于广告界。近年来，设计界对于"本土化"的理解深入到中国文化基因里面去，而不仅仅局限于表面的"元素"。在这方面，设计界的学者也开始对"本土化"的问题从文化层面展开深入的思考和实践。笔者的《中国文化与中国设计十讲》一书所希望作出的正是这种努力。笔者认为，只有深层介入到中国文化传统与当代的历史联系的文脉之中，才有可能创作出超越于表面符号的"中国广告"，否则的话，仅仅提"中国元素"很容易流于一种形式，或是张艺谋式"媚外"的噱头。[1] 广告创意领域如果希望在"本土化"的创意设计实践中有所拓展，而不是仅仅停留在"符号"这一表层的阶段，或许应该关注这些来自于设计艺术学领域的研究成果。

把"中国元素"的讨论试图从业界的感想向理论层面的深化拓展进行推动的一位学者是倪宁。近年来广告学界关于"中国元素"另一大类的研究，是在"中国元素"明确提出后的四年以来，看到人们对于"中国元素"等同于"中国符号"的狭义化的理解从而做出更新和拓展，以期避免"中国元素"仅仅变成一种时髦的学术概念并最终退出学术主潮的一种努力。在这种思潮中，倪宁等人的观点是很有代表性的。在 2009 年的一篇文章中，倪宁等指出，仅仅从符号的角度来理解"中国元素"，至少陷入了这样两个误区：一个是把"中国元素"等同于"中国传统元素"，而无视中国当代文化中的元素，从这个意义上说，所谓的"文化输出"所输出的只是陈年旧物而不是当代的创造；另一个

---

[1] 参见祝帅：《中国文化与中国设计十讲》，北京：中国电力出版社，2008 年。

则是从"人文"或"文化"这个单一的角度来定义"中国元素",但事实上在两位作者看来,"中国元素"不仅仅是人文元素,还应该把中国的经济、商业、社会等多个维度的"元素"纳入广告人所观照的视野。[1]

这种理论的逻辑起点无疑是正确的,它有力地看到了"中国元素"这个提法在内涵上的单一和苍白,从而试图通过对这个概念从内涵到外延的全方位的重新定义,拓展人们对于"中国元素"的狭义化理解,倡导一种能够涵盖中国广告业当代最新进展的广义的"中国元素"观,是对"中国元素"这一简单化的提法的一种理论上的推进。当然在操作层面,这种理论的实践是有难度的。这不仅仅是因为在业界(特别是创意设计领域的从业者)甚至包括一些"中国元素"的提出和倡导者的心目中,把"中国元素"等同于"中国传统文化符号"的思想还大有市场,并且还是因为倘若一旦把"中国元素"的外延拓展到中国社会文化经济各个领域中的一切成果或"元素",以至于使这个概念本身大而化之达到"无所不包"的层面,就会消解了概念自身的边界。这种美好的设想似乎还需要学界通过一系列的专题研究加以进一步的厘定和操作化,否则倘若业界以这样一种泛泛的观念来指导广告创意实践,则势必会让广告创意承受"不能承受之重"。

而从整体来看,目前学界对于"中国元素"内涵进行这样全方位拓展的具有理论色彩的研究成果并不多见,更多的时候还是在"中国元素"这一旧有的范式内的一种量的拓展或者微调,它没有从根本上触及广告创意的深层次的思维问题,从而没有从根本上改变我们的思维方式。然而,对于中国广告业尤其是广告创意领域而言,"中国元素"无论是采其狭义还是广义,都只是可以去实践的众多种可能性之一,它并非一种垄断性的范式,不仅如此,"中国元素"的提法,主要还是在创意领域中展开的,而没有从产业结构的层面触及中国广告产业、广告服务模式、广告公司经营管理的本土化等业界实务的层面,它也并不旨在解决这些层面的现实问题。与此同时,对于广告创意的讨论,也应该结合不同的市场实践尝试多元化的表现手段,"中国元素"仅仅是"本土化"的渠道之一,而远远没有穷尽创意的全部可能。对于中国的广告产业来说,显然"中国元素"还仅仅是一种自主性崛起的宣告,

---

[1] 倪宁、谭宇菲:《回顾与反思广告中的"中国元素"》,载《国际新闻界》,2009年第9期。

如何上升为一种学理层面的研究，则还需要经历一个过程。因此总的说来，在这些领域拓展出中国广告学者的独特贡献，还有待于我们引入一种新的本土化的研究范式来形成判断和思考。

第四节 "中国模式"的提出与理论创新

2009年10月，由美国整合营销传播协会、美国西北大学整合营销传播中心、北京大学新闻与传播学院联合主办的"全球品牌峰会"在美国芝加哥举行。这意味着中国广告业在新世纪已经成为全球广告学者目光的一个焦点，有越来越多的西方学者开始承认中国作为一种区别于西方的"新兴市场"的独特价值。无独有偶，2010年，原中国广告协会学术委员会主任丁俊杰在接受《现代广告》访谈的时候，提出中国广告学者对于世界广告学的独特贡献，集中于消费者研究和广告产业研究两大领域。在丁俊杰看来，由于中国市场环境复杂，人口众多，使得消费者的层次极为丰富，所以中国广告学者关于消费者的研究，很可能具备西方学者所不具备的资源和条件。而探讨一种计划经济与市场经济并存的环境下广告产业的发展模式，也是中国学者对于广告业的一种重要贡献。[1] 尽管这些对于正在发生的变化的概括不可能非常全面，但我们仍然可以看到中国广告学的独特性已经越来越多地为学界所发现和倡导。

无论如何，中国广告学有关本土广告产业问题的讨论，只有进入一种学术论争的层面的时候，才能够在学术史上显出其现实的意义。这种讨论的集中表现就是学界关于"中国模式"问题的提出。加入WTO以来，由于广告业不像传媒业那样受到政府特殊的保护，因而关于"本土化"的论争再一次受到业界和学界的双重关注，"中国模式"的提法正是在这一时期浮出水面。与"中国元素"的讨论不同，"中国模式"指向的不是广告创意、设计、制作的层面，而是偏重于广告经营管理层面的广告服务模式、广告产业组织和广告研究方法的结合中国市场特点的创新。正如陈刚所说："目前广告研究中的比较研究，主要以西方为参照物，是一种典型的西方中心主义。""中国广告业的未来发

---

[1] 参见：《丁俊杰访谈》，载《现代广告》，2010年第3期。

展,也绝不会是复制海外的某一类发展道路。对于后发展国家来说,按照发达国家的模式亦步亦趋地追赶是不可能成功的。……中国的广告业也必须实行跨越式的发展战略。当代广告研究的一个重要任务,就是为这一跨越式的战略提供理论支持。""在强调差异的比较的过程中,广告学术研究可以逐步确立主体意识,加强自我发现和自我表达,然后在此基础上逐渐生长出系统的中国化的广告理论体系。"[1]

其实,受不同文化背景和历史传统的制约,每个国家、每个地区的广告业发展模式都是不一样的,正是因为很早就看到美国的广告理念不能直接适用于日本,日本的广告业在代理制方面才会提出"日本模式",而"日本模式"又不同于"韩国模式",所以广告业才会不断地创新。然而在中国广告业中,很长一段时间以来人们就是因为没有看到这一点,唯美国的"马首是瞻",才在诸如媒介代理制、集团化、媒介购买公司等业界的问题中形成了很多误区,有些甚至对行业造成了误导。因此,不管是广告交易制度、广告管理还是广告创意等问题,广告业都必须结合本国的国情进行创新,而在这个过程中,广告学者肩负着艰巨的使命。近年来,关注到并论证广告公司层面乃至整个广告学术研究"本土化"和"国际化"问题的学者,除了陈刚之外,还包括陈培爱、吴予敏、张金海、金定海等多人。[2] 在某种意义上我们可以说,中国广告学人的实务性研究,从根本上说不可避免体现一种研究主题的本土化,即关心本土的议题。虽然广告学在某些方面有一些具有"普适性"的理论与方法,虽然各位广告学者所关心的问题和角度也各不相同,但真正的中国广告学的前沿研究必然体现为一种"地方性知识",中国广告学者的独特任务,恰恰在于对中国独特的市场环境给出解释。

一言以蔽之,"中国模式"问题的提出,是以本土化的情怀解决中国自己

---

[1] 陈刚:《自觉与反思:对中国广告学研究方法的分析与思考》,收入程曼丽主编《北大新闻与传播评论》,第二辑,北京大学出版社,2006年。

[2] 参见吴予敏:《广告发展两面观:国际化与本土化——兼论中国广告在全球经济时代的发展症结》,载《国际新闻界》2000年第一期;金定海等:《中国广告教育本土化和国际化的关系》,载《广告大观》,2004年12月期;程ını:《论全球化传播中的一体化与本土化——兼论广告传播》,载《国外社会科学》,2006年第3期等。另,笔者撰稿时在CNKI中国期刊网输入文献题名关键词检索"广告+本土",得相关收录文献212篇,其中发表于2000年以来的196篇,而发表于2000年以前的仅16篇。当然,考虑到CNKI并未收录《现代广告》、《国际广告》等广告界重要期刊,这一数据只能作为某种参照。

的问题的一种努力,也在研究实践中取得了许多具体的成果。因此,这种讨论并非仅仅停留在理论争辩的阶段。2003年以来,在研究实践中陈刚开始大力倡导产业创新的"中国模式"。2006年,陈刚参与创办《广告研究》(即《广告大观·理论版》)这本理论研究期刊并担任编委会主任、名誉总编辑,作为该期刊的一个最重要的理论栏目,"中国模式"一度也成为中国广告学人本土意识的一种集中体现和广告学界的前沿话语。陈刚首先从历史的角度考察了广告产业结构中"欧美模式"、"日本模式"和"韩国模式"形成的背景及其影响,与此同时,作为一种理论关怀背后的现实依据,陈刚对广告代理制的中国实践、广告公司集团化问题、跨国与本土广告公司竞争问题、媒介购买公司问题、中国广告行业组织与发展战略问题、新媒体与广告、新农村与广告等问题展开了积极的思考。[1]张金海近年来除了从事广告学基础理论研究与学科体系建设的工作之外,主要的研究精力也是集中于中国专业广告公司的生存现状与发展模式、广告代理制以及广告与传媒产业升级等问题,他所提出的对于中国专业广告公司"高度分散、高度弱小"等一系列具体入微的观察,也已经成为业界广泛接纳的一种"常识"。陈培爱则长期以来侧重于中国广告史、中国广告理论和中国广告教育的研究,在广告学中国化的道路上有着诸多的践行。由于笔者已有专文对这些学术成果进行综述,在此不作详细展开。[2]

总的说来,在新世纪逐渐浮出水面的广告学研究中的本土化与国际化之争,从学术史的脉络来看有这样几个现实和理论的背景:第一,这种争论最初起源于业界现实问题,即上个世界90年代兴起的本土广告公司面对外资公司大举进入之初的生存焦虑;第二,这种争论随着1998年中国广告代表团"兵败戛纳"之后在广告创意与设计领域中兴起的本土化与国际化的反思而进一步增加;第三,2001年中国加入"WTO",再一次唤起对于中国广告业生存空间的现实关切;第四,传播学、社会学、法学等其他社会科学领域之对于"西学本土化"的反思,客观上也推动了广告学界进行类似的相关思考。应该说这种论争生成的背后,的确有一种"民族主义情绪"或曰"民族意识"的推动,

---

[1] 详见祝帅:《理论与现实的对话创新——陈刚广告学术研究述评》,载《广告研究》(即《广告大观·理论版》),2008年第6期。

[2] 详见祝帅:《2006年度中国广告学人与广告学研究》,载《广告研究》(即《广告大观·理论版》),2007年第1期。

但若是把这里所说的"本土化"完全等同于"民族化",则又是不恰当的。在一般学术语境中,"民族化"常常指向的是一种重视中华传统文化价值的文化保守主义思潮,但"本土化"则往往与当代中国社会以及当下中国人的现实生活发生更加紧密的关系。简单说,前者指向的是传统、保守,而后者指向的是当代、创新,二者之间不具有天然的对等性。

我们应该肯定"本土化"的讨论是及时而有价值的。从今天的立场来看,从上个世纪 60 年代开始陆续出现在欧美市场和营销界的种种新的广告和营销理论名目繁多、鱼龙混杂,令人目不暇接,但实际上能够真正拿来为我所用,彻底解决在中国落地的本土化问题的理论并不多,还有很多理论和操作技术的意义显然在盲目的崇洋媚外的过程中被有意无意地夸大了。然而,自从上个世纪 90 年代以来,每一次理论在中国的"旅行",又必然伴随着传播者的过度阐释,为理论本身赋予了许多它并不具备的现实重担和神话的色彩。中国的市场虽然是一个并不具备明确的理论敏感性的新兴市场,但经历了这么多的营销泡沫,付出了比别人高几倍的学费和代价,也应该开始对理论的现实意义和本土资源形成自己的判断,做出相应的甄别和取舍。在解释中国现象和倡导中国模式的时候,中国广告学人必须贡献出本土学者原创的话语体系与表述方式,相应的,中国广告市场和广告产业所面临的复杂的现实问题,也只能由了解中国社会与中国文化传统的中国学者才能够给出贴近实际的解决方案。当然这种本土化的阐释也是建立在全球化的视野基础之上的,这样才能反过来向国际广告学界发出中国学者独特的声音。

一直以来,在一些学者眼中,所谓"中国模式"和"本土化"的研究,其实只是一些没有实际意义的"伪问题"。或许在他们看来,广告领域只存在"广告的问题",而不存在"中国广告"或者"美国广告"这样的问题。不过这种争论常常停留在业界和非学术的层面,人们常常只是对于这种"本土化"的广告研究持一种简单的否定的态度,斥之为"伪问题",而很少有人从学术上去论证它缘何是"伪问题"。反而是 2007 年,陈刚发表《跨国与本土——"伪问题"的现实意义》一文,从正面和建设的角度把这个伏在水面之下的否定性意见作为问题提了出来并加以反思和论述,陈刚对于来自学界和业界的这种意见的转述是:"如果从纯粹市场的角度考虑,在全球化的环境中,跨国广告公司与本土广告公司同为市场角逐的实体……而且,同本土广告公司一样,跨国广告公司也是在中国注册的合法的中国的广告公司,这两者之间的竞争,就是两个中国的广告公司之间的竞争,似乎并没有什么必要进行兴师动众的讨论。"因此,"一些学者和专家认为,跨国广告公司和本土广告公司的讨论,实际上是个'伪问题'"。[1]

当然,也许这种看法在针对某些具体的操作(如广告创意)时是有一定的"纠偏"的意义的。例如广告业界对于"中国元素"的讨论,也许对于"中国元素"常常被简单化、庸俗化地等同于"中国符号"这样在实践中有价值、但是在学术上缺乏根基的"口号"提出某种"伪问题"的质疑,是有利于促进对"本土化"这个问题的深入思考的。然而,一概地否定"本土化"研究的价值,将其斥之为"伪问题"的做法是不恰当的。即便是广告实践中的"中国元素"等倡导虽然不尽如人意,但已经可以看出学界和业界对于中国广告本土化问题的某种积极的回应。无论如何,广告是一门如此复杂的综合学科,不可能置中国特殊的历史、人文、政治环境于不顾。事实上,在人文 — 社会科学领域的比较文学、跨文化传播学等领域早已经肯定了文化相对主义的合法性和在文化交流过程中的意义,具体到广告学研究领域,更是针对中国广告产业的现实问题取得了很多有价值的学术成果,其中很多成果对于整个广告行业来说都具有现实的指导意义。

显然,在这场"本土化"是否是一个"伪问题"的争论中,倡导"本土化"和"中国模式"广告学人们更加看重的不是停留在概念层面上的论争,而是一个个"伪问题"背后对于中国广告产业生死攸关的现实意义。如同陈刚所说,"虽然都是中国的广告公司,跨国广告公司和本土广告公司确实存在着矛盾和冲突",这几乎是无法否认的。[2] 当然我们也应该看到,在广告创意等领域的"本土化"的讨论,目前还有很多探索的空间。但正因如此,我们才更不应该简单地对本土化的研究加以否认,斥之为"伪问题",以此来阻碍广告产业中"中国模式"探索的深入。与此同时,我们也应该在学术上加强比较研究方法的理论与实践,做好"中国模式"应用研究的基础理论准备工作,从学理上对"本土化"和"中国模式"研究的"元"问题进行论证。因为只有这样,

---

[1] 陈刚:《跨国与本土 ——"伪问题"的现实意义》,载《广告大观》,2007 年第 3 期。

[2] 同上。

中国广告学才能够以一种独特的面貌加入世界广告学的话语场之中，改变国外广告学界将广告学研究等同于西方广告学的局面，以中国的地方性知识来丰富和开拓世界广告学的研究视野。

小　结

中国广告学学术研究的独立，一方面要求一个基本体系和研究框架的建设，另一方面则要求中国广告学以自身的独特贡献，加入到国际广告学的话语场中去，贡献出自己的智慧和力量。事实上，作为"舶来品"的广告学要想在中国生根，自然也需要经历一个"本土化"的过程。我们应该看到，对于广告学本土话语的需求以及对于广告学研究方法的追求和探索，并不仅仅是20世纪80年代以来学科建设的成果，这些倾向在20世纪上半叶的广告学人及其著作那里就已经初现端倪，在21世纪中国自主性不断崛起的同时再次成为新一轮学术关注的焦点。可以说从"本土情怀"到"中国模式"，正是百年中国广告学得以延续和发展的一条内在的理路，也是在中国广告学术史上真正形成原创学统的思想积淀。当然，对于当代广告学学科的提高与发展来说，并不能仅仅停留于这些前人已经意识到的研究议题。如何在新的形势下突破传统的体系、反思各种新兴的研究方法、自觉推动"中国模式"的探索，还需要当代广告学者跳出具体的现象，从而对种种既有的研究范式本身进行更加深入的思考与判断。

第六章　广告研究方法的范式转换

—— 兼论广告学研究的定量与定性之争

广告研究方法的引入、自觉与反思，是中国广告学学科发展史上的标志性的事件。这是因为一门独立学科的形成与被学术界广泛接受，除了明确自身独特的研究对象之外，还需要体现为形成科学的研究方法。所谓研究方法（research methods），其实就是一套工具。不同的工具可以解决不同的问题，如同拧紧一枚螺丝需要使用改锥，打死一只苍蝇要用苍蝇拍子一样。这些工具很多已经被前人发明好了，它们就放在那里，一位研究者在开始进行研究之前，首先要学会尽可能多地认识这些工具，才能根据自己的研究对象选择不同的工具进行研究。而对于研究方法的自觉与反思就是方法论（research methodology）的研究，倘若这种研究能够发明一种新工具，甚至可以对其他学科的研究做出贡献，那就叫做学术研究范式（paradigm）的转换。这一切对于今天的学术界来说似乎已经成为"老生常谈"，然而，对于一个世纪的中国广告学来说，从没有研究方法（或只有自发的研究方法）到引入和模仿西方以及其他社会科学的研究方法，到对于研究方法的批判反思、综合创新，却经历了一个漫长的过程。

第一节　中国广告学"研究方法"意识的兴起

今天，我们打开任何一本广告学体系性的读物或教材，其中设有"广告（学）研究方法"的章节似乎是情理之中的事情。然而在20世纪上半叶中国广告学的草创阶段，具备"研究方法"章节的广告学著作还是凤毛麟角，在这个领域中，蒯世勋、苏上达等几位学者作出了重要的贡献。但是，这个时候所说的"研究方法"，主要还是指广告实务研究（如广告市场研究、广告媒体研究）的方法，而不是广告理论研究（如广告学著述体例、广告史写作、广告学术史研究等）的方法。并且我们能够比较清楚地看出这一时期广告研究方法对于心理学、经济学、管理学等学科的明显的借鉴痕迹。

如果说新闻界出生的蒋裕泉对于科学的研究方法并不具备太多学术准备的话，那么，最早具有明确的方法论意识的广告学原理类著作，当推徐蔚南主编、世界书局出版的"ABC丛书"中商学士蒯世勋所著的《广告学ABC》。"ABC丛书"的作者群体虽然年轻，但是专业化水平极高，并且新人辈出。当时刚刚从复旦毕业的蒯世勋就是其中的一位。由于作者的经济学背景，使得作者应用经济学中的思路与方法对广告媒介、广告市场进行研究和一般性的论述时显得得心应手。在该书中，作者设立了单独的章节介绍"广告媒介之研究"（第九章），但充分体现作者研究方法方面的自觉意识的，当推第三章"做广告前应有之智识"和第十二章"广告之经济"中对于商品、市场研究方法的论述。

例如，在讨论"做广告前应有之智识"的时候，蒯世勋提出，应该对商品本身、市场、推销方法进行专门的研究：

> 广告是不容易做的。你不能得法地去做，不能使读者深信你所说的话，除非你能确切地熟悉你所要描写的商品。只不过得法地堆起一大串好听与好看的字眼，是不足以推销货物的。假如能在简洁美丽的文笔之外，再加上一幅研究和分析制造品的功夫，那么，做出来的广告一定会非常有效的。[1]

在研究方法方面，他首先提出，广告市场研究至少应该具备一种"批评的眼光"，即用思辨的方法，对商品、市场环境（特别是竞争对手）和推销方式进行全面的考量，列举了广告制作前应该思考的方方面面。他从每一角度，每一方面都提出了很多问题，供广告主进行考量，从这些问题的提问中，很可见出作者对于一些核心概念的操作化处理的能力，不能不说这得益于作者的经济学和商学的训练与学术背景。但更引人注意的是，蒯世勋比较早地向国内广告界介绍了国外市场调查的方法与意义：

---

[1] 蒯世勋：《广告学ABC》，第14—15页，上海：世界书局，1928年。

> 在外国，往往在进行巨大的广告计划之前，遣派聪明伶俐之调查者，去面晤批发商，零售商，及消费者，询问其对于公司之出品之意见，因而推测尚有多少销路可以因广告而扩充。假如所广告之货物是一种新出品，那么调查者之目的是要预断此种商品能否立足于市场。……这些调查虽或需费不小，但也是值得的，因为它给与制造者以如何节省广告费用的智识。[1]

同时，蒯世勋也一分为二地看到了市场调查并不是万能的，它毕竟只是一种原材料，如何利用它创作出好的广告，还要依靠广告作者自身的能力与智识："那许多调查所得的资料，一到了广告作者的手里，就可作为强有力的广告的根据。但是，此种试剂调查之结果是否助益于广告作者，亦当看广告作者之本领如何而定。"[2] 他还列举了"广告作者所该知道关于市场的智识"。应该说，相对于早期许多停留在"图案馆"、"美术社"层次的"广告公司"来说，蒯世勋的论述点出了广告设计与"美术"的一个很大的不同，即对于受众（消费者）反馈作用的重视与强调——广告设计者自身的水准，必须与市场调研的信息结合起来，才可能创作出科学的广告。可以看出，这种关于市场调查的论述已经比蒋裕泉的《实用广告学》在科学性上推进了一大步。

但是，限于"ABC丛书"的体例和篇幅，以及当时中国广告市场中市场调查的案例的缺乏，蒯世勋并没有详细地对市场调查的方法进行全面的解说。蒯世勋的意义在于引介市场研究的重要性，并且在方法层面上进行初步的知识普及。真正的对于市场研究方法的系统介绍，是另一位经济学背景的广告学者苏上达在1930年出版的《广告学纲要》[图6.1]（现代商业丛书）中才真正完成的任务。

打开《广告学纲要》的目录，会发现"方法"是苏上达所反复使用的一个关键词，如第二篇"市场"中即包含"调查市场之方法"与"调查市场之实例"，至于第三篇，篇名即是"广告方法"，其中涉及"广告方法之发现"、"广告方法之审查"等小标题。第四篇"制作广告之方法"更是自觉论述了"广告方法之选择"。可以看出，在苏上达看来，"方法"的专业化是保证广告学

---

[1] 蒯世勋：《广告学ABC》，第18—19页，上海：世界书局，1928年。
[2] 同上书，第19—20页。

图 6.1 苏上达《广告学纲要》(1930)书影
(中国人民大学图书馆藏书)

成为一门科学的一个重要方面。但其中真正具有方法论价值的讨论,主要见于第二篇"市场"。

比蒯世勋推进了一步,苏上达对于"调查市场之方法"有了更多操作方面的论述,是当时不可多得的关于市场研究的启蒙读物。仅凭这一点,已经可以对于苏上达的引介的学术史贡献作出恰当的定位。在这一章中,苏上达主要介绍了广告实证研究中的资料收集与资料统计分析的各种方法,兼顾定量与定性,可谓当时不可多得的一部广告研究方法教程。

在资料收集部分,苏上达首先介绍了"实地调查"的质化(定性)研究方法。实地调查这种产生于人类学民族志的研究方法,作为一种社会学方法在我国 20 世纪上半叶的著作中已经开始得到应用,但由于人们对于商业研究时效性的要求,使得人类学式长期的实地研究(田野调查)至今在广告学领域中恰当的应用也还不多见。但实地研究作为一种定性的研究方法,具备以问卷和统计为代表的定量研究方法所不具备的在深度方面的优势,因而是配合定量研究的一种进一步获取研究资料的可行的方式。如苏上达所看到的:"当统计对于应该解决的问题不能有多大贡献,或本身所有之材料颇不充足时,则我人应该利用实地调查方法,以调查市场。"[1] 这里,尽管苏上达所说的实地调查相比较人类学的民族志方法还存在着很大程度的简化,但已经具备了定性的广告实证研究的起码要求。对于中国的广告学研究的科学化进程来说,这是一个值得重视的开端。

苏上达还用了较多的笔墨介绍问卷法(questionnaire)这种最基础的实证研究资料分析方法,他用"询察表"来翻译这个当时尚没有统一中译法的词汇:

> 实地调查方法可以解决若干广告政策中之禁药问题,但是假如公司欲知主顾之嗜好、习惯、货物用法等问题,则以前所述之方法,均无济于事。近世广告家又多采用一种询察表(questionnaire)方法。询察表乃公司或调查者制造之问案,向所查的地方分配,设法使读者填写答案,或竟令其送交原处,借以解决公司或欲了解的问题。近来询察表应用的地方日益广大,用之得法,确能了解许多社会的现象。[2]

可以说,苏上达是一位具备比较明确的"方法论"意识的研究者。他明白研究方法是进行科学研究的工具,但任何一种研究方法都不是万能的,都各自有其适用的范围。在广告研究这样的学术研究中,定性和定量的研究方法必须配合使用才能够对如此复杂的研究对象提供深入的解释。当然,苏上达以问卷法作为实地研究的补充,在当今的市场研究中证明未必是恰当的,因为问卷法只提供一种总体的简单描述性统计,而深入的洞察则必须靠参与观察、访问等定性研究方法进行补充。不过,作为一本研究方法入门的教程,这种体例设计本身并无不可。

在资料分析部分,苏上达明确提出市场调查首先应该注意的是"利用统计"。如果说同时期其他广告学著作也或多或少地涉及了问卷法等资料收集方法,但在资料分析部分,苏上达《广告学纲要》中的广度和深度的确可谓独树一帜:

---

[1] 苏上达:《广告学纲要》,第32—33页,上海:商务印书馆,1930年。
[2] 同上书,第39页。

统计为调查市场大小之方法之一。人口统计，海关报告，车辆注册，电力用户册，以及政府各种农工商机关之种种报告，又是均与推定市场之大小，有莫大之功用。而从事输出输入业的商人，非惟对于国内许多统计需要注意，而国外的许多统计，亦须时时加以注意，不能稍有忽略。[1]

回顾 20 世纪初期的学术史，应该说统计学作为一种科学方法，其在中国商业与学术研究中的广泛应用，仍然始于梁启超的"鼓与呼"。在 1916 年于上海商业总会之演说中，梁启超已经震惊于日本对于中国商业的调查，并呼吁中国的商界开始这种"商务调查"：

商业上应为之事，如商业教育、商务调查等，皆属要图。……至于商务调查者，尤为重要。……查日本于廿年以前，在上海创设一东亚同文书院。此书院毕业学生，皆分路派往吾国内地调查商业，调查所得，编为报告。数年前日本出版之《支那经济全书》，即此种报告汇辑而成。此书出版已有十余大册，以后尚须陆续出版。我国各地商业情形及一切统计，无不罗列其中。夫吾中国之事，外人竟费许多金钱，调查如此清楚，而及我本国人反茫然不知，岂不可耻！岂不可叹！……调查方法，最好须先将应行调查各项，编成详细节目，然后列为表式，使各地逐条答复可耳，并不大需经费。[2]

统计学作为一种新兴的科学研究方法，其科学性（信度和效度）足以让中国晚清一代接受传统学术训练的学者大为服膺。在这样的折服中，梁启超更是为统计学赋予了神秘的色彩。在 1927 年为上海商务印书馆出版的《统计学原理及应用》一书所写的序言中，梁启超提出统计学为"百学之钥"：

统计之学，在我国发源周谱，……其在泰西，虽作始较晚，近今则蔚为大国，理法日邃密，而应用范围更普及于社会现象之全部。凡欲治一专门之学，

---

[1] 苏上达：《广告学纲要》，第 32 页，上海：商务印书馆，1930 年。
[2] 梁启超讲授、姚咏白笔记：《在上海商务总会之演说》（原载《时报》1916 年 12 月 22—23 日），收入夏晓虹辑《饮冰室合集·集外文》中册，第 659—665 页，北京大学出版社，2005 年。

观其大较而得其共相，舍此末由也。……其功岂特在斯学，抑亦百学之钥也。[1]

在当时，统计学在商业领域的研究在中国刚刚起步，而其作为一种市场研究方法在广告界的引入和应用，我们必须承认，苏上达的《广告学纲要》则功不可没。该著不但最早向广告界介绍了统计的基本知识和方法，还以大量的统计数据、表格等开创了体系性的广告学著作的一种前所未有的新的写作方法。此外，但苏上达所介绍的统计，却并不仅仅限于简单的描述性统计，相反，在《广告学纲要》中，他还介绍了推断性统计分析的一些基本方法及其计算公式，如皮尔逊相关系数检验（Pearson correlations）。这在个人计算机技术还没有诞生的 20 世纪 20 年代，对于广告学研究的科学化进程无疑有巨大的意义。无论如何，广告实证研究方法，并不是随着 20 世纪 90 年代初期简单的实证研究方法在中国广告学界的有限的引入才得以发轫的。

当然，在今天看来，苏上达关于广告学研究方法的引介，也存在着一些局限。首先，由于受到当时统计技术和中国市场环境的发展的局限，苏上达并没有介绍方差分析、回归分析、因子分析等在后来的广告与市场研究中应用更为普遍的统计方法，限于其经济学背景，他也没有对心理学中的实验法在广告研究中的重要性进行介绍。其次，由于当时广告学术研究的低迷和自发性，苏上达不可能得到更多对于中国广告进行实证研究的例证，因而在接下来的"调查市场之实例"与"广告研究之审查"中，所举的研究实例只能以美国的广告学界成果为例，这不能不说多少有些遗憾。最后，仍然是因为《广告学纲要》定位于"普及"而不是"提高"的这层原因，使得苏上达并没有机会对种种广告实证研究方法各自的特点与局限作进一步的反思，这种工作只有到了 20 世纪末，在国内广告实证研究不断增加，研究技术不断进步的时候才能得到充分的讨论。

以苏上达对于广告研究方法介绍的深入程度而论，在《广告学纲要》出版直到日军侵华战争之前，这段时间内所出版的各部体系性的"广告学"专著或教材，都未能对其进行实质性的超越。在战后的 1946 年，吴铁声、朱

---

[1] 梁启超：《〈统计学原理及应用〉序》，收入夏晓虹辑《饮冰室合集·集外文》中册，第 926－927 页，北京大学出版社，2005 年。

图 6.2 吴铁声、朱胜愉编译《广告学》(1948)书影
(中国人民大学图书馆藏书)

胜愉编译出版了部定大学用书《广告学》【图6.2】,其中对于商品研究、市场调查方法、基础统计学等有了更加详尽的介绍,但在基本的体例上仍然没有突破苏上达的表述。加之前者编译自欧美和日本广告教科书的写作方式,本书不拟过多赘言。

第二节 广告实证研究方法的历史性登场

在整个 80 年代,无论是"艺术派"还是"科学派",他们的"广告研究"从根本上说还只停留在一种"前学术"的"思想"状态,很多广告学的文字也并非严格意义上的科学研究论文,而只是某种"意见"的集中表述。很多题为"广告学"的概论性质的著作,在研究方法方面也有欠深究,更多的是继承和吸收黑格尔式的理论思辨和体系建构。自从丁允朋 1979 年在《文汇报》发表《为广告正名》以来,国内的广告学研究在很长的一段时间内,基本上停留在感想、经验的总结阶段,根本谈不上研究方法意识的自觉,更遑论实证的研究方法。直到 80 年代中后期,随着心理学、统计学、管理学、传播学等学科在国内的陆续引介和产生影响,广告研究中的消费者调查等领域才零星出现了简单数据统计分析等实证研究方法的萌芽。可以说,"研究方法"的意识在整个 80 年代还并没有形成,"广告学"的学术自觉此时还尚未到来。

实证研究在中国广告学界迟迟没有形成学术传统和积淀,除了与广告学的发展阶段有关,也与中国历代学术史上向来缺乏科学、量化、实证的学术研究传统有关。实证主义成为社会科学中居于主流位置的一种研究方法,兴起于现代自然科学的诞生之后。19 世纪以来,现代自然科学领域内部取得了巨大的进展,这使得传统意义上的古典哲学对于自然界物质现象形而上的思考开始受到人们的广泛质疑。在社会学领域,实证主义的鼻祖孔德(Auguste Comte, 1798—1857)开始把自然科学实证的研究方法引入了对于社会现象的研究。在孔德看来,人类精神世界的发展,具有一个"三段论"式由低到高的发展过程。这个过程的第一个阶段是"神学"或者"虚构"的阶段,即人们试图用一种并无法证实其存在的、外在的力量来解释自然现象的产生与发展的全过程;第二个阶段是"形而上学"或者"哲学"的阶段,即人们开始以一种概念和思辨的方式来试图把握和解释自己的生存世界,这种方式在黑格尔的哲学那里达到一个高峰;第三个阶段是"实证"或称"科学"的阶段,即人们开始学会用"科学"的方法来解释世界,而这种解释的范围,在经典社会学理论奠基人之一的孔德看来,自然是涵盖了自然现象和社会现象。这样看来,实证研究方法其实是一种在科学主义和操作主义的大的背景下所产生的分析工具。[1]

具体地说,作为一种研究方法的狭义的实证主义研究方法,是 20 世纪以来才在西方的哲学和社会科学中大显身手的。在现代主义哲学的历程中,与欧陆哲学的现象学 — 存在主义 — 解释学传统相对应,欧美哲学中兴起了逻辑实证主义 — 语言哲学 — 科学哲学的研究范式,从而对哲学问题和实证研究方法进行了细致入微的探究,我国哲学家、建国后长期担任北京大学哲学系教授的洪谦曾一度是逻辑实证主义的代表学派——维也纳学派的核心成员之一。20 世纪下半叶以来,随着个人计算机技术的普及和统计科学的发展,实证研究方法被打造得更加精致,从而被广泛应用在更加复杂的社会现象的研究中,逐渐成为社会科学界占据主流的研究方法。但令人遗憾的是,在这个过程中,我们

---

[1] 参见陈刚:《以广告研究为本体的多元创新》,收入陈培爱主编《中国广告理论探索三十年》,厦门大学出版社,2009 年。

几乎没有看到中国学者的身影。

那么,实证研究究竟是否只是一种西方学界的"地方性知识"而不适用于中国呢?从学术史的角度来看,这个问题的某些前提是正确的,即中国人并不擅长实证思维,中国学术长期以来缺乏量化研究的根基,等等。然而,实证主义的研究方法又不仅仅是一种西方的"地方性知识",因为实证主义所追求的数据、指标、操作化程序等,本身就是客观的、不因研究方法的变化而起变化,这些研究工具对于东西方广告现象进行测量的时候都是适用的。换言之,文化差异的确是存在的,但是在对广告进行科学的量度的时候,有很多基本原理性的指标和方法是超越于文化差异之上的,即无论是东西方广告实务都适用的东西。否则,从根本上否认东西方文化的共性的"文化相对主义",很容易得出东西方广告毫无共性可言、根本上具有不可通约性的极端的结论来。因此,这时"拿来主义"的建设意义就显明了出来。

比起改革开放以后的中国广告学界,中国的新闻传播学领域引入和运用实证研究方法的时间要更早一些。1980年,林珊就曾注意到美国新闻学研究在实证研究方法应用方面与中国新文学的差别:"不少美国的新闻学理论的文章和著作,利用了统计、逻辑和数学的方法……随之还相应地出现一些数理公式和逻辑符号,使人看后实在费解……其实,不过是些唯心主义的糟粕。"[1] 尽管如此,我国新闻学界还是先于广告学界开展了一次大规模的实证研究,即1982年11月至1983年3月,由中国社会科学院新闻研究所研究员陈崇山主持,以北京新闻学会的名义,联合人民日报、工人日报、中国青年报、北京广播学院等单位参与的"北京地区读者、听众、观众的调查",据称,此次调查系"首次采用计算机,使用SPSS社会科学软件包进行量化统计"。[2] 而经历了整个中国大陆学术界的1986年的"方法论年",1987年,传播统计学者祝建华和刘玉东,已开始明确撰文呼吁在新闻传播学研究中引入实证、定量的研究方法,提出"科学方法论的要义是:关键不在于结论是什么,而在于得出结

---

[1] 林珊:《战后美国新闻理论的特点》,载《新闻学论集》,第1辑,北京:中国人民大学出版社,1980年。转引自陈力丹主编《不能忘却的1978-1985——我国新闻传播学过刊》,第229页,北京:人民日报出版社,2009年。

[2] 此次调查结果刊登于北京新闻协会的内部刊物《新闻学会通讯》1983年5、6期合刊。参见陈力丹主编《不能忘却的1978-1985——我国新闻传播学过刊》,第168-169页,北京:人民日报出版社,2009年。

论的过程是否符合科学原理",体现出社会科学研究向自然科学研究靠拢的趋势。[1] 最终在 1988 年,《新闻学论集》推出了"系统科学与新闻学专辑",[2] 体现了"方法论大讨论"中间新闻学者的不甘示弱。

然而,在中国广告学界,实证方法开始越来越多地导入广告研究领域并展开讨论,却是进入 90 年代之后发生的事情。在这个过程中,发挥了关键作用的是以黄升民等为代表的一批留学或进修于海外的本土广告学者。1992 年,旅日归来的黄升民出版了专著《中国广告活动实证分析》[图6.3]。[3] 在问及本书题名中的"实证研究"一词时,黄升民叙述了他留学日本的学术背景所带来的影响:

图 6.3 黄升民《中国广告活动实证分析》(1990)书影

> 我做过广告主研究,也做过消费者研究,感觉到这些东西要理顺,做一次实证研究是很好的。"实证研究"这个词,在日本是经常会用的。我觉得作为一个研究,从思路来讲,这是一个最基本的态度:就是我们面对一个新事物,我们必须先把它的轮廓描绘出来,把它现在的情况样子如实地描摹出来,这样就能完整地了解它整个背景。我们通常把这个叫做一个公司,一种流程或者一种产业的"实证研究"。实证研究通常要有足够的统计资料,要有实证的、量化的一些分析方法,然后再把它完整地表述出来。这个表述是不是这样,是什么样子,这些问题有了实证的基础,才能继续做。[4]

---

[1] 参见祝建华《传播学定量研究方法的科学来源》、刘玉东《统计学与新闻敏感》,均载《新闻学论集》,第 11 辑,北京:中国人民大学出版社,1987 年。转引自陈力丹主编《不能忘却的 1978—1985——我国新闻传播学过刊》,第 228—229 页,北京:人民日报出版社,2009 年。

[2] 参见陈力丹主编:《不能忘却的 1978—1985——我国新闻传播学过刊》,第 229 页,北京:人民日报出版社,2009 年。

[3] 黄升民:《中国广告活动实证分析》,北京广播学院出版社,1992 年。

[4] 2009 年 6 月 30 日黄升民口述。

本书收录了黄升民从日本一桥大学留学产业经济学并回国任教于北京广播学院广告专业后所撰写的三篇长篇论文，这些论文以描述性统计、问卷调查、相关分析、因子分析等定量的实证研究方法，分别对中国广告市场动态、中国企业广告活动、中国广告受众等领域进行了调研和数据分析。当然本书的"实证研究"是广义的"实证"，例如其中收入的第一篇论文《广告的消失和复活——中国广告市场动态分析》，在资料方面虽然援引了一些不同年度的统计数据作为研究资料，但同时更重要的成果是对于历史材料的"小心求证"——即通过一手文献的收集，提出1966—1972年中国报纸上广告依然存在，反驳了很多人心目中"红卫兵运动破坏了中国广告市场"的这种想当然的说法：

> 其实那本书的写作背景是1992年初，是为了评副教授用的，把整个行业做了一个描述，包括一些广告主的描述。说实话我就是觉得其中一篇论文比较好，就是《广告的消失和复活》。这是我回国以来写的头一篇论文。之前我在日本研究广告，回国后1991年参加广告协会学术委员会年会，就写了这篇论文。自己有一个发现就是大家都认为红卫兵破坏了广告，我说不是。第二个我也不认为有政治上的东西在左右广告的发展。广告的发展完全是由下而上的，这个观点对我实际上很重要。广告发生过程是个绵延不绝的，而不是一段一段，不是人为地把它断代的。后来广告主研究我也开始做（实证研究），但是说实话做的不是太理想。其实这本书很粗糙的，但是前面这部分史的研究是比较认真。[1]

相对于想当然的"臆断"，"历史考证"当然也可以算是一种广义的"实证研究"，但是应该说，这种历史考证对于当时偏重于人文学科的中国广告学界所带来的震撼和影响，远不如后面两篇自觉运用定量的、统计学方法的论文。不管其内容和方法多么粗糙，这毕竟是中国广告学领域第一本自觉运用实证研究方法的研究专著，特别是在电子计算机还没有充分普及的90年代初期，这本专著及其研究方法在当时还没有完全走出"广告是科学还是艺术"辩论的广告学界给人耳目一新的感觉，在学术史上也具有重要的"范式"的意义。无论如何，这本书是在中国广告学界明确引入了"实证研究"的概念，尽管它本

---

[1] 2009年6月30日黄升民口述。

身也许还非常初步,但是却开启了整个中国广告学界大规模展开实证研究的序幕,这也许是黄升民所始料未及的。

90年代中期以来,随着中国经济和广告市场的高速发展,有越来越多经济学、心理学、社会学等学科背景的研究者加入了广告学研究的队伍。与此同时,个人计算机技术也已经逐渐在学术界中普及,早先国内难得一见的SPSS、SAS、R等社会科学统计软件也变得"唾手可得"。在这样的双重背景之下,有越来越多的有意识模仿和使用实证研究方法的期刊论文、学位论文、教材和专著出现在我们眼前。其中,马谋超的《广告心理》[1]等教材对于实证研究方法的传播和普及也起到了巨大的作用。随着问卷法、描述性统计等简单、初步的实证研究方法的深入人心,广告教育研究中也越来越多的出现了追求量化、精确化的趋势。这方面的一个代表性成果,即国家工商总局委托、中国广告协会学术委员会主持、北京商学院(今北京工商大学)、北京广播学院(今中国传媒大学)等院校参与的"中国广告人才需求与广告教育状况"大型调查。1997年,《广告新生代——中国广告人才需求与培养》调查报告与论文集出版,[2]成为此时期中国广告协会学术委员会最为重要的学术成果之一。

此次大规模调查研究的背景,是广告业的开放引发的广告公司对于广告人才的大规模需求,以及广告教育适应时代要求、调整自身结构的努力。课题组由学术委员会主任赵晨好和常务副主任张冬兴负责,主要成员包括来自学界的潘大钧、黄升民、丁俊杰,来自业界和行业组织的姜弘、陈梁、程庄庄等人。其中调研部分的内容由北京广播学院的黄升民、张树庭等人承担。此前,黄升民等人已经具有开展消费者调研实务的操作经验:

> 1994、1995年,那个时候我们已经在做市场调查,主要是做一些街头拦截访问,后来才有电脑。我们的训练也很严格,电脑在那个时候完全是自己购置的。这个时候,出现了一个很重要的人物,潘忠党,他是从美国回来的,先到北大社会学系任教。还有邱泽奇,也是北大社会学系的,那个时候都和我们合作过,训练我们的学生做调查研究。当时我们就是出去做点策划、做点创意、

---

[1] 马谋超:《广告心理》,北京:中国物价出版社,1997年。
[2] 中国广告协会学术委员会:《广告新生代——中国广告人才需求与培养》,北京:中国广播电视出版社,1997年。

接个单,赚点钱。那个时候,统计局和消费者协会,甚至全国都没有做消费者研究的。真正做消费者研究、城市消费者研究,我们是最早,也是最惨的了。[1]

因此,此次调查对于课题组来说虽然样本量巨大,但方法上却已经可谓"驾轻就熟",此次课题组的调查范围涉及全国 49 家高校(最终回收问卷为 30 家)、京、沪、穗三地 50 家专业广告公司。在一年半的时间里就完成了大规模的数据收集,1997 年 1 月开始进行数据录入与统计分析。在姜弘、程春等业界专家的配合下,除研究报告外,文集中还收入了多篇研究论文,同时附有多篇编译的美国等国外高校广告教育的介绍文章,对于广告学术研究、今后广告教育方向和广告业界人才需求等方面都贡献了重要的成果,有积极的现实意义。当然,与 21 世纪之后的相关研究相比,本次调查主要停留在数据的描述性统计阶段,对于数据的挖掘和统计分析都不够深入,一些结论似乎也还比较简单,但是这种务实的研究姿态,对于中国广告教育来说是具有重要意义的。

此外,当时的一些主流期刊上也开始接纳一些实证研究,虽然这些研究大多来自于社会学、心理学、管理学等其他学科的学者之手,虽然其质量和数量都远远无法与今天相比,并且这些研究对于广告人来说还并不能够完全接纳,但它们至少体现了学科交融的某种趋势,并且在某种程度上丰富了人们思考广告问题的视野和方法,其中代表性的成果有厦门大学陈培爱、黄合水等人的《国内电视广告社会效益研究》(《现代广告》1996 年第 6 期)、北京科技大学管理学院的瞿国忠、李天宏《广告效果评估新方法——熵权双基点法在广告效果评价中的应用》(《现代广告》1997 年第 6 期)、原北京广播学院课题组《中国消费者媒介消费行为解析》(《现代广告》1998 年第 6 期)等。一个比较有意思的现象就是,相对于在那个时期以重视深度的理论研究为定位的《中国广告》,《现代广告》杂志对于实证研究和各种调查数据似乎要更加青睐一些。

总的说来,实证研究的引入和发展,是中国广告学界进入 20 世纪 90 年代以来所经历的一场深刻的变革。对于中国很多人文学科背景出身的广告学人来说,实证研究方法的引入和介绍,都是一场真正的"启蒙"。实证研究的引

---

[1] 2009 年 6 月 30 日黄升民口述。

入,是中国广告学学科发展过程中的一个必要的阶段和一段注定不能超越的经历。随着此后的研究实践,实证研究的方法和技术也不断结合中国广告市场和广告产业的特殊问题而获得发展,最终逐渐成为广大广告专业学子的一门必修课程,对于中国广告学的科学化发展,中国广告学和广告教育跻身世界广告学界并获得一席之地,促进中国广告学与心理学、社会学、经济学、管理学等其他学科的平等对话都起到了重要的作用。

但是在这一"引入期",实证研究方法在中国广告学界整体上还停留在"模仿"的阶段,更缺乏对于研究方法本身的自觉与反思。这突出体现在广告学界采用的统计方法还是以简单的描述性统计为主,缺乏推断性高级统计方法的应用。与此同时,一些具有社会学、心理学背景转而从事广告研究的学者,虽然对统计方法掌握比较成熟,但又容易脱离广告业的实务前沿,对行业的贡献终究有限。

第三节 广告定量研究的进展与方法论反思

在接下来的一段时间以来,中国广告学对于来自于学术界其他学科的实证研究方法的借鉴和应用取得了可喜的进展,与此同时,广告学界越来越多地开始了对于广告实证研究方法的深入反思。相对而言,传统的人文学科研究比较重视文献的阅读和论点的创新,而不太注重科学的研究方法。但社会科学则不然,相比较人文学科,社会科学的研究对象——社会现象在很多时候不同于人类的思想情感,而更加类似于具有科学性质的自然现象。尤其在实证主义社会学兴起之后,学者们更加注重社会现象与自然科学现象的同质性,进而质疑诠释主义的人文学科式的社会学,究竟能够在多大程度上具有认识中的合法性。在实证主义的哲学观念之下,社会学逐渐发展出了一套非常严格、规范的社会研究方法,尤其是注重数据、统计的定量的研究方法,以及在自然科学影响下诞生的种种新的测量仪器和研究技术(如眼动仪、ERP、fMRI等)。总的说来,实证的研究方法扬弃了诠释主义社会学的经验和思想成分,使得社会学科大大增加了研究结果的科学性和可重复性,因而对广告学也具有很大的借鉴意义。

综合广告理论研究和广告实务研究的总体情况来看,关于研究方法的自觉与反思是最近一段时期以来中国广告学研究的一个历史性进展。上个世纪80—90年代，很多广告学研究并没有上述这种明确的实证主义的研究方法意识，或者使用的只是某种自发的"方法"，关于研究方法论的讨论在广告学领域中更是极少见到。可以说，实证方法在广告学界的引入，相对于此前广告研究的泛文化、泛艺术性倾向来说，极大提高了广告学科的科学性，也丰富了人们的知识和视野。这种变化背后的一个重要客观原因是，有越来越多的其他社会科学领域（主要是心理学、经济学、社会学、管理学等）的研究者取代了人文学科（艺术学、文艺学、美学）的研究者介入广告学研究队伍的主流。他们或在取得其他学科博士学位后来到广告专业院系任教，或在本领域的研究岗位上用较大精力来关注或投入广告学研究。他们的研究成果以及对于研究方法的倡导，在很大程度上影响到了广告学人的教育与培养，使新世纪的广告学人在面对具体的现象时拥有了很多有效的分析工具，这在很大程度上提高了人们的研究效率，促成了广告研究方法（主要是广告实证研究方法）的自觉。[1]

在学术界很多场合的日常使用中，狭义的"研究方法"一词，指的就是定量研究和定性研究这两大部类的"实证研究方法"。近年来，在实证研究方法（尤其是定量研究方法）的运用方面，中国广告学界取得了长足的进展。与实证研究方法引入中国早期的那种简单的、小样本、小规模的统计研究相比，以下几方面的成果是尤其值得我们注意的。

第一，是研究规模的不断增加。以往的广告实证研究，往往停留在小样本、小规模的阶段。有很多研究只是以"随意抽样"含糊其辞地混同为"随机抽样"，不但样本和数据的来源非常可疑，样本的数量也不大。还有一些研究，往往在抽样之前就已经预先经过了对于抽样框的主观的分层，使得数据和结论貌似"科学"，但其实有问题甚至能够误导人。近年来，随着学术环境的改善特别是科研经费的增加，使得研究者以"团队"或者"课题组"的形式介入广告实证研究有了越来越多的可能。尽管上述现象在当今仍然屡见不鲜，但是仍然出现了一些在以往的研究中不太可能出现的大规模、大样本的实证研究，这些研究往往是以课题组的形式进行，而且常常是持续几个月以上甚至更长的时

---

[1] 关于实证研究方法在中国广告与设计学界引入的几个发展阶段，参见祝帅《从研究方法的演变看设计艺术学研究的进展》，载《南京艺术学院学报·美术与设计版》，2010年第2期。

间才发表自己的研究报告。无论如何,这种趋势是值得鼓励的。

第二,是统计应用层次的不断提高。早期的中国广告实证研究,虽然也有"定量"这一特点的应用,但是所采纳的往往是一种初级的统计方法。很多文章停留在频次、百分比、均值、方差等基本数据的"描述性统计"阶段,有很多研究报告甚至没有提供显著性的检验。其中,黄升民的《中国广告活动的实证分析》(1990)一书,所使用到的"相关分析"和"因子分析"两种统计学方法已经是非常前沿的了。但是随着与北美、港台等地学者交往的增加,以及计算机技术的普及和"SPSS"、"SAS"、"R"等软件的广泛应用,越来越多的广告研究文章走出了"描述性统计"的初级阶段,走向了"推断性统计"的高级阶段,"多元回归"、"多元方差分析"、"路径分析"、"结构方程模型"、"时间序列分析"等高级统计方法开始出现在传播学与广告学文章中,一些研究甚至在整个社会科学领域中都居于前沿。

第三,是广告学专业教育中方法论意识的强化。集中介绍这两大部类实证研究方法的"社会研究方法"和"社会统计学"课程(在一些院校为了突出广告学学科的独立性起见,或称之为"广告研究方法"和"广告统计学")逐渐成为广告学专业学生的必修课程的方法论意识,是在这一时期内逐渐建立起来的。其中,黄合水编写的《广告调研方法》(高等教育出版社,2003)及刘德寰主编的《现代市场研究》(高等教育出版社,2005)两部教材,在当前国内广告学高等教育中有着比较广泛的应用。这种课程广泛建立的一个可见的结果,就是广告学专业的博士、硕士以及部分学士学位论文的科学性和规范性不断加强,就连研究生撰写的广告文章的文献综述等场合也越来越多地出现了"内容分析"或者统计图表等其他人文学科中不容易见到的情景。这种情形与上个世纪的自发研究的局面相比已经有了很大的不同。

然而,任何一个事物走向极端的时候都会引起一些具有学术敏感的人们的慎重与反思。当广告学人过分推崇定量研究方法,从而使得广告学文章几乎呈现出千人一面的"八股"的形式而缺乏深入的思想性的时候,广告学界也适时地出现了对于实证研究方法应用范围及其局限性的反思。实证研究在中国广告界引入以来,相关研究成果不断增加,由于实证研究的量化、科学化等特点与一般的描述性文字存在很大的距离,一度使得人们对其表面的形式理性化程度转变为一种对其具体结果的迷信。应该说在这个过程中,一些来自北美的海外学者的片面的介绍,以及国人对国际"SSCI"期刊以实证研究文章作为主要接受的研究范式的迷信心理,对"实证研究报告"的大量涌现有很大的助长作用。然而,当人们对于实证研究的思路、方法、技术、模型等感到"不再陌生",亦即超越了启蒙阶段的简单"迷信"之时,人们开始发现这一时期陆续出现的很多"实证研究报告",其实在形式理性方面显得科学、严谨的同时,往往结论显得比较狭窄和简单,既缺乏真正的原创性,又难以对行业带来实质性的贡献。毫无疑问,形式化理性的程度和数字的应用,如果不能够为更为本质的问题服务,那么也只能是一种流于表面的装饰。

　　出现这种反思的另一个重要背景是,在这一时期,广告学研究方法的建设与广告学学科性质的讨论也是结合在一起的。这一时期中,有越来越多人们突破了"广告是艺术还是科学"这种二元对立的讨论,从而倾向于认定广告学是一门"综合学科"和"交叉学科"。因此在某种意义上,突破上个世纪80年代那种简单地把广告视作一门艺术,把广告学作为艺术学的一个分支的做法显然失之偏颇,因此以上对于实证主义研究方法的介绍之所以能够引起人们的兴趣和接纳,很大程度上是因为它相对于以往的哲学、艺术学式的研究方法起到了很大的反拨作用。但既然它是一门"交叉学科",因此把广告研究方法完全等同于实证主义的定量、定性的研究方法,甚至以此来否定其他研究方法存在的合法性和必要性的话,就难免走向另外一个极端了。

　　"定性"与"定量"的争论至今在广告学界仍然没有止息,仍有相当数量一批广告学人,坚持实证研究是广告研究方法发展的"高级阶段",从而对非实证的研究方法在广告学中的应用流露出某种轻视。新世纪的广告学界,随着人们对于实证研究方法的不再陌生,对于非实证甚至非定量的研究方法的贬抑也已经到了一种无以复加的程度。一些学者经常发表文章宣称广告研究应该重视数字、定量,但其实自己恰恰很少定量研究的成果。对于这一点,政治学者时殷弘曾经这样说:"有两种研究者:一种是不但提倡某类方法,而且自己用这类方法认真去做研究,而且做得比较好,同时他的提倡也是有分寸的;另一种则是无分寸地、排他地、甚至天花乱坠地提倡,同时并未拿出自己的可以真正例解所提倡之物的成果。"[1]这里所说的后一种学者其实在广告学界也大有人在，他们往往以批判美学、艺术学界研究者的思辨方法为能事，但恰恰他们自己不是定量研究的代表人物，充其量也只是意识到定量研究的重要性而已。其实这种对不同学科横向作出高下之分的"排他法"，缺乏一种"理解之同情"。

不妨认为，这种"争论"实际上是一种话语权利的争夺，不同的观点体现出观点持有者背后的学术背景和某种"霸权"意识，为此，在论争中常常显得对于其他学科的缺乏"同情之了解"。例如心理学背景出身的罗子明，在一篇文章中这样分析"广告人轻视数据"的首要原因："一部分广告人没有接受专业化的训练，不明白科学决策过程所需数据的重要性。由于国内中学教育存在的文理分科问题，一部分学习艺术专业的人几乎没有接受最基本的数理知识教育，一看到数据就发怵，更谈不上对数据的运用了，这些人是轻视广告数据的'骨干'。"[2]且不说"艺术专业出身的广告人是轻视广告数据的骨干"这种论证本身是否符合作者自己提出来的"科学"的原则，至少这种论述对于国内艺术教育是缺乏了解的，并且得出了草率的结论。无论如何，推动"定量研究"的本意相对于国内广告学界一度流行的"空疏学风"是好的，但是真正的推动不是靠文章的"呼吁"，而是靠推动者本人拿出有学术史价值和"范式"更新意义的过硬的研究成果。而在现阶段，中国广告学界恰恰充斥着各种各样的"呼吁"，而缺乏真正的研究。究其原因，专业化分工背景下所带来的国内部分学者的"学科霸权"的观念和"唯科学主义"的心态，是造成种种研究范式之间缺乏相互的理解与接纳的重要原因。

我们应该看到，一种计量的广告实证研究方法，很有可能在艺术学、历史学等人文学科背景的学者面前显得"科学"得多，但是在自然学者面前，这种研究很可能并不具备基本的信效度，是对于自然科学的拙劣的模仿，相反一些传统的人文学科的研究方法却会受到尊重。"广告"是一种复杂的社会现象，而广告学更是一门复杂的交叉学科，因此，在80年代那种自发的、简单的、低级阶段的人文学科艺术学式"感想"充斥学界的时刻，我们对于实证研究方法（尤其是定量研究方法）的引入和学习是及时而合理的。但是，我们所

---

[1] 时殷弘：《关于三十年来中国的国际政治研究》，收入苏力、陈春声主编《中国人文社会科学三十年》，北京：生活·读书·新知三联书店，2009年。
[2] 罗子明：《广告人必须重视数据的运用》，载《广告大观·综合版》，2008年第1期。

追求的是一种补充而不是替代。当实证研究方法已然形成一种"话语霸权"的时候,我们还应该积极进行对于实证研究局限性的反思。毕竟,其他学科的研究方法本身对于广告学来说还只是一种借鉴,作为一门独立学科的广告学还需要自身独特的研究方法。此时,不同的学术研究范式,也应该在保持自身独立性的基础上对于其他范式持有基本的包容与接纳。只有这样,广告学才能够真正迎来研究方法层面的多元创新。而这应该是 21 世纪最初十年关于研究方法的自觉与反思这场讨论中留给我们的一个重要启示。

第四节　广告定性研究方法与批判研究的复兴

在实证研究的格局内部,随着定量研究方法也越来越多地暴露出自身的局限性,定性研究方法和其他广义的"非实证"的研究方法,开始越来越多地被尝试应用在国内广告研究的舞台上。在这样的时候,对于定量研究方法的反思,就成了一件绝非可有可无的工作。例如,在 2009 年第 5 期《新闻与传播研究》卷首语中就有如下讨论:

> 在今年 8 月我院 [指该杂志主办单位中国社会科学院——引者注] 北戴河暑期工作会议期间,与会代表也热烈议及学风建设和研究方法的问题。其中,一位金融学家说:"我们所刊物对那些数量模型论文,已很少刊登,因为这类论文好多是既让人看不懂,又解决不了任何实际问题,完全是学术垃圾。"另一位经济学家说得更绝:"有的论文列出一大堆数据,最后得出的结论竟然是连小学三年级学生都知道的常识,对这种所谓的定量分析,我们所已定出规章制度,把它列为不良学风之一"……

对于广告学而言,我们虽然还没有必要像经济学这样"走得这么远",但也应该开始反思:在广告学的研究文章千篇一律地形成"研究假设——研究方法——研究发现——结论与讨论"这样的八股阶段的时候,是不是对于思想的丰富性和原创性已然有所忽视?很多时候的"方法先行",是不是常常干涉我们对于广告本体问题的发现和判断?某些代入不同人口学变量、但研究方法和结论并没有任何创新的"实验"研究,是不是有些退化成一种纯粹的技术?而海内外文学、美学、哲学、艺术等领域的非实证的研究方法及其在最近十年中间的进展,广告学界又了解多少呢?广告是一个开放的领域,并不仅仅是由那些广告科班出身的人才能够从事广告,而广告学研究同样也是开放的,它应该包容学术界一切思考广告问题的研究方法和成果,充分体现它作为交叉学科、综合学科的特点。只有这样,广告学才能摆脱对于心理学、经济学的依赖而形成自己独特的学术品格。

首先关注并探讨这一问题的是陈刚。2006年,陈刚发表《自觉与反思:对中国广告学研究方法的分析与思考》一文,这是这一时期集中出现的一批对于实证研究方法进行反思与思考的文章中有代表性的一篇。该文集中总结了作者多年来对中国广告学研究的观察和经验反思,在这篇文章中陈刚指出:"对学术研究方法的认识有这样一个过程:从没有研究方法到学习尝试使用研究方法,这是自觉阶段;从模仿和借鉴研究方法到对研究方法的反思,这是反思阶段;从对研究方法的反思和批判到对研究方法的调整和创造,这是创新阶段。"

在这篇文章中,陈刚对定量和定性的研究方法以及两者在广告学界应用的未来作出了思考。他首先肯定从改革开放伊始的那种随感性研究到某种简单、自发的对研究方法的摹仿和尝试,再到后来对于复杂的定量研究方法、高级统计和测量技术的应用这条发展过程,彰示了中国广告学研究在科学性方面的长足进步。但当实证研究在学术界形成一种"话语霸权"的时候,并不利于广告学研究的多元化发展。我们当然应该肯定实证研究方法,特别是定量研究方法的引入对于广告学研究的积极意义和方法论的革新。广告学虽然是一门交叉学科,在我国20世纪80年代也曾经一度有"广告究竟是科学还是艺术"的争论,但无疑广告活动中的很多现象,的确是需要通过实证的研究方法才能够获得令人信服的解决方案的。因此,陈刚的这篇文章更大的意义在于在实证研究(特别是定量研究)已然在学界开始排除异己的时候,对于定性研究甚至不属于实证研究范式的批判等其他研究方法的提倡,无疑是及时而中肯的。

理想的定性研究是对于定量研究的必要补充作用,这对在某些场合的"唯定量论"、甚至把定量研究方法八股化、公式化的倾向进行了有意义的反拨。如同陈刚所指出的那样,我们首先必须把很多感想性的文章同严格的社会研究方法意义上的"定性研究"区分开来："真正意义上的定性研究方法，是在马克思等社会学家的研究基础上，经过当代许多学者的改进和完善之后，形成的一种现代的专业化的学术研究技术。"[1]我们应该看到真正意义上的定性研究对中国广告学研究格局的重要意义，特别是意识到对于研究方法中国学者目前的贡献还很不够。作为一种科学的社会研究方法，具有自己的一套独特的操作程序，呼唤着能够驾驭这套程序的成熟的研究者。因此，我们"绝不能轻视定性研究，尤其要推动现代意义上的定性研究方法的普及和不断发展"[2]。

在介绍国外研究方法的同时，有充分的空间重视中国传播环境的复杂性，以中国广告学者的视角丰富和完善现有的研究方法。尤其是在中国消费者研究领域，仅仅通过定量研究的方法不可能洞察消费者的全部心理和文化背景，对于中国消费者研究来说，首先就与中国人的文化心理结构有深层次的关系，定性研究在这些方面就有了得天独厚的优势。然而，在定性研究方面，中国广告学者的整体进展远远落后于定量研究方法。这突出表现在以下几点：

第一，对于"定性研究"本身的理解和经验都还不够，对于实证研究的一些前沿方法的应用基本上空白。在中国许多广告学人的观念中，定性研究相对于定量研究要更简单。其实，"定性研究"并不仅仅指访谈、参与观察等这些相对比较简单的技术，在定性研究中，还包括许多需要学习才可以掌握的研究技术。例如，在市场研究方面，投射法、焦点小组、神秘顾客、陪伴购物等在学界的研究中应用得还不多，而在学术研究方法，严格应用"常人方法"、"扎根理论"或是"德菲法"等定性研究方法的论文本来就不多，更遑论在定性数据的分析和处理阶段，目前中国广告学界基本上还没有见到应用"NUD*IST"等定性分析软件的研究。应该说相对于定量研究的进展，中国广告学人从目前来看对于定性研究是比较轻忽的。

第二，对于广告定性研究方法的方法论，中国学者目前还缺乏原创性的贡献。目前各种适用于广告学的研究方法大多数还是国外学者所开发，国内的学者常常还停留在对于国外心理学家、经济学家根据国外的消费者和市场特点开发的"××量表"在中国受众中的"测量"层面。最近虽然日本、韩国等领

---

[1] 陈刚：《自觉与反思：对中国广告学研究方法的分析与思考》，收入程曼丽主编《北大新闻与传播评论》，第二辑，北京大学出版社，2006年。
[2] 同上。

域的学者对于研究方法的研发多有贡献,但是,这些方法在多大程度上适合于中国的广告市场和广告受众,还是一个有待于实践检验的问题。因此,在注重定量研究和实验研究的同时,我们应该针对中国市场和中国社会(如农村)的特点开发出一些适合中国广告学研究的独特的方法,从而对整个学科方法论的建设做出贡献。例如,在目前新农村建设和家电下乡的背景之下,我们要考察农村消费者的媒介接触习惯和消费心理,可能对于他们的调查仍需要使用传统式的问卷,并且结合受众的特点进行更新。而由于统计学等定量研究的信度一般比较高,所受文化差异的影响也不大,因此我们特别应该深入打磨和修正的是各种适合于中国市场的定性研究方法,使之结合中国用户心理作出必要的调整和更新。

第三,中国广告学者对于作为一个整体的"实证研究"的局限性分析不够。应该看到,实证研究相对于批判研究、思辨研究等非实证的研究方法也不是一味地构成一种否定关系。所谓的"实证研究"并不仅仅是指运用数字的"定量研究",诸如民族志方法、参与观察法、深度访谈法、焦点小组法、德菲法、投射法等在社会学、人类学、心理学研究中大量使用的方法,恰恰不是狭义的"定量研究"。事实上在社会科学研究中,不管是"定性研究"还是"定量研究",都属于"实证研究"的范畴,以此来区别于人文学科的历史的、思辨的"非实证"研究方法。因此,定性与定量之争,说到底还属于社会科学实证研究方法内部的争论。

社会学从哲学中独立出来,乃至整个社会科学研究范式的兴起,则是在现代自然科学确立和发达之后。从实证主义社会学的"鼻祖"孔德开始,社会科学的研究方法论,在很大程度上是受到了自然科学的影响。孔德坚持社会现象可以像自然现象一样,通过计量的、可重复的"科学"的方法加以测量,但直到今天社会科学方法论哲学中没有解决的一个问题就是,一种复杂的社会现象,究竟在多大程度上可以通过简化的方法加以"测量",换句话说,计量的研究方法在社会科学研究中即便具有"合法性",其信度和效度究竟有多大?毫无疑问,复杂的社会现象的测量不可能像实验室中的自然科学一样精确,因此在一些自然科学家看来,至少包括心理学在内的种种模仿自然科学研究方法的社会科学,说到底还只是一种带有贬义的"软科学"。

我们对于广告的研究应该是多元化的,实证方法是行之有效的一种研究方法，但不是唯一的方法，它并不能够解决全部的问题，相反，它与理论研究的关系应该是一种补充而绝不是替代。因此，对于实证研究方法（特别是定量研究方法）的顶礼膜拜并非明智之举。人们还没有看到广告研究的真正发展和创新，还有赖于实证研究方法和其他研究方法的充分合作、多元创新。一些非实证的研究方法，比如批判、思辨的研究方法，在这一阶段往往容易沦为粗疏，未能得到真正的掌握和应用。毕竟，判断一篇文章的学术价值的必要条件，仍然是文章是否提供了原创性的结论及论证，而并不在于作者是通过定性还是定量的研究方法得出的这一结论。换言之，实证研究并非标准而是手段，并不是所有通过实证研究方法得出的结论都是令人信服的。

正因此，在广告研究中，"非实证"的研究方法近年来受到了越来越多的重视和追捧，这与国际学术界反思实证研究方法的局限、非实证研究方法抬头的总体的趋势是吻合的。[1] 与实证研究方法之多借鉴于自然学科不同，非实证的研究方法一般则是来自于人文学科。这里，与一般人们庸俗化地理解的各种根本缺乏研究方法的文章相比，"非实证"的研究方法，仍然是需要专门的学习和综合创新的。在人文学科领域，历史研究法、文本分析法、二重证据法、图像学方法、风格学方法、精神分析方法等"非实证"的研究方法，其实在广告研究中还是大有用武之地的。

现阶段，在中国广告学界明确提出的非实证研究方法，以"思辨"方法最为引人注目。而提出"思辨"作为一种广告研究方法，则与马克思主义的学术渊源密不可分。在西方学术界，研究方法论的转向，与哲学领域中研究主题的变迁有密切的关系。在欧美，以逻辑实证主义为代表的西方现代哲学更是把哲学基本问题还原为语言逻辑的问题，从而越来越远离日常生活的实践。在这样的背景中，批判学派登上了 20 世纪理论的大舞台。批判学派所"批判"的，既包括认识论层面对于日常生活的异化，也包括方法论层面实证研究日益细碎

---

[1] 在中国学术界，已经有很多学者开始意识到"定性研究"与"非实证研究"的区别。并不是所有的"非实证研究"都是"定性研究"，这是因为所谓"定性研究"和"定量研究"在其本质上都属于同一种"实证研究"的范式。如陈向明就把"非实证研究"称作"质的研究"，以区别于"定性研究"，并指出"在本体论和认识论上，'定性研究'像'定量研究'一样也坚守实证主义的立场，都认为存在绝对的真理和客观的现实，不论是通过'定量'的计算还是'定性'的规定，目的都是为了寻找事物中普遍存在的'本质'。而'质的研究'已经超越了自己早期对自然科学的模仿，开始对'真理'的唯一性和客观性进行质疑。"参见陈向明《质的研究方法与社会科学研究》，第 23 页，教育科学出版社，2000 年。

化、失去对于现实生活的解释力和批判力的现象。而哲学领域"后实证主义"思潮的兴起,也促生了人们对于"实证研究"自身的认识论和方法论局限的反思。

一般而言,实证研究在提出假设并找寻因果关系等方面是有效的,但是在宏观理论方面其解释力和思想性远远不如非实证研究。在广告学界,很多实证研究报告在进行了复杂的数据分析之后只得出非常简单的"结论",而这些结论只有通过非实证的研究方法才能更加丰富。正因此,广告学中对思辨的研究方法的明确是及时的,从而保证了广告学者可以用自己的思想活力对于一些传统的实证研究无法把握的宏观理论问题进行批判和思考。而未来的中国广告学应该越来越看清楚这样一个问题,停留在研究方法本身的争论,并不能实质性地推进广告学术,无论是哪种研究方法,只有人们对于它的应用能够解决广告学所面临的问题,才能够真正促进广告学的发展。

小 结

研究方法的自觉与讨论,是一门学科走向成熟的标志。对于广告学来说,笔者坚持认为对于缺乏实证研究训练的学者,一定要及时补上这一课,因为这是一个注定不能跨越的过程或者阶段。但是我们同时也应该看到,广告作为一种复杂的社会经济文化现象,并不完全等同于冷冰冰的客观科学对象,对于实证研究方法的提倡,并不天然地构成对于种种非实证研究方法的排斥或者否证。不管是社会学、经济学式的实证研究也好,还是哲学、艺术学式的非实证研究也好,在广告学这门人文—社会交叉学科中恰好构成某种互补的关系,二者各有所长,都应该对对方保持一种尊重与理解。非实证的研究方法当然思想性强于其科学性,但实证的定量研究方法也并非是解决一切问题的"尚方宝剑"。尤其是在目前很多广告学人的心目中"数据就是一切"的简化思维还很有市场,在报纸杂志充斥着缺乏批判性和思想性的"研究报告"之时,重新重视并研究非实证的研究方法,很有可能在未来几十年的时间里影响到整个广告学术研究的格局。正如陈刚所说:"中国的国情是与任何地方都不同的,中国的广告业是一个复杂的行业,研究中国广告业的问题,只依靠一种方法肯定是行不通的。所以，在研究中，应该鼓励尝试使用多元的方法，百花齐放，各种方法并用，形成学术的积累和对话，为未来学术的突破奠定基础。" [1] 也许，这里正蕴含着中国广告学研究为整个学科未来的方法论作出贡献的重要契机。

---

[1] 陈刚：《自觉与反思：对中国广告学研究方法的分析与思考》，收入程曼丽主编《北大新闻与传播评论》，第二辑，北京大学出版社，2006年。

第七章　实务·理论·历史·批评

——广告学研究框架的建立

根据不同的逻辑划分标准，广告研究可以有多种不同的分类方式。[1] 但如果从研究的内容上来看，广告研究可以分为"广告实务研究"、"广告理论研究"、"广告史研究"和"广告批评"四大板块，这种区分是非常有意义的。长期以来，由于广告学自身贴近实务的"应用学科"之特点，关于广告理论研究与广告实务之间的界限，无论是学界中人还是业界中人都不是很清楚。在一些人的眼中，一切用文字方式表述的广告理念都被称之为"理论"，写文章比较多的人就是"搞理论的"甚至"学者"，因而广告界一度出现了许多"学者型广告人"。可以说很长一段时间以来，广告学界与广告业界之间的界限还很模糊。其实，无论是广告史、广告文化、广告美学、广告社会学等比较远离广告实务方向的外围研究，还是产业、营销、传播、创意、策划等方向的研究，在新中国三十年的广告学术研究中，都经由来自学界和业界的两股研究力量，一直在维系着一种潜在的、必要的张力。

第一节　实务研究主流格局的确立

时至今日，广告理论研究与实务研究的二分，已经成为许多广告学者的共识。[2] 可以说近年来中国广告学所完成的一个重要任务，就是基本上确立（至

---

[1] 美籍学者程红指出，广告研究就研究目的而言，可以分为"广告有效性研究"和"广告批评"；就研究范畴而言，可以分为"宏观研究"和"微观研究"；就研究方法而言，可以分为"实证研究"和"非实证研究"。参见程红《广告学》，收入鲁曙明、洪浚浩主编《西方人文社科前沿书评——传播学》，北京：中国人民大学出版社，2005年。

[2] 例如陈培爱主编的《中国广告理论探索三十年》一书（厦门大学出版社，2009），就区分了"理论篇"与"实务篇"。

少在某种程度上达成共识)了"广告实务研究"、"广告理论研究"并列的现实,并基本上确定了两者各自占据广告学研究格局中的不同比重,当然也向今天的我们留下了诸如如何协调两种研究范式之间的关系以及如何在一个更高的视角上完成整合等问题。广告实务研究是最重要的,因为没有对于实务的研究,广告学自身的核心范畴就将得到消解。但广告理论研究则是广告学科体系得以确立和扩大发展的保障,也是广告学与其他学科的交叉和学术研究多元化的重要体现,同样是不应该被忽视的广告学术体系中的必要组成部分。当然,无论是从事广告实务研究还是广告理论研究,其前提都应该是对作为广告学自身研究对象的广告本体及其独特的研究方法具备一种基本的"同情之了解"。

1. 广告实务研究的界定与分类

在改革开放初期,中国广告的实务研究总的说来还并没有得到经济学界、管理学界、社会学界等其他社会科学领域的关注,因此这些成果主要还是以论文的形式集中体现于广告界内部的几种主流学术期刊和中国广告协会组织的全国广告理论学术研讨会。这一格局也形成了此后中国广告学研究中长期沿用的一个基本格局,即基础性的广告学学科理论体系研究、广告史研究以及广告学教材等一般以专著的形式独立出版,而广告学应用研究,特别是贴近产业前沿的实务研究则通常以散篇论文的形式出现在各种期刊和论文集中。中国广告实务研究的大范围兴起和取得长足进展,是上个世纪90年代后的事情。在这个时间段中,由于高等广告教育的大规模发展和经营环境的变化开放,来自业界的力量已经不再像20世纪80年代那样发挥主导的作用,而是主要转战一些贴近实务的领域中。这一时期,大规模的体现为理论成果形态的学术研究,已经更多地由高等院校或研究机构中的专业的学者来进行了。

从研究主题来看,广告实务研究还可以细分为学术研究和商业研究两大类。学术研究的理论成果,一般通过论文或专著的形式发表在学术性的期刊或者学术性的会议等场合。以学术期刊为例,创刊于1981年的上海《中国广告》杂志由于创刊时间较早,并且在稿件方面比较注重研究性(该杂志长期设有"广告研究"专栏,每期集中刊发一批较高质量的稿件),因此所刊登的一些广告研究文章具有较高的学术水准,基本反映出学界的关注热点及其所折射出的广告业界前沿,而中国广告协会主编的《现代广告》杂志在1994年创刊后一度比较侧重于信息资讯而不是研究,但到 90 年代后半期也逐渐出现了注重研究的倾向,大有后来居上的趋势。与此同时,中国广告协会主办的全国广告理论学术讨论会及其每年出版一册的论文集,也是一些主题相对集中的广告实务文章刊登的主要阵地。但总的说来,广告学界目前比较规范的学术期刊,主要有《广告研究(广告大观·理论版)》和《现代广告(学刊)》两部,其余的一些主要广告刊物中间,一般只有个别栏目才属于规范的广告学的范畴。以上期刊已经成为中国广告学人发表学术性研究成果的重要阵地。再以出版界为例,学术著作和普及著作(含教材)之间有重要的区别。相对而言,中国广告界的学术会议的学术规范化建设比较滞后,很多会议的"论文集"实际上只是"文章集锦",并不符合学术的规范和要求,因此对于这些成果要进行筛选,并不是一切随笔和感想文字都应该纳入学术史的视野。

而商业研究则一般是研究者与企业合作的产物。从作者来分析,商业研究类的文章或研究报告的作者主要有三类:来自业界的广告主或者广告媒体自发组织的研究;来自市场研究公司等研究机构的研究,以及来自于学界的"横向课题"。其中,前两类成果的读者主要都是业界的经营者,而不是学界的专家。例如对于品牌的研究,毫无疑问是广告实务研究中的显学。但大量讨论"品牌"的文章,都集中于探讨广告主和广告媒体的品牌,而极少探讨广告公司自身的品牌。作为一种服务业,广告业要解决的一个核心的问题,就是广告主品牌的传播,即"为营销而传播"。这种现象是广告学界与业界对话,以此来争取课题和研究经费的结果,本身并不足为奇。而其中真正来自于学界的商业研究数量并不多,而且一些研究报告在方法论的层面上并没有体现出学界作者之于业界和第三方研究机构的优势和特点。这就至少造成了两方面的后果:一方面,由于这种课题的成果一般是通过研究报告的形式直接提交给企业的而没有经过公开发表,因而只有其中那些公开发表的研究报告或是对于某个课题的方法论进行反思类的文章才有可能成为学术史的研究对象;另一方面,大量商业研究报告只是某种操作技术的单一重复,在研究方法上并不具备进入到学术史的"范式"的意义。因而,只有具备方法上的难度,思辨的深度,具有前瞻性而不是对于业界的简单追随的商业研究才有可能进入到学术史。但这类的研究目前在广告研究领域中还极为罕见。

当然,能够保证广告理论研究的发展,并且在物质上保证"广告学"这门学科的扩展和建设的根本原因，还是在于广告实务研究的发展。无论在什么时候，广告实务研究都是广告学研究中最重要的部分。这么说并不是轻视或者否认广告理论研究，而是因为看到如果没有广告实务，广告理论研究也就无从谈起，那些广告外围研究也就缺乏了自身的研究对象和存在的必要性。营销、劝服、传播、媒介等"实务研究"或"内部研究"占据广告研究的主流，这是广告学这一应用学科自身的特点所决定的。由于教学和研究的需求不同，决定了以"外部研究"为主的广告理论研究，从数量上来说不太可能取代广告实务研究的主流地位。[1] 这种格局的形成是很自然和正常的现象，在我们的表述中不应该也没有必要隐含着对于"营销"等所谓"功利"性研究的人文学科式的"傲慢与偏见"。

换句话说，广告理论研究（包括外围研究）是很重要的，它们是学科格局中不可缺少的一环，也是广告学界与其他学科相对话时的重要的力量；但是，广告理论研究不应该在广告研究格局中占据主流——它们是必需的，但这个研究队伍不必过于壮大，其所占的比重也不必超过广告实务研究。否则，只能造成广告理论离广告实践越来越远的局面，那样的话，广告理论将如同艺术史那样发展为一门独立的人文学科，从目前的现状来看似乎并无这种必要。

而广告实务研究也有其内在的评价标准，并不是所有的关于广告的文字都是好的"理论"或者"研究"。从形式化逻辑等外在的角度去衡量一篇文字或者一本书是否属于"学术"的范畴，只是一个起码的底线和标准。好的广告实务研究，是广告学界与广告业界积极对话，回应业界前沿问题，进而对业界发展趋势进行引领的积极成果。此外，广告实务研究还要求使用科学的学术研究方法（比如实证研究的方法或者批判研究的方法）符合逻辑地提出并解决问题，从而体现出与一般随笔、感想不同的科学品质。在研究方法方面，广告实务研究中的品牌研究、消费者研究、广告效果研究、媒介与市场研究等对于实

---

[1] "内部研究"和"外部研究"，是美国文学理论家韦勒克和沃伦，在论述文学研究的时候所区分的一组概念，他们把文学作品的艺术形式和语言风格等方面的研究称作"内部研究"，而把文学与社会等方面的研究称作"外部研究"。这一组概念在文学和艺术学研究领域中有很大的适用性，但是严格地说，我们在论述广告学的时候只是对这组概念的字面意义进行借鉴，其内涵是有所区分的。这是因为如果我们仅仅把广告作品的艺术形式和语言风格界定为"内部研究"的话就太狭窄了，例如我们所说的作为一种内部研究的广告产业研究，显然并不符合韦勒克和沃伦的界定。参见 [美] 韦勒克、沃伦：《文学理论》，刘象愚等译，北京：生活·读书·新知三联书店，1984年。

证研究方法在中国广告学界的引入功不可没。这些都是广告实务研究对于广告学学科理论体系的贡献，也正是这种"实务研究"，为中国广告业界提供了大量的智力支持。

2. 中国研究"业界话语"的上升及其反思

近年来，中国广告研究中业界的"话语"不断取得新的成果，并深度介入与业界主流的对话之中。可以说，广告实务研究领域中的几位重要的广告学人以及他们一系列的研究成果，在某种意义上代表了此时期中国广告学研究所达到的最新水准，对于业界的发展起到了重要的指导作用。那种 20 世纪 80、90 年代出现的由广告人（而不是在高校或研究机构供职的广告学人）主导广告研究的局面已经一去不复返。与中国广告蓬勃发展的情形相类似，近年来广告实务研究也呈现出几个鲜明的特色。

第一，研究技术的不断深化。在已有的广告业的传统主题方面，在这一时期的研究中不断有所深化和发展。例如对于广告创意的研究，如果说此前的研究还停留在感想的层面的话，那么，近期的研究就有了新的深化和推进，尤其体现为新的研究技术和仪器的大规模应用。在这个过程中，广告学者密切关注其他学科的发展动态，心理学、神经科学、脑成像技术等学科的进展都为广告学的发展提供了前所未有的便利。以往不为我们所熟悉的种种高级统计的定量研究方法和眼动仪等实验仪器也开始进入到广告研究者的视野，更进一步推动了广告研究朝着科学化的方向纵深发展。以往，广告学的研究中即便强调"实证研究"，其数据采集的方式也多是通过自填式问卷调查的形式采集而来。不仅学术研究如此，在收视率调查等媒介商业研究的领域也是这样。这种数据采集的方式一则缺乏精确性，二则在录入、统计等方面为研究者带来了很多的困难。此外，虽然眼动仪等仪器在此前已经应用在一些跨国广告公司的市场部门中，但是在学术研究中采用眼动仪进行的实证研究还基本上是空白。但是在现阶段，除了"机顶盒"和"眼动仪"，越来越多的自然科学（尤其是医学）领域中所采用的研究仪器进入了中国广告学者的视野。其中，喻国明等利用脑电仪的"事件相关电位"技术（ERP）进行的阈下广告相关研究尤其令人瞩目。[1]虽然这种研究很可能在自然科学学者或者若干年之后看来是初级的甚至是粗糙的，但是至少体现出广告研究科学化进程中的某种值得关注的趋势。

第二，研究范围的空前扩展。这主要体现在两个方面：一方面，是从广告自身的研究拓展到传统广告产业结构中互相博弈的几个主体（广告主，广告公司，广告媒体）。其中，黄升民及其所带领的中国传媒大学广告学院研究团队，继续利用其"IMI年鉴"的学术平台对媒介进行深入的研究，所提出的"碎片化"等理论也几乎进入了大众的日常语言系统。此外，张金海及武汉大学广告学研究群体也以关注媒介形态层面的变化而为人称道。但比较而言，前者更加侧重于实证研究与消费者分析，后者更加侧重于产业层面上的变化。另一方面，种种新出现的营销传播现象和新媒体纷纷成为广告研究的对象，极大地扩展了传统广告研究的外延。用陈刚的话概括说，就是"后广告时代"的种种整合营销传播现象成为此时期中国广告业界和广告学界的共同主题。在传统广告之外的公关、事件营销、口碑营销、植入式营销及其与传统广告的关系等纷纷进入广告研究者的视野。随着一个海量信息的时代企业需求的变化，传统的广告虽然还维持着其必要的市场份额，但对于企业来说，仅仅靠传统的广告这种单一的营销传播手段已经是远远不够用的了，企业需求的变化，也不可避免地反映在了广告研究的层面。与此同时，广告法律法规研究、广告与知识产权研究这些都待开辟的前沿交叉研究领域，也都开始呈现出起步建设的学术景象。

第三，宏观问题的讨论取代了细碎的技术性操作，在广告实务研究中扮演了重要的角色。尤其值得关注的是中国广告产业定位问题的讨论。广告产业的定位不同于我们在前文中讨论过的广告学学科定位，后者是有关广告学学理基础问题的反思，而前者则是对于广告产业发展和升级问题的一种现实的回应。这一讨论的兴起，与"创意产业"话语的提出密不可分。起初，广告业作为服务业的定位是清晰的，但是随着2003、2004年前后"创意产业"进入到中

---

[1] 参见喻国明、李彪等：《读者阅读中文报纸版面的视觉轨迹及其规律——一项基于眼动仪的实验研究》，载《国际新闻界》，2007年第8期；《意识阈限下信息刺激的传播效果研究——基于ERP的实验研究》，载《国际新闻界》，2009年第1期；《恐怖诉求：传播效果的实验研究——一种基于神经科学的传播学研究》，载《国际新闻界》，2009年第1期等。

国广告学人的视野后,中国广告业的重新定位问题得到进一步的讨论。一些学者主张把广告业从"服务业"升级为"创意产业",从而突出"创意"的价值。[1] 如同我们在此前的分析中曾经提到的,尽管今天看来"创意产业"不可能取代广告业作为服务业的基本属性,但是引入"创意"的维度有利于人们思考创意在广告业中的价值,以及新媒体环境中营销传播的时代主题。在这个过程中,丁俊杰、陈培爱等人从"创意"过渡到"创意产业"阶段的主题性思考,无疑让人们对于"创意"这个词的内涵和外延有了更加深刻的认识。

第四,研究的时效性空前加强。在媒体层面,传统的四大媒体的研究虽然还继续存在,但已经不能占据学科的前沿。互联网、楼宇广告、移动电视、手机、微博等新媒体的形态与特点都一再成为讨论的焦点。而广告学者也纷纷开始关注"媒介融合"等传播学界讨论的前沿议题,从而反思其反映在广告营销层面的变化趋势。陈刚先后通过《后广告时代》等一系列文章,经过对新媒体特点和营销传播形态的一系列思考,最终完成建立了"创意传播管理(CCM)"的研究框架。[2] 从此,北京大学的广告学研究群体在这段时间内异军突起,后来居上,很快占据了新媒体营销传播研究的前沿领域。除此之外,这种时效性还具有一种鲜明的本土意识,"中国模式"的研究越来越多,源自西方的种种新的营销理念已经不再受到人们的顶礼膜拜,人们意识到中国市场所具有的独特性是西方理论所不能够全部解决的,这对于中国广告学者既是一种挑战,也未尝不是一种机遇。[3]

总的说来,改革开放以来的广告实务研究,展现了一个业界广告人和学界研究者的通力合作,不断直面行业前沿问题,为广告业的发展提供智力支持的过程。这一过程充分展现了广告作为应用学科的特点,相比较之前的十几年停留在感想、经验层面的文字来说,在理论色彩方面也已经有了长足的进步。但是,广告实务研究要进一步朝着科学化的方向发展,还必须找到一套应用于这一学科的科学研究方法,越来越多参与广告实务研究的人们倾向于承认,作为

---

[1] 参见陈培爱主编:《创意产业与中国广告业》,厦门大学出版社,2009年。
[2] 参见祝帅:《理论与现实的对话创新——陈刚广告学术研究述评》,载《广告研究》(即《广告大观·理论版》),2008年第6期。
[3] 对于广告学人研究成果的具体解析,还可参见祝帅《2006年度中国广告学人与广告学研究》(载《广告研究》[即《广告大观·理论版》],2007年第1期)等文章。

一门社会科学的广告学在进入到高等教育与研究的格局之时，有必要通过社会科学的研究方法加以严格的实证研究，与此同时，对于研究方法的自觉与反思，才是广告学学科成熟的一个重要标志。

然而，在中国广告实务研究中，多年来还有一个关键的问题从来没有得到真正的触及，那就是：广告文章究竟是写给谁看的？广告文章究竟是写给业界的启蒙读物或者操作指南，还是写给学界专家并且与学界内部其他学科相对话的"学术话语"？我们必须看到这两重人物常常是互相抵牾的。不能够否认，这两种文章都各自具有其合法性，但是对于广告学学科的格局来说，后一类的文章还是太少了一些。与此同时，在广告学学术梯队建设不断完善的情况下，广告学专业的硕士论文和博士论文，从实务研究主题方面来看也应该有所区别。无论什么时候，对于身在高校和研究机构之中的学术研究者来说，在介入市场的同时，保持一种"独立之精神，自由之思想"的独立立场并不过时。这样看来，目前的广告实务研究虽然已经确立了广告学研究中主流的位置并有所深化，但它仍然处在不断的变化之中，还有许多向纵深化开展的可能性和空间。

第二节　理论体系的构建与交叉学科研究的兴起

广告学高等教育的井喷式发展和广告学硕、博士研究生及高校教师队伍的飞速扩大，客观上为广告研究的自觉提供了契机和条件。人们倾向于把广告圈的写作区分为"业界"和"学界"，并在不同的意义上加以理论观照。随着交流的增加和彼此认识的加深，"学界"的话语在这十年内不断上升，"学界"与"业界"二者之间渐渐开始有了平等的地位，而不再是从属或者附庸的关系。换句话说，至少第一个层面的"对话"，在广告学界一批优秀的领军人物身上那里已经得到了阶段性的完成。当然，如果说以上这第一方面的对话目前解决得比较好的话，那么第二方面的对话目前开展得还十分不理想。换言之，虽然我们已经开始有意识地区分"学术"与"实务"，然而，"广告学"在整个学术界还属于一门非常不受重视、缺乏学术积淀的"边缘学科"。

1. 广告学学科理论体系的建立与研究

无论如何，作为一门应用学科，广告学如果仅仅凭借基础性的理论研究是远远不能满足于教学与实务界对于这门学科的希望和需求的。这就是广告学研究的难度所在：一方面，作为一门高等教育的学科，它必须时刻进行着与整个人文社会科学学术领域、学者之间的理论对话；而与此同时，作为一门与生产实践结合紧密的应用性的学科，广告学必须在这种对话的同时不断保持着自身与业界前沿问题的互动。这两重任务似乎是一对矛盾，但其实是相互促进的。只有深度介入业界的广告研究，才能够以广告学学科自身的特点，去获得其他学科的尊重，而不仅仅是传播学等其他学科的附庸。与此同时，广告学基础理论体系建设、广告研究方法的自觉掌握与深入探讨，都会反过来促进广告实务研究的兴盛与深化。

广告学理论体系的建设，是中国广告学术史百年历程中在理论研究方面所取得的核心成果之一。其中，张金海的《20世纪广告传播理论研究》(武汉大学出版社，2002)是一值得注意的部非教材性质的理论研究著作。该研究是站在新世纪的视角上对于刚刚过去的一个世纪中出现的种种广告营销传播理论的"元"研究。这是一个独特而重要的广告史的视角，在某种程度上也带有广告学术史的意味（因为毕竟作者从事的是"广告理论"而不是"广告学理论"研究，但方法上二者有相通之处）。这本专著的特点在于从学术的高度对20世纪广告传播理论（主要是西方）的分类、分期、体系建构等问题提出了独特的思考，这种思考并不一定与当下中国广告产业实践紧密相连，但是却是广告学科与其他学科得以在学术平台上对话的一个重要途径。在本书中，作者在反思广告传播理论发展历史的基础上，提出了广告学研究"广告自系统理论——广告与营销传播整合系统理论——广告社会化系统理论"的从内而外的理论体系。当然这一类的研究目前学术界的积累还不够，特别是这本西学研究专著全书没有一个外文注释，不由得让人担心一手文献来源是否充足等问题，但作者具有长期的人文学科（中国古代文学史）学术训练和理论眼光，使得本书应该在新世纪的中国广告学术史上留下一席之地。这种基础性理论研究著作在广告学界的出现，本身就是广告学科向着学术规范化方向发展的一个重要路标。

体系是专题研究深化的一个基础，体系的建设体现出广告学理论的自觉。但是在中国，由于与"教材"的密切关系，真正有价值的、原创性的"广告学"体系并不多见，广告理论体系的建设在很多时候是通过教材的结构不自觉地表现出来的，由于缺乏严肃的理论思考，久而久之，反而形成了一种"低水平重复建设"的局面。事实上，任何一门学科，都是先始于一个个具体的"问题"，尔后才有可能在这些具体的问题之上形成一个框架性的"理论体系"。当经过了一定时间的学术积累，一个关于本学科的"理论体系"形成和建立起来的时候，并且该体系符合学科发展的客观要求，具有较为宽广的包容性的话，就有可能产生这样的后果：学术共同体会在这同一个框架的指导与分工之下，分门别类地对该体系所涉及的不同问题进行专门的研究，共同完善此一学科体系的建设，随着时间的发展和学术范式的演进，将不断地有新的体系来推翻或者"证伪"旧有的体系。但是，如果某一"体系"系在该学科学术准备不足，对于具体问题的研究尚没有进展或者根本不完备的时候建立起来的话，那么无论这种"体系"本身多么辉煌，多么巨大，那么它也只能是没有根基的空中楼阁。

在整个人文学科的发展历程中，最热衷于理论体系建立的学术传统，莫过于以黑格尔为代表的德国古典哲学传统。在黑格尔那里，古典哲学几乎建立起一个几乎无所不包的理论体系大厦。一方面，这要归功于西方古典哲学从古希腊的发轫开始，经过中世纪经院哲学的高度形而上化的思辨历程，到黑格尔这里已经积累了丰富的学术传统和积淀，但另一方面，这也要归功于德意志民族对于抽象思维的高度热情和对于"体系"的追求与热衷。对于黑格尔本人而言，他在理论上的严密的逻辑思维的能力，就是这一"体系"得以建立起来的根本保障。黑格尔建构的这样一个哲学理论体系的大厦，涵盖了逻辑学、宗教学、美学、伦理学等各个被认为是哲学的分支学科，是西方古典哲学的集大成，如同恩格斯所说："近代德国哲学在黑格尔的体系中达到了顶峰"。[1]

在"教科书"心态的推动下，很多广告学者也希望建立起这样一个无所不包的广告学理论体系的大厦，让后来的学者都在自己建立起的这一"大厦"的各个不同房间之中进行研究。因此，大量体系性的《广告学》著作（其中相当

---

[1]　中共中央编译局编：《马克思恩格斯选集》(第3卷)，第63页，北京：人民出版社，1972年。

一部分是教材）应运而生。从 1928 年蒋裕泉的《实用广告学》以来，几乎每一本题为"广告学"的著作，都在有意无意地建构着一个个大同小异的"体系"或者"研究框架"。这种框架的建立是有意义的。它们可以作为教科书，保证广告引入中国初期用最简单、最直接的方式让人们了解，让业界的人士所掌握。因此，尽管那个时期广告学著作的篇幅、章节各不相同，但总的说来，无外乎"广告的本质和作用"、"广告的种类和要素"、"广告的文字与图画"、"广告的制作与印刷"这几块，有一些较完善的著作，还加入了"广告心理"、"广告代理"、"市场调查"等，虽然根据立场的不同，对于媒体、广告公司或广告主的论述或有不同的偏重，但这些基本上可以涵盖"现代广告"的主要内容。

但是黑格尔所忽视的问题首先就在于，对于"哲学"这样一个本身如此复杂的研究对象，想要建立一个"无所不包"的理论体系几乎是不可能的事情，如果硬要建立起这样一个体系，那么它也只是具有"理论上的可能"，为了这种理论上的可能，体系的建构者常常需要以放弃很多既定的事实为代价，单纯地以理论上的"自圆其说"为目的。对于黑格尔来说，这个需要自己"自圆其说"的"脚手架"就是根据理论虚构出来的"绝对精神"，为了让历史、宗教、道德、艺术的发展都能够为这个"绝对精神"之"三段论"式的运动所解释，常常对于宗教史、艺术史等具体的事实做出自己有目的的选择（尽管黑格尔并没有虚构）。例如，他在其美学史演讲录中关于艺术发展的"三段论"，就受到了贡布里希等很多艺术史界内部的学者的抨击（尽管贡布里希也不免受到另外一位热衷于体系的哲学家卡尔·波普尔的影响，从而也未必真的像其本人所希望的那样符合艺术自身发展的线索和规律）。但贡布里希没有看到的是，对于黑格尔而言，其兴趣根本不在于对于艺术史的解释，而只是为了自家观念的"自圆其说"。

对于黑格尔自身而言，这一哲学理论体系大厦的建设是成功的，他没有必要为这座大厦建立起来之后哲学是否会按照他的设想继续发展而负责，他也并没有要求后来的哲学家必须按照这一理论体系进行所谓"科学"的哲学研究（如同波普尔所作的）。在某种意义上，与其说黑格尔是一位哲学家，不如说他是一位哲学史家。但这种哲学史家的任务并不是对哲学史上的事件作一一的考证——那样的话不需要体现出任何的"学识"，但黑格尔的哲学史却包含了自己对于哲学发展历程的思想和解释。因此，黑格尔哲学大厦问题也就由此而生发出来了：这种关于哲学发展历程的"思想"和"解释"，只是黑格尔个人的洞察和发现，它同样不以绝对的客观和历史真实为诉求，而是诉求于个人思路的融会贯通。后来的很多哲学家和哲学史家没有意识到这一点，因此，黑格尔的哲学大厦常常被批评为"霸道"，而他所建立期的这座近代哲学体系的大厦，也很快地随着西方现代哲学的兴起而解体了。现代西方哲学家中，除了波普尔等不多几位之外，对于"体系"的兴趣，早已不像黑格尔和其他古典哲学家们那样热衷了。人们大多认为，一个个具体的问题，要远比一个宏大的"体系"更有研究价值和兴味。于是我们看到，维特根斯坦的"图像论"、海德格尔的"此在"、萨特的"存在主义"、福柯的"谱系学"、德里达的"延异"等开前人所未见的研究纷纷登场，他们早已经不能在黑格尔的大厦中找到自己的位置，甚至已经无法受到传统的逻辑学、伦理学、宗教学、美学这样受到黑格尔思想惯性影响所形成的学科分工所局限。

同样，由于时代的局限，广告学界大举进行的这种广告理论体系的建设，也没有充分考虑到学术自身的发展规律和线索，很多教材的写作，其实只是低水平的重复。如郭瑾所看到的：

> （二十世纪上半期中国各种广告学专著）对于西方广告理论的兴趣点集中在概述性著作中。每本书都涉及到多个学科领域的知识，如美术、印刷术、经济学、心理学等。但由于篇幅所限，每一点都只是皮毛性地介绍……[1]

可以说，无论是黑格尔建立哲学体系的前提和必要准备，还是黑格尔理论体系中所存在的问题，却都被广告学者们所忽视了。今天阅读这些著作，一方面，我们肯定那个时候所建立起来的广告学体系并不像我们所想象的那样落后，甚至在今天的广告专业基础教学中还是基本沿用了这样的体系，另一方面，这些大同小异的体系之不断重复，很难令人发现学术上的闪光点。抛开蒋裕泉的《实用广告学》等早期、体系较为简单和粗糙的作品不论，自从苏世勋之后的大量广告学著作的区别，大多只是"量"的方面资料收集和完善程度的不同。尽管可以看出不同学术背景的作者对不同的学术源头有所倚重，但在理

---

[1] 郭瑾：《民国时期的广告研究及其当代意义》，载《广告研究》（即《广告大观·理论版》），2006年第6期。

论框架上,一直没有出现库恩所说的"范式"的更新。以这一时期最完善、最全面的一本"部定大学用书"——吴铁声、朱胜愉编译的《广告学》为例,[1]虽然篇幅和论述的深入程度已经大大增加,但基本体系并未有太大的变化。无论如何,从中很难看出早期作者对于"广告学"而不是"广告术"的学术兴趣。

所以在今天看来,这样一种陈旧的广告学术体系,虽然在广告的启蒙时代发挥了积极的意义,但是客观上也制约了广告学术自身的发展。作为一种"教科书"的体例,满足了实用、普及广告术的需要,并不等于发展出了有"问题意识"的学术研究,换言之,早期著作始终停留在知识"普及"而不是专业"提高"的层面。20世纪下半叶以来,同样是源自西方的整合营销传播研究、广告文化研究、符号学研究、创意产业研究以及本土学者提出的创意管理研究等领域,让我们看到人类知识的不同方面介入"广告"这一研究对象的种种可能性及其深度,这是符合整个人文社会科学学术自身在20世纪中的发展趋势的,这些领域也都是中国广告学者们在20世纪上半叶所建立起来的这个貌似"无所不包"的广告学体系所没有涵盖也无法容纳的。因此,我们今天重新审视20世纪上半叶中国广告学研究的这个体系,应该在学术史上充分肯定这种"体系诉求"的积极的历史意义的同时,看到这一体系与今天的学术主潮是不相容的。

广告学要发展,已经不能够局限于那个时期所开创的这种体系,这就势必要求我们考虑这样的两种可能性:或者突破那种陈旧的广告学研究体系,建立一种新的、现代的广告学术体系;或者彻底改变过分倚重于"体系"的思维和研究方式,从教材写作的热情转向对于问题的研究。在现有的学术范式中,前一种可能性更容易得到学术界的认同,但其实后一种可能性的价值和意义或许更加紧迫。因为对于以智识自身的发展和演进,而不是以大众普及和知识启蒙为诉求的学术研究,建立框架和体系并不是唯一的目的,甚至这只是当代学术中的一个极小的组成部分。这并不是说体系建设在学术研究中是没有意义的,而是强调在今天,任何一种体系(哪怕是最新最全的体系)都没有可能充当广告学术研究中垄断性的框架,人们对于"广告"的学术兴趣,永远是多元的、开放的,可以从不同的角度、不同的立场和不同的方法,共同来丰富和完善广告学自身的学术历史。在眼下的广告学界仍然有很多学者对于那种唯一的、无

---

[1] 吴铁声、朱胜愉编译:《广告学》,上海:国立编译馆、中华书局,1946年。

所不包的理论体系存在着幻想和热衷,冀望"以体系代替研究"、"以教材代替专著"的现实中,我们必须认识到对于广告学学术研究而言,是否建立起一个理论体系,并不是判断一位学者或者一部学术著作成就高下的充分条件。

2. 广告交叉学科研究的兴起

尽管从源头上看,在中国广告学这门学科建构的伊始,就有意识地从其他学科那里借鉴研究方法和研究资源来为自身服务,但是,此时的"借鉴",尚不能称其为一种自觉、独立的"交叉学科研究"。这是因为在20世纪上半叶的中国学术界,虽然已经出版了名为"广告学"的著作,但广告学此时还没有形成一门高等教育中的专业,因此,广告学对于其他学科的成果和方法,还只能停留在一种"借鉴"的层面,真正的交叉学科研究,应该是对于所交叉的两个学科都有贡献,并且,"其他学科往往要求与自己相结合的学科至少是一门成熟的学科,这是一种互补关系存在的前提。"[1] 应该说,广告学学科在"传播学"的高等教育格局中的渐趋确立与自身研究的进展,却至少为这种交叉学科的研究提供了契机和可能。

但是在今天,广告学的交叉学科研究,仍然不能说形成了这样的一种互动的局面。近年来,尽管"广告社会学"、"广告学分支学科研究"、"广告学理论体系建设"等纯理论问题的学术积累已经开始并取得了阶段性的成果,但从整体而言,与广告实务研究发展的蓬勃场面相对比,这个圈子的学术积累还显得有些不足,例如,广告法学和广告伦理学的研究,多是由广告学界的人士来完成,而作为非专业人士,广告学人对于法学、伦理学理论的了解就非常有限,广告学者对于学术界(特别是国外社会学理论界)的前沿探索的关注和译介也还很不够。由此,这一现象也引起了很多广告学人的关切和讨论。可以说,广告学与其他人文社会学科的平等对话,还有待包括"学科升级"、"学术规范化建设"等努力方向在内的多方面的进展。与此同时,我们也不应该忽视在广告学界之外的学术界其他领域的研究者对于广告的外部研究的进展。

例如广告的文化学与符号学研究。这并不是早期中国广告学关心的议题,相反,它们是当代学术前沿的某种表征,并且在一登场就成为整个学术界(而

---

[1] 朱孝远:《史学的意蕴》,第201页,北京:中国人民大学出版社,2002年。

不仅仅是广告学界)关注的热点之一。这种现象的出现,是因为在大众文化、消费文化兴起以来,传统的人文学者(主要是文学、文艺学等领域)对于自己长期以来所恪守的经典的研究对象产生了越来越多的不满,如陶东风就把这种"日常生活的审美化"视作是"文艺学学科转型"的一个必然的原因:"在今天,占据大众文化生活中心的已经不是小说、诗歌、散文、戏剧、绘画、雕塑等经典的艺术门类,而是一些新兴的泛审美/艺术门类或审美、艺术活动,如广告、流行歌曲、时装、电视连续剧乃至环境设计、城市规划、居室装修等。"[1] 与此同时,在批评理论的范式上,集中于纯文本自身的"新批评"也已经很难有所理论创新,因而传统文艺学领域的学者们把自己的研究对象从经典的文学、艺术现象,陆续调整到以广告为代表的大众文化现象。

对应地,广告文化学与符号学研究者所关注的,不是广告产业、广告投放或者策略等动态的层面,而是相对集中于广告作品的艺术语言、政治属性等"文本"内容的分析。这种研究虽然严格地说不属于"广告本体"的研究,但是这些学者对于广告文本的分析与思考,也的确给广告研究带来一路新鲜的思想传统与视觉经验。但与其说广告文化研究是中国人文学界的知识分子结合自身心路历程和社会发展状况的现实考量,不如说,这是一次新的对于西方学术体制的移植和模仿。这是因为在这些方面,其实国外学者已经有很多极端落熟的研究成果,[2] 这使得中国文化研究领域研究者的"问题意识"并不具有太多的原创色彩。

中国广告文化研究领域中值得关注的一个阶段性著作,来自于一位在北美任教的华人学者王瑾。2008 年,时任美国麻省理工学院文化研究教授的王瑾撰写了《品牌新中国》这部中国广告研究著作。王瑾常年在海外从事文化研究,但专注于中国当代广告和品牌营销作为自己的研究对象。尤其难能可贵的是,为了撰写《品牌新中国》这部试图对当代中国广告进行系统的理论阐释的学术著作,王瑾利用 2002 年和 2004 年的两个暑期在北京奥美广告公司工作,学习品牌传播的实际操作经验。因此总的说来,尽管《品牌新中国》这部著作在理论上并没有对"广告文化研究"这个广告学分支学科从理论建构上提出系

---

[1] 陶东风:《日常生活的审美化与文艺学学科反思》,收入《现代与后现代之间》,济南:山东友谊出版社,2002 年。
[2] 可参见吴琼、杜予编:《形象的修辞——广告与当代社会理论》,北京:中国人民大学出版社,2005 年。

统的方法和模式，但这种高度介入行业实践的写作姿态却在文化研究领域中独树一帜。

按照作者的说法，她在做的是一种"试图开拓学术界与广告业界之间的交流"[1]的努力，这种努力旨在把以往局限于静态的文本分析的广告文化研究，拉向更符合广告行业和广告营销活动的"以生产过程为中心"。在我看来，这种广告研究的学术旨趣还不能算是一种研究方法，因为广告学（而不是文化研究）领域内部的学者，其实一直都是这样做的。但难能可贵的是，王瑾有意识地在这两者之间建立起了某种链接。因此，尽管由于并非生活在中国本土以及并非从事广告学研究，使得王瑾难免在对一些具体事实的掌握和判断方面并不全面，但她高度介入广告业本身，跳出"符号解读"的广告作品研究的尝试，以及以广告业的变化作为诠释当代中国社会的视角等努力，对于广告文化研究有着重要的示范意义。但总的说来，广告文化研究是一种移植自西方、而被中国学者大量模仿的研究内容，在很大程度上吸引了中国广告学界内外的很多学者的研究精力。[2]

除了广告文化研究，"符号学"也是一种在 20 世纪 80 年代才正式传入中国的现代西方理论，经由符号学的先驱、语言学家索绪尔的开创，以及皮尔斯、罗兰·巴特、雅各布森等学者的丰富和解说，符号学逐渐形成了自己独特的研究方法和理论体系。但是，"符号学"只是一个研究领域或者一种理论（文学界有学者将之界定为一种深度解读文本的"批评理论"），而不是一个独立的人文学科。"符号学"的思想和方法，可以应用在文学、语言学、民俗学、社会学等多个领域之中。广告符号学的研究属于应用符号学研究的领域，是传统意义上广告传播学研究的重要组成部分。关注广告符号学研究的学者，常常来自于传播学界的修辞学、说服学等纯理论领域。他们借鉴符号学的方法，对广告作品的语构（作品元素及其相互关系）、语意（象征、隐喻与寓意）以及

---

[1] Jing Wang, *Brand New China-Advertising, Media and Commercial Culture*, Harvard University Press, 2008. 该书中文版于 2012 年由北京大学出版社出版。

[2] 根据杨柳的文献计量学统计，在中国人民大学复印报刊资料《新闻与传播》历年来所转载（包括全文转载与索引转载）的文章中，属（根据该文作者的编码）"广告文化"、"广告社会"为主体的"广告传播理论"类文章，已占据全部广告学文章的 27%。其中被收录论文数量最多的一位作者张殿元的 12 篇文章，全部属于此类。参见杨柳《我国广告学研究在新闻传播领域中的发展轨迹——基于中国人民大学复印报刊资料〈新闻与传播〉的统计和考察》，载《广告研究》（即《广告大观·理论版》），2010 年第 1 期。

语用（广告与社会、消费、意识形态）等方面的问题，展开结构性的研究。由于这种研究思路虽然需要调动较多的理论语言学知识背景，但在应用上相对而言比较简单，在呈现方式上理论化的程度却比较高，因而吸引了很多学者的关注，"广告符号学"、"设计符号学"的论文甚至专著的数量，一直以来都居高不下，成为人文学科研究思路在广告研究中借鉴的一个经典案例。[1]

广告的文化与符号学研究在眼下的中国学术界占据了很大的市场，但也存在着一些问题。首先，广告文化与广告符号学的研究所指涉的"广告"，多是一种静态的广告作品，而不是一种动态的广告活动或广告产业，因此它们所关切的"广告"其实只是一种"局部的广告"。很多时候在文化研究者那里，广告不善是一种用来印证西方理论的素材，并且文化研究者对于广告本体的关注仅仅局限在广告设计、制作而不是营销传播的层面。其次，这种研究对于文史研究格局的意义要比广告学科建构本身意义更大一些，广告学者即便关注这些研究的思路，也只是出于个体的爱好，而实际上并没有认为这种研究与广告业界有多么密切的联系。其次，相对于经典的文本解读，用"文化"或者"符号学"的眼光来看广告，虽然饶有新意，但也隐含着学术含量不高或者"过度阐释"等等很多的陷阱，而且研究思路比较单一，无外乎广告符号本身所蕴含的"欲望"、"消费"、"权力"、"女性"、"政治学"、"意识形态"等等内容，因此这些研究常常是先有结论，再用广告做例证。思想的批判性在这里被转换为一种思想的重复性与机械性。因此，我们一方面肯定广告文化研究和符号学的研究对于广告学理论体系的重要补充作用，另一方面也应该谨慎地避免这些已经出现在一般文史研究领域中的陷阱与危险。

在此，不妨深入反思一下学理性的广告交叉学科的建设与研究的成绩。交叉学科研究是当前学术界的一种倾向和流行趋势，但是从广告学交叉学科研究的实绩来看，也有流于轻率、华而不实的危险。[2] 从广告学界整体的情况来看，目前广告实务的研究者还是应该对广告理论研究保守出更多的空间，而不是一概地对外围研究加以简单的否定。要知道，与实务研究相比，广告理论研究

---

[1] 杨柳的研究指出："在广告传播类主题中，对船舶理论和广告文化的研究发展较快，具体内容除了传统的传播模式、传播过程、传播参与者的研究外，从符号学角度解读广告传播，尤其是分析广告中的女性形象问题也成为一大焦点。"杨柳《我国广告学研究在新闻传播领域中的发展轨迹——基于中国人民大学复印报刊资料〈新闻与传播〉的统计和考察》，载《广告研究》（即《广告大观·理论版》），2010 年第 1 期。

[2] 参见祝帅：《交叉学科研究的易与不易》，载《文艺研究》，2009 年第 11 期。

（特别是外围研究）多起源于研究者对于广告这一现象和研究对象本身的学术兴趣，而不太可能是企业、媒体或者某个广告机构的委托来完成的。因而从这种学术作品的生产机制来说，广告理论研究显然要比广告实务研究更加寂寞、更加清贫。因此在某种意义上，我认为目前学界留给广告理论研究的空间还不够——不仅业界的从业者几乎没有人关心广告理论研究的进展和成果，就连广告学专业的硕士、博士研究生培养中也多是以社会科学背景的实务研究为主，而极少见到人文学科式理论方向的广告学理论硕士、博士研究生。这种现象就是在广告学所隶属的"传播学"二级学科中也极为罕见。

其实，广告理论研究也不仅仅等同于人文学科式的外围研究（如广告哲学、广告美学、广告文化、广告伦理等），关于广告教育、广告研究方法、广告学术规范建设、广告学分支学科，以及笔者正在进行的这种广告学术史研究，甚至包括广告史学研究、广告批评学研究等，也都是广告基础理论研究的重要议题。它们并不仅仅是"外围研究"，但显然也并不是在直接谈论广告业务，而是在谈论某一广告学科问题。这些研究都属于广告理论研究的范畴。

进入21世纪以来，中国广告学人在这种学理意义上的广告学学科研究方面取得了重大的进展，其研究成果也是上个世纪的广告学概论式的体系性研究所无法比拟的。我们注意到杨海军、许正林、姚曦、刘泓等许多学者都在这种"广告学学科研究"方面做出了一些新贡献。或对于某一新兴广告分支学科——如广告社会学、广告史学（不同于广告史）等——的建设与理论思考，或对于广告学术史的自觉梳理，总之，这一阶段广告学界出现了一系列可以被称之为"学术自觉"的对本学科的体系、方法等进行反思的学术现象，这种研究都是上个世纪的广告学界中很少见到的。尽管从数量上来说这种研究还不多，如同程红在对比中美两国广告学界的不同时所发现的那样，"美国广告研究不仅重视广告的有效性，也非常重视对各种广告相关问题的批评及对社会或已被证明或可感知的不良影响"，而"国内目前的广告研究似乎更倾向于对广告效力的探讨，而或多或少地疏忽了对社会问题的关注和对不良广告影响的分析"；[1] 但是我们应该看到已经有广告学者甚至一些非广告专业的研究者开始关注这后一方面的议题，而正是这种往往是"难得一见"的广告理论研究，成为以实务研

---

[1] 程红：《广告学》，收入鲁曙明、洪浚浩主编《西方人文社科前沿书评——传播学》，北京：中国人民大学出版社，2005年。

究占据主流的广告学术研究格局中的必要补充。

广告研究是"难"的，所谓"看似水浅，最容易淹死人"（黄升民语）。它需要多元化的学术背景以及对于行业本体的现实把握，但其实这也正是广告研究的学术旨趣所在。似乎正是广告学的这一"跨界"的特征，才吸引了很多对此有兴味的研究者不断加入"广告学"的研究队伍中来。由于历史的原因，我们国家很长一段时间以来并没有在研究生，特别是博士研究生层面上开展广告高等教育，这使得在我们广告学界，有很多"跨界"的广告学人。这些主流的广告学阵营中的领军者们，有的是在其他专业的博士毕业后才参与到广告学的教学与研究的队伍之中（如陈刚、黄合水等），有的则是在原先从事的专业领域中已经取得了一定成绩之后才转行从事广告学研究（如陈培爱、金定海等），更有相当一部分人目前仍然在广告学和本人此前所在的学术领域两个圈子中同时展开研究，并不断在两个领域中发表学术成果（如张金海、吴予敏、许正林等）。因此，其实广告学人们并不缺乏从事交叉学科理论研究、外围研究的必要学术背景，只是真正完成把广告学做成一门有分量的独立的社会科学的任务，还需要足够的空间和必要的学术积淀。

在进行了一番整体性对于广告学内在发展理路的梳理之后，我们更加看清楚中国广告学学科在格局上所存在的一些根本性问题与未来建设的方向。与其他学科相比，广告学始终处在两个相互独立的话语系统之中——它一方面要持续进行与广告业的对话，从而保持自身的"应用学科"的特点，否则广告学就不再是"广告"之学，而大可包容在其他学科之中作为某个研究方向或者研究领域。但另一方面，作为一门高等教育学科、甚至建立了博士点和硕士点的"广告学"还必须不间断地与整个人文社会科学学术界相对话，否则"广告"就只能是"术"而非"学"。换言之，作为一门边缘学科，其他成熟学科的理论和方法，既是广告学这门学科的学术源头和建立的参照，也为今天广告学的交叉学科研究提供了种种可能。当然，广告研究需要在以"广告"为本体的基础上强调多元与创新，并且不断加强对于学术规范的建设，也许这才是在广告学与其他学科对话的过程中应该持守的一个最低标准。广告学研究不是一个自我封闭的领域，它应该欢迎其他学术背景的学者参与研究，而未来广告学的学科建构，显然不是看广告学者的"出身"和"背景"，而是更加重视研究成果对于这门学科本身所作出的理论贡献。

第三节　广告史的形成与建构

广告史不同于广告学基础理论的研究,但这两者又是彼此相联系的,从根本上说,它们都属于广告研究的范畴,自然也是广义的广告学的组成部分。我们甚至可以认为,广告史研究在广告理论研究和广告实务研究之上,从而更加具备一种学理基础的意义。在文学界,"文学理论"和"文学史"已经形成了相对清晰和独立的研究格局,但在广告学界,学术研究的这种分工目前来看还并不明显。但事实上,早在 20 世纪上半叶,中国的广告学研究格局就已经孕育了这种学术分工的最初源头,只不过这种"分工"是自发而不是自觉的,需要今天的学术史研究者做出细致的分梳与解读。因此,"广告史学史"自然也应该成为广告学术史的重要组成部分。

1. 作为一种舶来品的"广告史"

与广告学基础理论研究相比,20 世纪上半叶的广告史的写作与研究实践,无论从数量上还是质量上看都是要逊色一筹的。这其中一个很大的原因就是,在还没有独立的广告专业设置的情况下,"广告学"本身可以作为很多相关专业,如新闻学、商学、美术专科学校的一门课程来开设,并在课程的基础上出版相关教材,然而,"广告史"相对而言在教学上的应用价值就小了许多。因此,仅有的一些"广告史"研究,多是在广告学著作中一带而过,或是出于业界的纪念性质而写作,并不具备学术的自觉性;而一些个案的研究或者史料的积累也只是散见于各种杂志和期刊,在整理与收集方面也有不小的难度。然而即便如此,梳理前贤的这些看似零碎的探索,仍然对于今天广告学相关分支学科的本土化探索与建设具有积极的意义。

中国是"史"的国度,二十四史不必说,中国古典的学术制度中,"经"、"史"、"子"、"集"之中,就为"史"保留了一席之地,如梁启超所言:"于今日泰西通行诸学科中,为中国所固有者,惟史学。"[1] 不宁唯是,就连"六经"在章学诚看来,也皆可作为"史"来解读。然而遗憾的是,这里所说的这种"史"并不等同于我们的研究对象广告史。由于中国素有"士农工商"的等级

---

[1] 梁启超:《中国之旧史学》,载《清代学术概论》,第 231 页,北京:中国人民大学出版社,2004 年。

制度，尤其是从汉代起实行的"重农抑商"的政策，使得"商人"长期以来在中国社会中的地位低下，难入大雅之堂。反映在历史文献方面，太史公的《货殖列传》以降，正史中关于商业名人的记载基本上属于空白。中国古代的正史中，几乎没有为商业及广告的"专门史"留下太多空间。然而，也正因此，才为中国的广告学者开辟了一大片崭新的学术空间。

因此，中国古代的学术制度中虽然有"史"一门，但它并不能够等同于"广告史"。在中国古代并不明确的学科分工中，几乎没有出现有关"广告史"、"告白史"的专论。广告史作为一个研究领域或者一门学科在中国的建立，是在20世纪20年代，在西方学科分工制度中的"专门史"的建构和"广告学"学术著作数量的增加的背景中逐渐形成的。与"广告"这种活动本身相类似，"广告史"及其作为一种专门的研究领域的建立也是源自西方学术制度和学科规训背景中的"现代性的后果"。

"广告史"这种形式的出现的第一重背景，是以西方的史学观念改造中国传统史学的努力。在这个把西方史学当作"新史学"引入中国的过程中，作出重要贡献的一位学者仍然是梁启超。梁启超所接纳的这种"新史学"，作为西方学术体制与学术分工的产物，还包括一系列专门的知识，如"普遍史"与"专门史"的细分。例如，中国传统史学和"广告史"的区分，用梁启超引介的"新史学"的话说，前者就属于"普遍史"，而后者则属于"专门史"：

> 今日所需之史，当分为专门史与普遍史之两途。专门史如法制史、文学史、哲学史、美术史……等等；普通史[原文如此]即一般之文化史也。治专门史者，不惟须有史学的素养，更须有各该专门学的素养。此种事业，与其责望诸史学家，毋宁责望诸该专门学者。……而欲明各部分之真相，非用分功的方法深入其中不可。此决非一般史学家所能办到，而比有待于各学之专门家分担责任，此吾对于专门史前途之希望也。[1]

梁启超把西方的史学称之为"新史学"，但事实上，梁启超所谓的"新史学"，与后来的法国年鉴学派为代表的20世纪"新史学"有很大的不同。梁

---

[1] 梁启超：《中国历史研究法》，第43页，上海文艺出版社，1999年。

启超所谓的新史学与西方 20 世纪的"新史学",虽然在推翻传统的以杰出人物为线索编织建构出来的"精英史观"或"大写的历史",从而为日常生活的价值保留出一席之地等方面似有类似之处,但其实是依附于不同的参照系。前者的对立面是中国的"旧史学",而后者的对立面则是西方的"旧史学",换言之,梁启超是以"西化"作为"现代化",而事实上他所接纳的"新史学",恰恰是年鉴学派批判的"旧史学",即以引介传统的西方历史学作为改造中国传统学术分类中的"史"部的一种努力。

"广告史"诞生的第二重背景,是对于其他"专门史"领域的模仿。在梁启超等人把西方的"专门史"观念引入中国之后,很多部门学科的研究者纷纷介入了"史"的研究,开辟出很多中国传统学术中的新领域。例如,以梁启超所提到的四个"专门史"的门类而论,国文学者林传甲早在京师大学堂时期(1904 年)就编写了第一部参照西方体例的"中国文学史讲义",胡适则于 1919 年出版《中国哲学史大纲》(此前已有谢无量的同类著作,但未得到广泛认可),第一部中国美术史《中国画学全史》则于 20 世纪 20 年代由郑午昌撰写出版。1930 年,年仅 27 岁的杨洪烈撰写的《中国法律发达史》也由商务印书馆出版。在广告相关领域,1927 年出版了蒋国珍的《中国新闻发达史》(世界书局出版)。这些著作中间不乏"跑马占地"的仓促之作,但毕竟作为开创者,他们在某一专门领域内的这种"发凡起例"的工作,无疑要比后来的模仿者和补充者具备更高的学力和更多可以想见的困难。并且值得注意的是,这些著作的确如梁启超所说,是"专门家"而非"史学家"之作。这些著作对于广告领域内同样著作(或者至少是叙述)的撰写,一方面不能不说是一种推动和促进,另一方面也提供了若干可资借鉴的资料和写作范例。

"广告史"的出现的第三重背景,则是《广告学》这种体系性著作的内在要求。出于对日本、西方同类著作的模仿,"广告学"这种体系性的著作一般在篇首会出现一节关于"广告的历史"的叙述。而《广告学》类著作大多作为教材,对历史进行一种本土化的阐述,也是在国内进行课程教学所必需的。在教材开始交代本学科发展的现状和历史,似乎也成了"概论"性研究的通例。因此,从蒋裕泉的《实用广告学》开始,尽管不会被作者作为重点来论述,广告史的内容也一般会成为这类书籍的一个必要章节。当然,这种对于广告史的概括是极为简略的,在很多方面缺乏史料的支持,教材的体例也决定了对广告史研究的方法本身不可能作出更加深入的探讨,更遑论此后同类著作写作中"人云亦云"的现象屡有发生,很多观点只是根据二手资料得出的常识性的论述。但是,这毕竟开启了中国广告学研究者对本土广告史进行梳理和论述的一个先声。"广告史"这个在此前中国的学术制度中不曾存在的名词,从此开始进入国人的视野。

作为已知的国内第一部体系性广告学著作,蒋裕泉的《实用广告学》(1926年)全九章的第一章即是"中国之广告史",置于"广告之定义"之前,包含"广告之沿革"与"现代广告之趋势"两节。在这短短的两节论述中,蒋裕泉比较清晰地划分了"传统广告"与"现代广告"的界限,但他并没有单纯以是否发布于大众媒体作为现代广告的标志,而是花费了大量的工夫对传统广告的形态进行了考证。在蒋裕泉看来,"新闻纸广告"是现代广告,而"道旁之招贴"也属于"现代广告"的范畴。如果说蒋裕泉对于"现代广告之趋势"的描述更多是一种观察陈述的话,那么其广告史的贡献更多体现在对于"广告之沿革"的叙述方面。不过,这种把"广告"的起源上溯到三代,并从《容斋随笔》等笔记文献中辑出广告史料的广义广告史研究,虽然有很大的独创性,但由于更近似于文史研究而不是广告史研究,因而并没有在此后广告学界广泛流行。

1930年,苏上达《广告学纲要》中的第二章,亦为"广告史"。苏上达是一位更为认真和全面的学者,其著作中"广告史"的章节,无论从篇幅还是内容方面,都已经比蒋裕泉的描述更加完善。首先,苏著的广告史章节,开辟了此后(尤其是20世纪80年代以来)广告史研究中的"中外广告史"研究的范式,即把中国广告史与外国广告史放置于一个大的研究框架内来类比叙述。第二,苏上达在国内的广告史研究中率先引进"分期"的叙述体例,通过这种方式将自己的史识融入对于史料的整理和史实的叙述之中。第三,将描述性统计的方法引入广告史之研究,从而与文学史等专门史研究方法拉开距离。这部分中所附的"上海某杂志22年来营业情况变化"等统计图表,开创了广告史实证研究之先河。

1940年,陆梅僧的《广告》【图7.1】一书由商务印书馆发行。这本书虽然只是作为"职业学校教科书",但作者在广告史方面所下的工夫却不可谓不深。该书的第二章为《广告的历史》,作者的着眼点并没有定位于"作为艺术的广

图 7.1 陆梅僧《广告》(1947)书影
(北京大学图书馆藏书)

告",因而跳过了类似于蒋裕泉著作中大量关于牌匾、招幌等原始广告形式的详细叙述,而是从一开始起就把广告与商业活动和媒介发布情况联合起来叙述,从中很可见出作者深厚的新闻史的功底和对于现代广告的学术认识。留学海外归来的陆梅僧的广告史叙述,并不是文献中的广告史,而是作为行业的广告经营的历史。不仅如此,他还对比美国的情形来反思中国广告史之所以落后的原因:"广告的进步,是由于各方面的努力,如果中国的出版界、产业界,携手合作,共同努力,那末对于广告的发展,可以使其格外迅速了。"[1] 此后,吴铁声、朱胜愉编译的《广告学》中,也在很大程度上沿用了这一中外广告史的视野,可以说,陆著为此后的广告史研究奠定了一种基本的范式,并且这种范式在 1995 年以后陈培爱及其他作者撰写《中外广告史》时依然发挥着潜移默化的影响。

2. 独立的广告史著作的出现

早在 1927 年 9 月,学者蒋国珍就撰写了《中国新闻发达史》,由世界书局出版。而广告史研究领域中相关著作的出现,要比新闻史至少晚 10 年以上。至 1949 年新中国成立之前,目前已知的中国出版的独立的广告史著作只有两种。其一是 1936 年华商广告公司出版的、陈冷等著《近十年中国之广告事业》,另一种则是如来生于 1948 年出版的《中国广告事业史》。由于这两部著作的体例和承担的任务各不相同,因此这里姑且搁置究竟何者为中国第一本独立的广告史著作的争论,而分别对二书进行深入的个案解析。

林振彬主编的《近十年中国之广告事业》【图 7.2、7.3】,被郭瑾认为是中国

---

[1] 陆梅僧:《广告》,第 18 页,上海:商务印书馆,1940 年。

图 7.2　林振彬主编《近十年中国之广告事业》(1936)书影封面（南京图书馆藏书）

图 7.3　林振彬主编《近十年中国之广告事业》(1936)书影封底（南京图书馆藏书）

第一部广告史的著作。1936 年，由留美归国的学者型广告人林振彬（C. P. Ling）在上海创办的"华商广告公司（China Commercial Advertising Agency）"迎来了十周岁的生日。为答谢客户，同时也为推广公司的经营理念与责任，林振彬编辑了《近十年中国之广告事业》（英文名：*China's Progress in Advertising*）这本小册子，并由公司内部自行印刷、出版、发行（印数与发行方式不得而知）。[1] 这样的缘起，从一开始就为这本出版物赋上了一层特殊的背景和独特的色彩。全书为线装、图文混排，这在那个年代的出版物中已经是不多见的了。而更加独特的是正文由中英文双语的形式撰写的，这极其符合林振彬的"海归"身份与华商广告公司跨国经营的现实情况。本书中文部分并没有任何的前言或者编者按，相反，林振彬使用英文撰写了"前言"。其中，对这本小册子的编辑缘起作了如下的介绍：

---

[1]　今南京图书馆和上海图书馆有此书的收藏。

> 我们印刷这本《近十年中国之广告事业》是出于两个目的：其一，是为了纪念华商广告公司的十周岁生日，在过去十年间，本公司在中国市场上为广告事业的有效和可信地开展发挥了重要的作用；其二，则是为了记录中国现代广告进步历程中的一个重要的里程碑。……在过去的日子里，中国广告事业取得了巨大的进展。……本领域中有非常多的技术人员通过与国内的广告主和一些享有声誉的广告公司打交道而受到了训练。……在这种进步面前，中国的商人、消费者对于广告的态度也发生了巨大的变化。[1]

这样看来，出于学术的意图撰写一本独立的广告史著作，当然不是林振彬等人最终要的目的，"纪念华商广告公司十周年"才是其根本的诉求，这从书中所插入的大量广告终也可见一斑。坦率地讲，把这本小册子作为一部独立的广告史著作，的确也还是有些勉为其难。此书中文部分所收入的陈冷、胡政之、马荫良、丁君匋、孙作民五位来自媒体界的作者的五篇文章，多是广告界边缘的历史梳理，除了陈冷不足千字的短文谈到"广告与报业的关系"外，其余四篇文章多是谈论媒介自身发展变化的历史。而英文部分所收入的文章，则是国内政界官员或学者关于中国广告的专论，如《对外贸易与广告》(Foreign Trade and Advertising)一文，谈到了广告在中国国际贸易中的作用；《作为广告媒介的报纸》(Newspaper as an Advertising Medium in China)一文，则谈及新闻纸广告比较其他非大众传媒广告的优点以及民族广告的问题，在此基础上把广告事业和媒介经营管理结合起来讨论，等等。可以看出，这些文章虽然在今天具有较高的广告史史料价值和意义，但是它们本身并不是广告史的专论。对于这些文章的详细解读，属于广告学术史的范围，但却并不是广告史学史研究。

不过，我们似乎也并不应该就此而否定《近十年中国之广告》一书的价值。事实上，在当时既没有教学需求，又没有任何资助的情况下，独立的广告史研究只能以这种边缘性质的雏形而存在。在今天，它虽然可能并不具备太高的学术价值，甚至还不能算是一部成型的广告史著作，但它仍然是有意义的：

---

[1] C. P. Ling, Foreword, C. P. Ling et al, *China's Progress in Advertising*（即《近十年中国之广告事业》英文部分，笔者自译），Shanghai: China Commercial Advertising Agency, 1936, pp.25－26。

至少，它为后来广告史的专门研究进行了必备的资料的准备。不过除了这点显而易见的原因之外，我认为还有几点价值，是我们今天讨论广告史学史上的《近十年中国之广告》一书时所不该回避的：

首先，《近十年中国之广告》为中国广告"当代史"的撰写的可行性打通了道路。在当时，一般文人心目中所理解的"专门史"，一定是从上古讲起，"明清以降不足观也"。就连深受西方学术思潮影响的胡适，所撰写的《中国哲学史大纲》也只有上古部分的"半部"。而对于晚近，特别是身边正在发生的故事，很多人不会把它作为一种历史研究去珍惜。因此，在20世纪上半叶的中国，不仅仅是广告，很多学科的专门史的研究事实上都是出于一个非学术目的的特别契机。如中国"五四"运动以来的新文学的历史，就是借着1935年上海良友图书公司组织编辑《中国新文学大系》的契机而完成"自我经典化"的；而贺麟之撰写《五十年来的中国哲学》，最初也是应出版商编纂《五十年来的中国》一书之需而写作的。这样，借用公司十周年纪念的契机，对广告事业自身的经历进行初步的整理，未尝不是为广告行业争取社会地位的一种及时的努力。

其次，《近十年中国之广告》一书的出版，奠定了此后中国广告史研究学术与实务密切联系的一种学术风气。由于在我国人文社会科学学界文学史、文化史、思想史、艺术史的学术传统与学术积累甚为浓郁，广告史的研究其实很容易受到这些人文主义范式的历史写作的影响。但其实广告史是"History of Advertising"而不是"History of Advertisement"，人文主义范式的历史写作只是广告史研究方法的一个部分而非全部。一位优秀的广告史的研究者，不应该只具备美学和艺术学方面的学术与审美训练，还必须对行业本身有深入的了解和体会。《近十年中国之广告》虽然并没有完成一部完整的中国广告史，但却在很大程度上开辟了这种更加符合广告自身特点的研究范式。

第三，《近十年中国之广告》虽然收入的文章主要是广告理论和媒介史两类，而只有一两篇属于纯粹的广告史文章，但其中很多文章的观点和方法是可供广告史研究所借鉴的，尤其是关于媒介史的几篇文章，其研究方法相对于一般的文学史、美术史，对于广告史研究来说更有价值。例如，在丁君匋撰写的《中国近十年来的杂志事业》一文中，在收集大量一手材料的基础上所应用的描述性统计分析、个案研究的研究方法，对于广告史来说是有重要的借鉴意的。而孙作民撰写的《中国日报广告以外之广告事业》作为一篇独立的广告史研究论文，不仅提供了如国民政府统治时期中国广告税额、中国无线电台数量及地域分布等许多宝贵的数据，其所采用的夹叙夹议、史论结合的写作方式，对于广告史研究来说也是极好的参照。这些都是广告史学史建构历程中的极重要的里程碑。

但相比林振彬主编的这部文集，笔者认为，如来生所著的《中国广告事业史》【图7.4】，才真正算得上是中国第一部严格的、独立形态的广告史。关于如来生这位作者，笔者并没有进一步的资料来介绍其生平。[1] 我们仅仅能够通过《新闻报》馆报人詹文浒为该书所撰写的"序"和书末所附的"如来生启事"中得知，他是一位有二十余年广告从业经历的广告业者。由广告人自己来撰写广告史，并且书中出现大量的广告（不仅仅是作为插图的广告），是如来生可能仅有的这部著作与《近十年中国之广告》一书类似的特点。除此之外，如来生的书还包含了大量的"附录"，其中有大量关于中国早期广告业的一手资料，如上海市广告商业同业公会章程、业规、成员名单，等等。同样值得一提的还有关于上海市广告同业公会的珍贵史料图片，这样，图（不仅仅是作品）文并茂，是广告史写作的必经之途。图像为文字未到之处增添了许多历史的细节，也极大地增强了广告史的可读性。

在写作体例和广告史研究方法等方面，《中国广告事业史》一书还有几个值得总结的特点，其中很多带有学术范式建立的重要意义。

首先，这是一本明确的"现代广告"事业史。作者如来生非常明确地以

图7.4　如来生《中国广告事业史》（1948）书影
（中国人民大学新闻学院藏书）

---

[1] 笔者曾就此书作者问题请教我国资深新闻史研究专家方汉奇教授，他表示了解这部著作，但也并不掌握作者"如来生"的情况。

"现代广告"来结构全书,他所谓的"广告史"也主要是指区别于传统形式的中国古代"广告"之当代广告事业史,作为业界的从业者,如来生对于研究范围的这种限定并不同于蒋裕泉有些学究气的历史研究,即把广告史的史线延伸到对于三代的考证,将古代的商业形式统统纳入"广告史"的范围。与此正相反的是,如来生直接从晚清进入对于当下正在发生的广告历史的叙述。他明确提出,"推溯中国广告事业之发轫,远在逊清末年",他还以"报纸与广告的密切关系"、"广告商是报纸与登户中间的媒介任务"等,作为现代广告事业的根本特点。[1] 应该说,这种写作方法具有比较明确的指导行业的诉求。这并不是说,中国古代广告形式的研究是无关紧要的,而只是说,在广告史的初创阶段,那种纯学术式的广告史研究,由于其脱离实务,并不应该成为广告史写作中的最重要的任务和垄断性的范式。

其次,如来生在写作中开创分期写作的体例。当然,"分期"写作历史的方法并不是如来生的首创,甚至苏上达等人也早于如来生在广告学概论类著作中就将其应用于广告史的写作,然而,作为一本独立的广告史专著以及对于整个 20 世纪上半叶中国广告史的整体性把握,如来生的写作体例对日后广告史写作的影响无疑是更为深远的。如来生把中国现代广告事业的历史,分成"草创时期"、"发展时期"、"抗战时期"、"胜利以后"四个阶段,他本人对于这种分期方法的原因虽然并未进行深入的说明,而且似乎过多受到政治事件的影响,但广告业作为一种依附性很强的行业,的确抗战期间收到了很大的冲击,这在广告学术著作的出版数量上也能体现出来。因此,这种分期尽管在当时并没有引起"百家争鸣",但仍然是一个广告史学史上值得肯定的创举。

再次,如来生建立起了一个广告史对于广告事业各个主体之间关系的整体性认识。"广告事业"在如来生这里,大抵相当于今天所说的"广告产业",是一个系统的结构,其中既包括广告公司从业者和媒体从业者,也包括广告主(登户)、广告行业组织(同业公会)、广告教育与学术研究机构,等等。如来生对于这种业界的构成情况显然是熟悉的。他在每个分期下,几乎都含纳了广告媒体、广告行业组织、广告学术等多个主体的情况。其中尤其难能可贵的是对于广告主的叙述。广告主是广告行业的衣食父母,但相对于广告公司和媒体

---

[1] 如来生:《中国广告事业史》,(一)草创时期,上海:新文化社,1948 年,无页码。

的情形，作为个体的广告主的研究常常是容易被广告学者忽略的。而在如来生的笔下，我们则看到黄楚九等当时的大广告主对于中国广告事业的贡献。而关于广告学术史的记载也为我们提供了极其重要的史料，这些看似零碎的记载是日后广告学界对陆梅僧、林振彬这些广告人进行个案研究时为数不多的重要资料来源。这里，如来生的记载虽然非常简略，但基本的体例和框架已经是非常典型的了。

最后，如来生的著作题为《中国广告事业史》，但其实更像是一部地域广告史。也就是说，全书所描述的广告事业的情况局限在上海，而并不包括南京、天津、青岛等当时中国其他的广告重镇。对此，如来生有这样的一番"夫子自道"："本书名为《中国广告事业史》，似有偏于上海一隅之嫌，确为事实，良以上海开全国风气之先，正式的广告商，上海一埠最多而最早，但是或许所闻有限，难免挂一漏万……"应该说，这的确是本书不小的一个遗憾。这样看来，此书称之为《上海广告事业史》似乎才更加恰当。而在材料占有不足的情况下，保证所写入的材料均来自作者个人亲历的一手材料，由此来结构一本地域广告史，似乎也并不会损害作者开辟广告史学术范式之努力的价值。这样看来，究竟为什么要把一本作者自知不足的地域广告史称做"中国广告事业史"，只能是一个谜了。

无论如何，《中国广告事业史》的出现，打破了"中国广告自古无史"的先例，其所开创的广告史写作范式，在日后也发挥了重要的影响。令人遗憾的是，新中国成立后的前二三十年政治运动不断，广告行业整体上走入了消沉，若非如此，我们一定会见证广告史研究在如来生之后的大发展。

在整个 20 世纪上半叶的中国，广告学学术研究的自主化的倾向还没有形成之时，要求人们建立起"广告理论——广告史"并重的研究格局，还只能是一件过于奢侈的事情。由于教学和业界实用的需要，这一段时间内中国广告学研究的格局，不可避免地体现为广告理论研究"一枝独秀"的奇特景象。然而，就是在这样的学术研究格局之中，还是诞生了一些值得重视和注意的广告史研究的成果，它们隐藏在尘封的文献中容易被人们忽略，而它们的价值更是值得今天的学术史研究者进行小心擦拭，并展开认真的解读与反思。

3. 改革开放以来广告史研究的复兴

上个世纪 90 年代以来，出现了中国广告史学史上的两本重要的著作，即陈培爱的《中外广告史——站在当代视角的全面回顾》[1]和余虹、邓正强的《中国当代广告史》。[2] 对照 20 世纪上半叶中国广告研究领域出现过的两本专门著作，这一时期的广告史研究，可谓在一个新的起点上的重启。其中，陈培爱的《中外广告史》即便不是 1979 年以来中国出版的第一部广告通史，也应该说是最有影响的一部。这种贯通古今中外的广告史写作体例，既"承上"——承接了 80 年代作为"中国广告函授学院"培训讲义而内部编印、徐百益撰写的《广告简史》和合肥市广告协会 1988 年编写的《广告漫话》（安徽人民出版社，1988），也"启下"——这种体例不仅引来了许多类似体例的后续著作，也使得"中外广告史"成为许多广告院校的专业课程名称。

陈培爱曾长期从事中国现代文学研究，而"文学史"几乎是每个中国现当代文学从业者的"看家本领"，因此陈培爱的广告史研究，在很大程度上把文学史的研究方法和写作风格引入了广告史研究领域中。他的这番通史性质的梳理，可以想见背后蕴含了大量的文献工作，对于广告史研究和广告教育有双重的意义。美中不足的是，由于资料收集的不便，陈培爱的广告史研究过多倚重的是二手文献，即便是中国广告史的部分，也对 20 世纪上半叶至 20 世纪 80 年代初出版的各种广告学体系性著作中的历史叙述部分有较多的参照，而较少一手文献（不管是实物文献还是文本文献）。此外，陈培爱虽然是广告史研究领域的"通人"，但却并没有专门对广告史的某个节点或个案进行深入的专题研究。这些问题对于一位历史学者来说不能不算些许遗憾。在撰写出《中外广告史》之后，陈培爱就几乎没有在广告史方面作专题研究，而是广泛谈论媒体、营销甚至广告伦理问题，是则也可看作他并不满足于仅仅把自己定位于一位专业的广告史学者的抱负。

相对比有许多二手文献可以参照的《中外广告史》，英年早逝的文艺美学家余虹执笔撰著的《中国当代广告史》[图7.5]在相关领域中似乎更加有"筚路蓝缕"的开创之功。除了松散的材料，以及对于中国当代文学史等学科的模

---

[1] 陈培爱：《中外广告史》，北京：中国物价出版社，1997 年。
[2] 余虹、邓正强：《中国当代广告史》，长沙：湖南科学技术出版社，2000 年。

图 7.5 余虹、邓正强《中国当代广告史》（2000）书影

仿，在此之前中国当代广告史的写作可谓毫无前车之鉴。时在海南大学文学院任教的余虹克服困难，以个人的力量，通过实地调研、口述历史等研究手段，走访了中国北京、上海、广州等地的数十位广告人，自创以分期为纲、每期内以"专题"为线索的写作体例，详述并评论了中国广告史上 1979—1996 年间的众多大事件、主要学术论争和广告营销现象。而把中国当代广告史的开端定于 1979 年而不是文学史中的 1949 年，既表明了余虹对于广告业的独特观察，也表明了他不满足于对当代文学史的模仿的决心。这一上限的确定，也成了此后中国当代广告史研究所沿用的一个普遍的体例。当然，该书侧重于美学和艺术角度的讨论稍微多了一些，尽管作者努力在回避这一点，但是相对于广告史来说，全书似还应该补充更多的产业部分的内容；而由于截稿时间较早，对于 1992—1996 年广告业情况的论述也偏重于作品而有失全面。然而，对于这样一部人文学者以个人力量所撰著的广告史著作来说，这些又是过于苛刻的。无论如何，余虹书中对于一手文献的把握、基本历史框架和一些基本的判断，在此后的广告史研究中一再被沿用，充分证明了这本书在学术史上的重要价值。

与此同时，我们还应该注意到海内外对于中国 20 世纪上半叶广告史的研究在这段时间内已经开始起步。中国历史从晚清到民国统治这段时期在以往的历史研究中一直属于一种"边缘"的学问。例如，文学界把 1919—1949 这三十年的中国文学称为"中国现代文学"，但事实上在中文系内部，很多从事"中国古代文学"的研究者们是瞧不起"中国现代文学"这个学科的，他们认为这一学科时间短，距离近，可以"考证"的学问不多，历史评价也比较困难。文学界如此，广告界更是这样，以至于在整个新中国成立后的几十年的时间内，对于 1949 年前的广告史研究除了阿英的几篇研究"月份牌画"的简单文章外，基本上付之阙如。1996 年起，老广告人徐百益在《现代广告》杂志开设"广告史话"专栏，连续刊发了一批讨论 1949 年前中国广告史的小文章，涉及民国户外广告、店铺广告、《申报》与《新闻报》的广告之争、月份牌画家杭稚英、报学史家戈公振等中国广告史乃至中国广告学术史方面的议题。

1997 年，中国广告学会授予徐百益迄今为止唯一的一个"广告人终身成就奖"，这个奖项应该说实至名归。从 1949 年前曾经编辑《广告与推销》（现上海图书馆藏书，仅一册）、《工商管理》（北京大学图书馆等处藏书）等杂志集中刊发广告实务研究文章，到改革开放恢复广告以后集中精力撰写《广告简史》（内部出版）并担任上海广告装潢公司研究部门负责人，徐百益毕生都在从事广告学的研究工作，是一位学术生命非常长的广告学者。他在晚年发表在《现代广告》上的这些文章，从学术规范方面来看虽然并不是严格的理论论文，这使得总结其研究方法的努力多少显得有些勉为其难。[1] 但是由于作者的资历，使得他记录的这些事件都具有不可多得的一手的史料价值；更重要的是，徐百益的广告史话系列文章，既广泛引起了广告学界专业读者的兴趣，也引起了文史等领域非广告学专业学术研究者（尤其是来自于美国、香港、台湾等国家和地区的学者）的高度重视。据称，曾有以上国家和地区的博士、硕士研究生专程赴沪，请徐百益指导写作中国广告史研究方面的论文。[2]

在某种意义上，徐百益的研究，可以说直接接轨了一场正在人文学界内部形成的学术潮流。在这一时期，人文学科领域的一些西方主流汉学家已经开始把研究视野投向以往不太受关注的晚清—民国这段时期，诸如月份牌画、申报广告等得以在"文化研究"和"现代性"的主题下一度成为文史研究领域的热门议题，这些在广告学界内部不怎么被珍视的材料，却反过来得到了人文学者的青睐。2001 年底，李欧梵的著作《上海摩登——一种新都市文化在中国》由北京大学出版社翻译出版，让我们看到了广告的史料价值及其在文学研究中的意义，最终引发了 2002 年以后"上海研究"的热潮。但无论如何我们应该看到，徐百益的广告史研究"但开风气不为师"，从而在不经意间引导了整个学术界（而不是广告界）在未来十年间逐渐成为显学的"文化研究"这股方兴

---

[1] 此时期出现过一篇带有徐百益广告学术研究综述性质的文章，参见亦冰《徐百益先生的学术成果和学风》，载《现代广告》，1997 年第 5 期。
[2] 参见王永林：《徐百益，中国广告第一人》，载《现代广告》，1997 年第 5 期。

未艾的学术潮流,这可能是作者本人都难以想象到的历史功绩了。

如果说余虹、邓正强2000年出版的《中国当代广告史》还没有引起业界足够的重视和关注的话,那么令人期待的是,2007年开始,北京大学、中国传媒大学、河南大学、中国广告协会、北京广告协会等学术机构和行业组织以不同形式,纷纷开始启动"当代中国广告史"的研究。相对于此前的中国当代广告史研究,此次集中面世的这几部广告史不仅在时间和史料上进行了更新,在史料挖掘、研究深度等方面也可谓各具特色。其中,陈刚主编、姜弘担任顾问的《当代中国广告史·1979—1991》[图7.6],是非常有代表性的一册。[1]

这部广告史的最大特点,是历史研究与实务研究的密切结合。这种由广告学人自己来撰写的广告史,是建筑在广告学术研究对于中国广告三十年的历史发展规律的分析之上的。在研究方法上,这部广告史注重采取大量图像—文本的一手资料,并且采用了深度访谈、口述历史等人文—社会相接合的研究方法,形成一种夹叙夹议的写作方式。这就使得广告史研究不仅仅是"大事记"般的罗列,而是史实与史识的高度结合——即注重在历史脉络的叙述中注意提炼论点,不仅仅描述客观的现象,并且要提供对于现象的理论分析和解释。在此基础上,研究者还对"当代中国广告史"研究中的若干问题与方法进行了解读,使之具有方法论的意义和价值,为当代中国广告史这个研究领域的科学化做出了贡献,我们期待这种研究方法对广告史学界提供某种"范式"的借鉴意义和价值,同时也在学界激起更多对于广告史学、广告史学术史和广告史研究方法的讨论和关注。

图7.6　陈刚主编《当代中国广告史》(2010)书影

这种贴近广告本体而不是广

---

[1]　陈刚主编:《当代中国广告史·1979—1991》,北京大学出版社,2010年。

文化演进的广告史研究，有一种指向产业现实问题的积极意义。如同陈刚所指出的那样，中国广告学研究方法中对某一现象停留在静态分析的现象比较严重，而对于历史变化的强调则相对比较薄弱。用全面的、历史的、普遍联系的观点看待问题、分析现象，本是马克思主义所倡导的一种正确的学风和文风，但是很多时候却被人们有意无意地忽略了。许多研究者只是孤立地对某一广告现象进行研究和批评，而没有看到这一现象之所以出现的历史的原因。而把现状放在历史发展的大背景之中去看，强调研究的历史感和现实意义的逻辑联系，才能对于当代中国广告的种种具体现象形成准确的把握和判断。只有加强广告史的研究，广告学才能够真正完成对于现状的自觉与反思，并且在此基础上形成与其他学科和整个社会的积极对话。[1]

可以说，中国广告史研究的重新启动，从学术根源上来说体现的是中国学者重视历史研究、"古为今用"的本土学术心态，延续了陈冷、如来生等人在1949年前撰著相关著作的优良传统，而从研究线索上来说，则可以看出中国当代广告史（1979年至今）和中国现代广告史（晚清至1948年）这两大研究主题分化格局的基本形成。从此后的研究情况来看，中国当代广告史的研究由于直接指向当下，有密切的现实意义，因此一般由广告学界内部的学者来研究和关注，并且成为一些广告院校的教学课程的重要内容；而中国现代广告史则由于其与当时中国（尤其是沦陷区的上海）的政治、经济、社会、文化背景之间密不可分的血缘联系，得到了更多文史研究领域的学者们的青睐，从而有更多的近代史、文学史、新闻史、文化研究等领域的学者对其加以特别的关照。这种学术分工的格局深刻体现出了"广告"作为一个研究领域的复杂性和广度，也向我们充分地显示出广告学科的学术魅力。

当代中国广告史研究的问题与方法

由于研究者普遍地把广告学定位于一门应用学科，国内广告学界在基础理论和实务理论方面的各层次教材、研究专著不断涌现，但与其他学科比较，广告学界在对理论表现出充分的兴趣的同时，在广告史方面的学科建设则显滞

---

[1] 陈刚：《自觉与反思：对中国广告学研究方法的分析与思考》，收入程曼丽主编《北大新闻与传播评论》，北京大学出版社，2006年。

后。自从 1997 年陈培爱出版《中外广告史》以来，十年来国内广告史成果的数量与质量都远远无法与广告理论与实务相提并论，很多著作多是延续《中外广告史》的体例写成通史性质的本科教材，而往往在史料方面欠缺深入的发掘，陈述多有雷同肤浅之处，更遑论提炼史家独有的史识与论点等更高的要求。总的说来，就国内广告学科的发展现状而言，目前"述"（史）的兴趣已经远远落后于"作"（论）；情形正如杨海军所指出的："我国学者对于历史广告史的研究还很薄弱。"[1]

当代中国广告史的学科定位

对于广告史研究的自觉，以及在此基础上反思广告史写作的史学史、史料学与方法论问题，应该是学科走向深化和独立的必然要求。倘若我们一如其旧地把广告学专业的本科教育定位于实践性教学的话，那么至少在研究生或者博士生层面，对其进行"纯学术"式的广告史研究训练则是必需的。然而就目前国内广告院校中的广告史课程而言，基本上是以"中外广告通史"的形式展开的。尽管在河南大学杨海军等人的主持下，对于广告专题史研究的成果也已经初具规模；但据笔者了解，还没有一所学校能够开设出"中国广告史学史"、"广告史研究方法论"或"广告史料学"这样的研究生课程来。这些研究虽然与广告实务并无必然的联系，但却是广告学这门学科自足性的一种体现。

在国内的广告通史研究中，当代中国广告史又是一个异常薄弱的环节，这从一些名为《中外广告史》、《中国设计史》一类的著作对于"当代中国"部分的一带而过甚至戛然而止便能够看出。对此，一方面要求现有的广告教育从业者加强自身在史学领域的学术训练，另一方面要求我们必须了解其他学科（特别是一些比较成熟的学科）在本学科历史研究领域已经取得的成果、经验及教训。以文学为例，从 1980 年代中期以来，文学研究界就围绕中国当代文学的学科性质、研究方法等问题展开了许多有价值的学术讨论。中国现当代文学研究领域的一些学者取得的文学史写作及反思成果，对于广告学领域进行类似的研究时是不无启发意义的。我们必须承认，在这方面蕴含着很多有待开发

---

[1] 杨海军、王成文:《历史广告学——广告学研究的一个新领域》，载《广告研究》（即《广告大观·理论版》），2006 年第 4 期。

的学术飞地,其中,有的广告史料已经开始受到其他学科学者的关注与重视,然而广告学界的研究者目前对此的认识似乎还远远不够。只有完成了这一切工作,我们才能真的做到丁俊杰指出的那样:"我们认为广告的历史是广告人自己的历史,它应当由广告人自己来书写",[1] 从而进入当代学术与其他相对成熟的学科形成对话。

对于"当代史"的研究,往往需要承受来自于学界内部的压力,在很多人看来,"当代问题"无以言"学",所以一段时间以内几乎没有人愿意在这个问题上花费太多的精力去搜集整理。应该说,类似的偏见即便在其他的领域中也存在。《文学理论》一书中针对学术界不去研究当代文学的现象这样写道:"反对研究现存作家的人只有一个理由:即研究者无法预示现存作家毕生的著作……但是我们能够认识现存作家的环境、时代,有机会与他们结识并讨论,或者至少可以与他们通讯,这些优越性大大压倒那一点不利的因素。如果过去许多二流的、甚至十流的作家值得我们研究,那么与我们同时代的一流或二流的作家当然也值得研究。……学院派人士不愿评估当代作家,通常是因为他们缺乏洞察力和胆怯的缘故。他们宣称要等待'时间的评判',殊不知时间的评判不过也是其他评论家和读者——包括其他教授——的评判而已。"[2]

反对进行"当代史"研究的人中有一种意见,就是认为对于"当代现象"只有"批评",而只有相当一段时间距离之前的现象才能够写"史"。中国现代文学研究领域的泰斗王瑶就曾经持此观点来反对"中国当代文学史"研究的合法性。然而需要看到,尽管"当代"至今还没有终结,"当代广告"的成果还在不断地产生,但是这一切都丝毫不妨碍我们现在就着手进行中国当代广告史的写作。这不仅因为当下的广告学科和研究格局对于他呼唤的紧迫性,而且还因为中国当代广告展开的三十年来的成败得失历程,已经进入了一个可以进行小结,也必然需要理论梳理与引导的阶段。加强对中国当代广告史中一些著名作品的产业环境、背景梳理与形象研究,有助于我们摆脱当前广告乃至文化理论脱离社会背景与实践的"空论"局面,对于推进理论与实践的互动具有重大的意义和价值。

---

[1] 丁俊杰:《后记》,收入《中国广告猛进史(1979—2003)》,北京:华夏出版社,2004年。
[2] [美] 韦勒克、沃伦:《文学理论》,刘象愚等译,第37—38页,北京:生活·读书·新知三联书店,1984年。

"当代中国广告史"的研究范围

在我国大陆地区文学史等研究领域中，一般是把 1919—1949 年的"现代文学"和 1949 至今的"当代文学"作为两个学科、两门课程区别对待的，但在国内广告学界的著作中，研究者基本上并没有对这两个时代概念做出严格的区分，或者不同的研究者设立了不同的标准，使得二者的概念并不统一。这一点已经暴露出一些问题。例如，有的学者习惯于把整个中华民国以来至今的广告都称为"现代广告"，如广告类专业期刊《现代广告》，便是把"现代"当成一种价值而不是时间概念（此种用法只要稍加留意还是不难辨别的）；而有的学者则严格恪守文学研究领域"现/当代"的区分，把"现代"——"当代"看作是一个持续发展的时间进程。目前大多数广告史著作注意对二词加以了区分，如丁俊杰等《中国广告猛进史》（以 1979 年为起点。华夏出版社 2004 年版）；余虹、邓正强《中国当代广告史》（以 1979 年为起点。湖南科学技术出版社 2000 年版）都主要采用了后一种理解。而受当代文学研究范式影响的陈培爱《中外广告史》将"中国 1979 年以后的广告"命名为"新时期广告"（在外延上等同于本节所说的"当代广告"）并设立单独的章节也体现了这种时间性思路。

在文学等领域，一般情况下学术界公认其当代史从 1949 年开始叙述。但需要注意的是，对于"广告"这样一种特殊的传播现象，我们不应该直接挪用其他相关学科的研究成果，而是有必要对"当代广告"的开端作出独特的考量。一方面应看到，广告史的分期虽然不能完全等同于政治事件，但政治经济背景对于广告行业的影响可想而知。毕竟广告史是与规范的广告行业的复苏是紧密联系的。另一方面，当代广告史研究需要对当下的广告实务和广告教育产生积极的作用，从而促进广告实践的发展。余虹、邓正强在《中国当代广告史》中指出，"由于广告史自身发展的特殊性，'中国当代广告史'之'当代'是可以区别于一般中国社会史以 1949 年为起始之'当代'的。"中国当代广告史的起点不是 1949 年，而应该从 1979 年开始算起。[1]这一点已经得到了很多广告学人的采纳，但是却并没有对此进行学理上的陈说。为了避免与其他学科相混淆，我们还是应该特别解释一下这种不同于其他领域的划分的时代背景。

---

[1]　余虹、邓正强：《中国当代广告史》，第 2 页，长沙：湖南科学技术出版社，2000 年。

诚然，现代意义上的中国广告并不是 1979 年以来才有的，上世纪初的"五四"前后，闻一多、鲁迅、张光宇、钱君匋、叶灵凤、陈之佛以及"月份牌画"的作者们，已经开始注意结合西方现代派美术和设计的风格及观念创作广告，其中有的人甚至在西方现代派精神内核与民族语言拓展两方面的结合上卓有成绩，这是我们必须看到的。但是时代限制了许多有才华的从业人员在广告方面进一步的探索。至于新中国成立后到"文化大革命"这段时期的宣传画、政治招贴这种广告文本，可能在当代美术断代史研究方面吸引一些持有"猎奇"眼光的海内外读者，可以作为解读当时国民性、意识形态和大众文化的很好的材料，但这主要是就作品的社会史、文化史意义而言，与重视本体演进的"当代中国广告史"是两回事。当然，这段时间的现代广告并非一番空白，在外贸系统的出口商品宣传、工艺美术学院商业美术专业等许多场合都还保留着商业广告，起到承上启下的历史重任，但以 1979 年的"为广告正名"为起点进行当代广告史的研究，显然更有服务于当代广告产业发展的现实针对性。

尽管在文学界已经有人建议取消"现代"、"当代"的截然对立，而以"20 世纪中国文学"这一大的概念笼而统之。在 1980 年代中期，钱理群、陈平原、黄子平三人在文学界提出了"二十世纪中国文学"的理论设想，提出应该打通"近 — 现 — 当"这样人为划分的时间观念，把整个 20 世纪的文学作为一个整体进行研究。这种"整体观"在当时是非常有创见的，也有一定道理。尽管这种想法在今天很多学者那里得到了实践；但应当看到当年文学界提出"二十世纪中国文学"这个框架一个最大的目的和成绩是在于对"1898 — 1916 —— 即所谓"近代 — 现代文学"——而不是以 1949 年为界限的"现代 — 当代文学"的打通上。更重要的原因是，尽管 20 世纪的中国广告是一个有机的整体，但是从历史撰写和科学研究的层面上说，"中国现代"与"中国当代"是两种截然不同的社会形态，"当代广告"不同于"现代广告"。就历史事实而言，20 世纪前半期的"月份牌画"与改革开放后逐步恢复的广告业在社会背景和研究方法上都有严格的区别，研究者对"现代广告"和"当代广告"的研究目的和问题意识都是大异其趣的。

相对而言，中国近现代广告研究更多的倚重于美术史、文学史等人文学科的背景和史学训练，所以对这一时期广告的研究成果大多集中于美术史、文学史、传媒史学者甚至收藏家之手。而研究1980年代以来的中国广告则侧重于行业发展的特殊规律、经济环境的变化和统计资料，因而需要更加贴近广告业自身的生存环境，并不能够不加批判地套用文学界"二十世纪中国文学"的学术范式。作为整体的"二十世纪中国广告史"写作并非不可，但却应该避免成为现代史与当代史的简单焊接，以至于忽视这两个领域的不同研究方法。

4."当代中国广告史"的分期探讨

当代中国广告史写作的另一学术旨趣和难点，在于如何对近三十年的广告现象进行系统的把握，从而总结其发展规律与各个时期的不同特点。这绝不是一种可有可无的工作，而是"广告史"专著区别于"资料长编"、"大事记"等其他非学术性文体的一个重要特点。对于后一类的著作，比如现代广告杂志社《中国广告业二十年统计资料汇编》（中国统计出版社，2000）所收资料时间为1979—1998年。该书并非广告史学术专著，但无论是第一部分所提供的"全国广告业各项经营统计数据"，还是第二部分所提供的"中国广告20年札记"，都提供了定量与定性研究两方面的重要资料，这部篇幅不大的"资料汇编"对于后世的中国当代广告史研究者来说是绕不过去的重要文献。此后，一直关注于中国当代广告业发展的范鲁彬著《中国广告25年》（中国大百科全书出版社，2004）一书及其相关论文，也以"大事记"的方式在中国广告编年史方面积累了许多重要的资料。但总的来说，这种体例的著作本身并不是广告史。

再如年鉴、图典类著作，如1988年起连续出版的《中国广告年鉴》、1995年起每年编辑出版的《中国设计年鉴》、梁梅编著《中国当代设计图典》（湖南美术出版社，2000）以及各种《中国广告作品年鉴》等。这一类辞书并不是按"大事记"的形式编排，而是带有了某种"专题"性，往往作品图片丰富并配有简要介绍，具有很强的资料价值，但这一题材决定了其资料性胜于学术性及思想性，从而仍然只能为广告史学者提供研究所必需的背景素材，同样也不是广告史本身。因此，相对于目前的研究状况来说，体例问题的探讨尤其重要。

由于篇幅的限制和体例的要求，在通史类著作中较为普遍的是一种以专题为叙述线索的著史方式，可称之为"专题叙述"。如陈培爱《中外广告史》（中国物价出版社，1997）；刘家林《新编中外广告通史（第二版）》（暨南大学出版社，

2004);孙顺华等《中外广告史》(山东大学出版社,2005);黄升民、丁俊杰、刘英华《中国广告图史》(南方日报出版社,2006)等均如此。这是一种把广告业分为"广告媒介"、"广告公司"、"广告行业组织"、"广告代理制"、"广告主"、"广告管理"、"广告研究与教育"等几个不同的专题,在此分类基础上按照时间发展顺序进行描述的方法,其优点是条理清楚,使人能够就一个专题集中窥见此领域的发展状况。其略显不足之处在于在涉及社会历史背景及重大广告事件的时候不可避免会发生交叉与重复,因而似乎更适用于独立的广告专题史研究,而不利于恰当描述不同阶段中国当代广告发展特点。

"分期叙述"便是以时间为单位把握近三十年中国当代广告史的一种努力。随着中国当代广告史研究从"中外广告史"和"中国广告通史"的附庸中独立出来的趋势,这种叙述方式势必将得到越来越多的探讨,因而也值得用一定的篇幅加以讨论。"分期叙述"与"专题论述"诚然可以在同一部著作中结合起来使用,但采取何种方式为主线仍然是可以辨别的,同时也体现出两种性格不同的广告史结构和体例。

有关当代中国广告史的研究,目前存在着以下几种不同的分期模式。

第一种仍属于通史领域的分期尝试,以黄勇《中外广告简史》(四川大学出版社,2003);许俊基《中国广告史》(中国传媒大学出版社,2006)为代表。这两部著作运用的分期模式是以十年为一个时间段的简单分期。由于只要需要对近三十年来的广告现象进行深入的描述,就无法回避"分期"的问题,无论是按照专题还是时间编排的广告史都不例外。如黄勇分别按照"现代广告的复兴"、"80年代的广告发展状况"、"90年代的广告发展状况"以每个十年间广告业的发展状况为主线,对二十余年的广告史进行宏观的描述和把握。许著则把1979—1982的四年时间称为"复苏阶段";1983—1992年为"发展初期阶段";1992—2002为"快速发展阶段";2002至今为"进入新经济增长周期的广告事业"(以中共十六大的召开为标志)。应该说这种"简单分期"的方式不过多涉及思辨,所考虑的只是叙述方便起见,因而尽管分期清晰、行文流畅,但实际上只是"通史"这一学术范式内部的微调,而并不适用于中国当代广告史整体地展开。

第二种以国际广告杂志社、北京广播学院广告学院、IAI国际广告研究所《中国广告猛进史(1979—2003)》(华夏出版社,2004)为代表,这是在资料汇编的基础上进行的局部概括和总结。《中国当代猛进史(1979—2003)》中的"1979—1998"部分曾于1999年在《国际广告》推出,新版系修订版。该书系由课题组的形式在几个重要广告学术机构的组织下共同撰写。全书采用编年体的方式,据说是对于日本同类著作的模仿。这种体例尽管也将当代中国广告史划分为六个不同阶段,但主要立意在"一部粗线条的精要简史"而非思辨归纳,故采取"述而不作"的叙事方式,将每一阶段的"背景"、"主潮"、"世相"三部分并置,图文并茂,是一步集体合理而成的资料翔实的可读之作。该书分六个时期把握了1979—2003年的广告发展状况,其划分的主要依据之一是广告营业额的增长情况,而用来描述这六个时期的标准则是速度。如"萌动发展期"、"快速发展期"、"高速发展期"、"超高速发展期"等。之所以说是一种描述和"局部概括"而非全局式、长时段的把握,一方面是因为这样的概括并不具有历史分期中的唯一性,如该书把第三和第五阶段都称为"快速发展期",另一方面则是因为该书仍主要定位于一种"历史和资料的整理工作"(丁俊杰语,见该书《后记》),而非广告史的宏观把握与反思。

第三种是对当代中国广告史自觉进行宏观分期的著作,指的是根据近三十年来中国广告业不同发展阶段的不同特点,以共同特征为主题把握中国广告业的流变历程。这是广告史研究中主流的分期方法。如余虹、邓正强《中国当代广告史》;姚曦、蒋亦冰《简明世界广告史》(高等教育出版社,2006);杨海军主编《中外广告史》(武汉大学出版社,2006),等等。其中,余虹、邓正强《中国当代广告史》(收入尹定邦主编《设计学丛书》,湖南科学技术出版社,2000)完稿于1997年,写作下限截至为1996年,因而对于1997年以后中国广告行业的变化动态未能加以描述(在该书《后记》中,两位作者曾经表示日后每3—5年修订一次的想法,可惜未能如愿)。但作为国内第一部中国当代广告史研究专著,该书可说有"发凡起例"之功。尤其值得一提的是,两位作者在书中对于中国当代广告发展"三段论"(复兴期—探索期—动荡发展期)的分期模式,由于此类型的分期较以十年为一个时间段或局部总结的方式更能体现出史家对于中国广告发展规律的结构性理解,因而作为一种学术范式在后来很多的广告史写作中被采纳甚至内容上的重复,比如杨海军主编的《中外广告史》(武汉大学出版社,2006),足见其影响之深远。

在这种共同的对于"分期式体例"的理解与接受下,也可以存在着多种运用此模式的不同时段划定的尝试。然而，稍微令人有些意外的是，目前采用这一类分期模式的相当一部分著作，都接受或部分接受了余虹、邓正强《中国当代广告史》的时段划定，随即迅速转为对于广告现象的描述，而没有在究竟为何如此划定时段的问题上给出充分的理由，更没有尝试提出个人的新的分期方式。尽管可以从中看出《中国当代广告史》的两位作者开辟学术范式的功效，但由于该书毕竟是中国当代广告史领域中的第一本专著，并且截稿时起比较早，因而同样不可能充分地回答中国当代广告史的分期问题。

在此书中，两位作者把1979－1996年（以截稿时间为限）的中国当代广告史划分成了"广告业复兴时期（1979－1985）"、"现代广告探索期之早期（1985－1992）"和"现代广告探索期之动荡发展期（1992－1996）"。2006年出版的两部教材——姚曦、蒋亦冰《简明世界广告史》和杨海军主编《中外广告史》都实际上采纳了这种"三段论"的分期方式，并在前三时期基本保持不变的基础上分别加入了1996年（即余著截稿时间）以后的"第四阶段"——即姚著所称"（以广告公司集团化趋势为代表的）全球化市场时期"和杨著所称"（以整合营销传播为代表的）开拓和超越时期"。在前三阶段中，姚著完全遵循了余著的时间划分和命名，而杨著虽然在具体年代上有1－2年左右的偏差，但并未对此加以解释，因而基本上不属于一种崭新的分类方式，并且杨著仍然采用了余著对这三个阶段的命名，甚至在具体叙述的内容上也与余著有雷同之处。可以说，余著直到今天对于中国的当代广告史研究者来说都是绕不过去的。

尽管政治和社会变迁对于广告业有重大的影响，当代广告史的分期也并不是可以直接借用社会史的分期、或单纯以政治事件为断代标志的，而需要充分考虑中国市场和传播环境带来的广告本体的变化。应该看到，是标志性的广告实践而不是政治事件，才构成中国当代广告史分期问题的依据。据此，在陈刚主编的《当代中国广告史·1979－1991》（北京大学出版社，2010）中，研究者依据广告行业自身发展的规律，把当代中国广告史分期划定为"1979－1991"、"1992－2001"和"2002至今"三阶段，这也是目前为止最新的一个当代广告史研究分期。当然，在这个框架之内的微调属于学科内部正常的学术分歧，在中国当代广告史的研究领域内也应该允许多种分期标准和研究范式的并存。

此外，广告史研究对于历史线索的强调并不意味着不需要提炼作者的论点，相反，还需要对于整个广告发展历程更高的规律性认识。对于一部广告史而言，倘若作者仅仅花费大量工作搜集资料、考辨史实，却忽视了提炼论点，这种广告史固然有史料价值和一定程度的普及意义，也是缺乏学术价值的。但总的说来，中国当代广告史的研究目前仍处于起步阶段，对于这门学科的反思与评述更是刚刚开始。就目前的研究现状而言，尽管已经有了一定的积累，但系统意义上的中国当代广告史写作及其学科建设与反思，仍有待于众多研究者的共同关注和不懈努力。

第四节　当代中国广告批评的三个问题

相对于蓬勃发展的广告产业和广告学基础理论研究而言，当代中国的广告批评的批评实践和理论建设犹显滞后。这一方面体现为媒体上的各种广告批评有"酷评"和"非学术化"的倾向，另一方面则体现为学界对于广告批评的对象、方法和标准等问题言人人殊、缺乏共识。这无论对于广告学研究还是广告产业发展来说都是不利的。在本节中，作者通过对于广告批评对象的界定、广告批评和广告批判研究的关系、当代中国广告批评存在的问题及其原因等方面，对于当代中国广告批评实践进行了深入的学理检省与反思，对广告批评的相关理论问题提出了独特的见解。

与此同时，在当代中国学术体系，甚至具体到广告学研究的格局中，"广告批评"都是一个语焉未详的知识领域。一方面，与其他学科相比，学术界对于广告批评的对象、理论和方法的反思都还远远没有达成自觉和共识；另外一方面，在学术期刊或大众媒体上，我们又经常能够看到各种意义上对应于"广告批评"的思想实践。由于研究对象的独特性和复杂性，广告批评不能混同于文学批评或者艺术批评，因此广告批评的理论框架和方法论注定不能直接从现有的其他学科那里移植或者照搬，而在很多基础理论问题尚没有得到解决的时候，以中国广告学界目前的思考程度和文献积累来看，建立一个无所不包的"广告批评学"的学理体系，将会显得过于草率。我们必须立足于批评实践，在深入展开批评实践的同时，从学理上对于可能出现的各种现实问题积极进行应对和理论总结,以此进行学术积累,从而循序渐进地形成广告批评的方法论自觉。本节将着重处理现阶段中国广告批评中亟待解决的几个重要问题,包括广告批评的界定;广告批评和广告批判研究的关系;以及对当代中国广告批评实践的梳理和反思。

1. 广告批评要以"广告"为本体

广告批评,是基于对广告业以及广告活动的整体把握而对各种广告现象所进行的批评。广告批评的对象,是在广告业中出现的各种现象。包括广告管理部门、广告业的广告主、媒体和广告公司的理念、操作模式等,但目前广告批评对象的主体仅仅是广告作品。

广告批评不能等于策略批评或者创意批评,要多于或高于策略批评或创意批评,但也不等于无边无沿的文化批评。任何批评,必须对广告有真正的理解,广告是有自己独特规律的商业传播活动。广告批评必须基于广告本体。

目前,最常见的广告批评是广告作品批评。广告批评的独特内涵,决定了广告批评者所看到的不仅是最终呈现为视听或综合媒体的广告艺术作品,还必须包括广告的生产机制、传播方式和广告效果。我们所说的广告批评基于"广告"本体,是强调这种批评并不仅仅是一条广告作品的策略、创意、艺术、美学、叙事学等角度的分析,事实上,对于某条具体的广告的批评和研究,不能够脱离对于广告产业和整个营销传播活动的理解。

以各种"广告节"的获奖广告为例,很多获奖广告都会在各种广告作品展,出版的"获奖作品集"或者在专业的广告、艺术设计类期刊上得到集中的展示。对于这类广告作品从策略、创意、效果等方面的点评,当然也是一种"广告批评",这种批评对于提高广告作品的策略执行、创意、设计、制作的水准来说,不乏其积极的意义;但是广告毕竟是一个系统活动,这种批评很容易忽视广告作品背后的整个生产机制和广告效果,是什么样的客户需求导致了什么样的创意手段。广告作品批评只是广告批评的众多组成部分之一,把这种片面的批评无限扩大,以为这就是"广告批评"的全部,则从而对于整个行业造成误导。

例如,1992年在全国第三届广告作品展览中获得电视广告类最高奖项的"威力洗衣机"广告(由广东省广告公司创意制作),其广告语"威力洗衣机,献给母亲的爱"被许多评论家看好,称赞为"抓住了国人重亲情、重孝道的文化传承和心理特点。"但实际上这种评论已经脱离了"广告"的营销目标,威力洗衣机的市场销售情况从一个侧面证明了这条广告只能是"叫好不叫座"——是一条成功的广告作品,但不是一次成功的广告策划。再如 2003 年以来,由国家广电总局"17 号令"引发的持续至今的官方、民间对于"恶俗广告"、"低俗广告"作品的批评大潮中,很多广告纷纷"落马"。[1]尤其是近年来,以"恒源祥"和"脑白金"为代表的"低俗广告",大有"过街老鼠人人喊打"之势。但这些批评同样也大多是基于作品的表现层面,而不是广告的营销效果展开的。黄升民就曾撰文指出,就营销效果而言,"恒源祥"是一条不错的广告。[2]当然我们也并不能完全认同这种"效果至上"的观点,一个好的广告,应该是广告作品与广告效果相得益彰,在任何一方面都应该偏废。无论如何,仅仅注意到广告作品的艺术层面,而忽视广告营销的本体,并不是一种理想的广告批评模式。

另外的一种趋势就是近年来随着文化研究在中国学术界的引入,一种泛广告、泛文化的"大广告批评"或曰"广告文化批评"也正在悄然兴起。这种文化批评的背后是各种西方现代哲学和文艺理论资源。一时间,各种源自于西方文学理论和文化理论领域的"结构主义批评"、"语言学批评"、"符号学批评"、"女性主义批评"、"后殖民主义批评"、"新历史主义批评"等文学、文化、影片分析与批评的模式,被一股脑地介绍到中国,并且很快就被应用于对于广告的文化研究与文化批评。如果说前些年这种广告文化研究还只是在文学界(特别是文艺理论界)和美学界的一些学者中间得到较多的实践,那么最近一段时间以来,这种标榜理论和"大文化"的"广告批评",则大有在传播学界和广告学界内部兴起的态势。但事实上,这种"批评"往往是把一些现有的理论拿来套用在对于广告作品的分析上,除了密集的理论概念之外,其原创度和难度都不高,并且因为所套用的理论常常是预设了"权力"、"话语"、"消费"、"欲望"等观念框架,使得这种"批评"往往是先入为主式的,而不是基于广告本体的批评实践。尤其应该注意的是,许多文化研究类的广告批评所

---

[1] 参见祝帅:《广告:向低俗话语说"不"》,载《美术观察》,2003 年第 11 期。
[2] 黄升民:《我说恒源祥》,载《广告大观·综合版》,2008 年第 4 期。

选取的样本，在广告行业中不具有典型意义，而是基于原有的文化研究理论所找来的所谓例子和印证。因而这种泛文化的批评，除了带来理论思维的乐趣之外，并不能增加我们对于广告行业本体的知识和了解。

文化研究以及其他类的广告批评，有其学术价值和社会意义。但是，这类批评首先应该选用有代表性的具有广泛影响力的真正的广告作品作为样本进行研究，否则会把广告作品中一些边缘化的现象变形和放大，得出虚假的结论。同时，海外的现有的理论和方法，是以西方的社会结构和文化背景为基础的，套用这些理论和方法对中国的广告业进行批评，最多只能是拾人牙慧，而且经常出现扭曲和误导。这类批评的空间，是强化差异性，在理论模式建构和批评方法方面，应该进行基于中国环境的创新。

综上所述，以广告为本体的专业的广告批评，要求批评者联系到整个广告行业的运作规律和发展状况，基于对于整个广告行业的充分把握和了解，对具体的广告现象或者广告运动进行思考和批评，从而切中行业发展中的实质性的问题，进而真正通过批评来影响到整个广告行业的健康发展。与此同时，我们应当扩大"广告批评"的批评对象，如同前面所指出的，此"广告批评"并不同于"广告作品批评"。后者所针对的自然只能是一条条具体的"广告"作品，而广告产业发展中出现的各种现象是非常丰富的。对广告产业的批评是广告批评中的更有挑战性的部分，而目前这种批评在广告批评中是非常薄弱的。

2. 广告批评与广告批判研究的关系

我们倡导一种真正专业的广告批评。而专业的广告批评区别于自发的广告批评，一个重要的标志就是批评方法的自觉。与广告研究方法类似，广告批评的理论模式，同样应该是基于广告本体的多元创新。因此，广告批评领域除了借鉴其他学科的批评模式和批评理论之外，还有待于总结出自己独特的批评模式与方法。

广告批评不能等同于广告批判。广告批判是广告研究的方法。由于广告批评的时效性和针对性，广告研究的方法并不能不加转换而直接套用于广告批评。广告研究的方法从最广泛的意义上说，可分为实证主义和非实证主义两大研究范式。其中，实证主义研究范式又可以分为定量研究和定性研究两大部类；非实证主义的研究范式，则包括哲学和其他人文科学的各种考据、思辨性的研究方法，包括批判的方法。批判的方法是独立于实证研究方法之外的另外一种值得注意的广告研究范式，是对于实证研究的一种重要的补充。与"批判"一词在政治上的含义不同，它意味着一种学术的姿态，这个词本身在学术上的含义，就是一种深入的、思辨性的理论研究。古典哲学家康德的三大"批判"，就是指对于抽象的形而上学问题的一种深刻研究。但批判或思辨并不仅仅限于一种"研究方法"，它更是一种观察和思考的方法。陈刚指出："批判或思辨，就是用人的生活中的所有积累（知识、感悟、直觉、想象力、洞察）与现实进行对话、提炼、表达的全过程。""与实证研究方法相比，批判研究还具有的一个重要特点，就是强调宏观与历史的研究。唯物史观本来就是马克思主义的主要方法，其特点是强调依据事物发展的时间顺序和历史阶段，来揭示不同的因素在事物发展的不同阶段所起的作用。20世纪以来，一些学者在社会科学的研究中不断使用批判的方法进行研究、著述，使得这种方法更加成熟。"[1] 因此在这个意义上，擅长运用批判研究方法的法兰克福学派，被认为是西方新马克思主义的重要代表。

正如陈刚所指出的，在科学主义盛行的时代，实证的方法是主流的方法，而批判的方法本身就经常受到批判甚至讽刺。批判的方法当然有其自身的局限性，但科学主义发展半个多世纪，在其价值得到提升的同时，其局限性也越来越明显。科学主义或实证主义的方法，当然有其价值，但不能代表所有的研究方法成为唯一的方法。"比如，传播思想家麦克卢汉运用思辨的方法取得了令人瞩目的学术成果，时至今日，麦克卢汉的越来越多的观点被大时代的变迁所验证，他的一些看法甚至已经成为普遍的常识。但长期以来，由于学术界认为他的研究方法不严谨，麦克卢汉一直被排斥。但吊诡的是，由不严谨的方法所得出的结论对整个社会的发展作出了这样准确的判断，进而产生了这样大的影响力；而一些用所谓严谨的科学的方法形成的理论多被锁在书斋，甚至由于放大细节形成反科学的荒谬的论断。方法就是达到真理的工具或手段，无论是什么方法，能够接近真理就是有效的方法。"[2]

---

[1] 陈刚：《实证与批判并举，推动以广告为本体的多元研究创新》，收入陈培爱主编《中国广告理论探索三十年》，厦门大学出版社，2009年。

[2] 陈刚：《以广告研究为本体的多元创新——对广告学研究方法的思考》，中国广告协会学术委员会2008年会论文。

对广告进行批判研究，要求研究者具有全局的研究视野和敏锐的分析力。一个熟练运用批判的方法的优秀的研究者，必须经历长期的学术训练和积累，同时对于广告行业本体有相当长时间的沉潜、体会和把握。这自然也对用批判的方法从事广告研究的学者自身的学术素质提出了很高的要求。应该说，在国内的广告学者，具备这种学术背景和研究素质的还并不多见，在广告研究中自觉运用批判的方法展开研究也是刚刚开始。

在某些方面，批判研究的方法是可以在广告批评中加以借鉴的。比如广告文化批评。广告文化批评的源头之一就是法兰克福学派，在广告文化研究尚没有太多原创性方法的时候，借鉴批判学派的方法和思路应用于中国现实问题并无不妥。但广告的文化批评并不等同于广告文化研究，后者的源头是伯明翰学派以及文化人类学研究范式，相对于德国的法兰克福学派，英国的伯明翰学派所诉求的不是现代主义的"批判"和"启蒙"，而是后现代主义的"无差异"与"无深度"，因此广告文化研究对于种种庸俗的广告现象一般并不加以审美批判，而是作为一种客观的文化现象加以人类学式的田野研究，这也构成了此后"文化产业"的理论来源，从而迥异于法兰克福学派所批判的"文化工业"及其居高临下的精英意识。只是在后来中国的文化研究实践中，常常将这种精英意识与文化人类学的田野方法杂糅在一起，而没有意识到这两种进路彼此之间的内在矛盾。

再如，广告批评也应该包括广告宏观社会效果的批评。"恒源祥"、"脑白金"这样的广告，就短期的营销效果而言，的确算是成功的营销活动，但是从宏观社会效果方面来看，这样的广告不但并不能够起到对社会进行"审美文化教育"或者"思想启蒙"的功效，相反，却容易导致社会对于整个广告行业的负面印象。在这些方面，批判研究的方法在广告批评中是可以借鉴的。

但是我们也必须指出，广告批判研究是一种广告学理论的研究方法，却并不能够天然地等同于广告批评的方法或者模式。广告批判研究对于宏观层面的人文问题的关注，使得它注定不会更多关心某个具体的广告营销传播现象；而批判研究"历史唯物主义"的预设，也使广告批判研究更加关心历史的、动态的广告现象背后所呈现出来的规律和趋势，而不是对于最新的广告现象的评论。而广告批评的对象，则常常是某次具体的企业营销传播活动或者某条具体的广告作品，它所关心的常常不是"仿真"、"异化"、"霸权"、"建构"这样的宏大的理论,而是评论某次具体的广告活动的成败高下,要求一定的时效性并对行业实务产生影响。因此尽管在文化立场方面二者有相通之处,但广告批评并不直接等同于广告批判研究,广告的文化批评也只是广告批评的形式之一而并非其全部内容。

此外,广告批评的批评实践也不同于"广告批评学"。作为一种理论研究,"广告批评学"学理体系建构的过程中,就可以使用包括广告批判研究在内的各种理论的或实证的研究方法,从而建构起一个自足的理论体系,甚至一门独立的广告学分支学科。而广告批评则需要更多追踪最新最前沿的广告和营销传播现象,进行及时而细致的分析,从而对行业和社会进行良性的引导和影响。当然,广告批评实践的发展和积累,客观上也要求广告批评学的学理作为指导,这两者是相互联系的。在这方面,广告学界的批评理论研究还远远落后于文学批评、艺术批评甚至媒介批评等领域,广告批评学的理论性研究,也有很大的学术空间有待学者们来开辟。

3. 广告批评的"非学术化"与"非专业化"现状

如果从《人民日报》上发表丁允朋的署名文章《应该有个"广告法"》和唐忠朴撰稿的评论员文章《广告的生命在于真实》开始算起,现代意义上的中国广告批评与中国广告业的恢复同时起步,也已经有了三十余年的发展历程。三十多年来,中国广告批评的实践不断增长,对于广告批评作为一个学术领域的反思与研究也已经开始起步。但总的来说,当代中国广告批评还处于起始阶段,存在着许多悬而未决的问题。这些问题如果得不到解决,将会影响到中国广告批评的正常开展,说得严重一点,也会对于整个广告行业的发展起到不利的影响。根据我们的观察,当代中国广告批评所存在的问题及其原因,突出表现在以下几个方面。这些问题的解决,有赖于广告学界专业人士的广泛关注和深入探究。

当代中国的广告批评,目前呈现出一种严重的"非专业化"、"非学术化"的倾向。非学术化具体表现为,一些广告行业内部的批评者所进行的广告批评流于经验和感想,就事论事,很难形成有深度的批评,因而很难产生广泛的影响力。非专业化具体表现为,出现在学术刊物和各种大众媒体上的"广告批评",多是出自非广告专业人士之手,一方面是一般人文学科背景的学者的

"文化研究"或者"批判",另一方面则是出自于记者和一般公众之手的"酷评"。这些非专业化的评论,往往缺乏坚实的广告理论作为依据,只求"一吐为快",其结果往往是体现为一种"谩骂",缺乏对于"广告"专业的基本的尊重;或者仅仅成为文化学者研究的"先入为主"的例证或附庸,从而偏离广告的本体和广告批评的社会意义。这种"为批评而批评"很容易,但并无实际意义。同时,来自于其他学科的学者从人文等外围角度的"批评",也容易对公众造成误导。

强调对于基于广告本体的批评,并不意味着广告批评只是局限在广告业界内部的批评,而忽视了广告的社会效果和广告批评的社会责任。诚然,广告是一种社会现象,广告的最终受众是广大消费者而不仅仅是业内专家,因此,消费者作为广告诉求的对象,当然具有评价广告作品的权利。然而,无论人们是否愿意承认,"广告批评"的目的是影响行业和大众,既然说"批评",其中就一定隐含着现代主义"启蒙"的预设——这一点与后现代主义的文化研究有很大的不同。对于广告批评者而言,必须承认消费者之间的审美素养和文化差异是一个客观存在的事实。因而,广告批评的功能之一,就是肩负着对消费者进行媒介素养和广告素养教育的义务。专业的广告批评,有责任结合对具体的广告活动的分析评述来对消费者的文本解读习惯和创意鉴赏做出专业而积极的引导,让受众意识到解读优秀的广告作品也是一种习得的技能,而不是仅仅一味迎合受众的审美趣味。只有这样,广告才能提高整个社会的广告素养、审美水平和氛围,当然前提是我们的广告策划和创意越来越专业化、规范化,才能完成这样长远的使命。

对于刚刚介入"而立之年"的新时期中国广告学而言,学科专门化的程度还并不像经济学、法学等领域那样,作为"传播学"下面的三级学科,"广告批评"也还无法成为一个独立的专业方向。但可以预见的是,随着有越来越多的青年学子加入广告学研究与教学的队伍,当代中国广告学研究也必然将会进一步细化,广告批评领域中的专门化的成果也会不断积聚。对此,我们应该做好充分的准备。学理性的广告批评文章发表的阵地也有待进一步增多。例如,专业类、学术类杂志的相关专栏的开设、广告批评学术研讨会的开展、各种权威性的广告批评论文奖的设立等,都会极大地扩大学术性广告批评的社会影响,具有深远的社会意义。当然,在开展广告批评实践的同时展开广告批评的学术研究，也并不意味着"跑马圈地"般地推出各种"广告批评学"的教材或者体系性的专著，而应该立足于目前的现状，从对现象的分析入手，解决一些具体的问题，总结出一些具有较高信度和效度的批评的模式，进行"各个击破"式的学术积累。

小　结

通常所说的"广告研究"，涵盖了广告理论研究、广告实务研究、广告历史研究和广告批评四个部分。尽管四者在20世纪上半叶均已经初现端倪，然而，由这四者组成的广告学研究框架的确立，却是最近三十年来的事情。作为本学科与其他学科对话的一个重要途径，广告史的研究与广告实务研究、广告理论研究应该齐头并进，形成"三足鼎立"的研究框架，并在此基础上开展广告批评。只是相比较广告实务研究的热闹场面，广告史的研究在中国广告学界目前还没有得到大规模地展开。不仅如此，从一个学术史的层面上对学术界关于"广告"的一切深度思考进行整合，也注定不是过去一个时间段内中国广告研究的首要任务。然而，广告史的研究一方面扮演着广告学学科体系中的重要角色，另一方面对于未来广告人历史感的养成同样具有一种指向现实的意义，基于此，我们可以作出这样的判断——随着广告研究领域专业化进程的不断发展，广告史的研究必将在未来中国广告学研究的格局中占有越来越重要的位置。

结　语
"学术史"研究范式及反思

从学科归属来说，本书的研究对象——中国广告学术史论既是广告学的一个分支，也隶属于近年来在人文社科领域中兴起的"学术史"研究范式。事实上，广义的"学术史"本身也包含了"史实"与"史论"两个维度。对于广告学而言，如同其他任何一门学科一样，其内容并不是随着人类的诞生而天然存在着的，是一代又一代的学人们创造性地为这个本来无意义的"能指"体系加入了越来越多的话语内涵，从而形成了今天的规模及其在学科格局中的合法性（尽管目前这种合法性还很边缘）。与此相类似的是，广告领域中"学术史"的写作也是一种全新的尝试。这一方面意味着本书的主要任务在于对于百年中国广告学术历程自身进行梳理并对广告学学科进行反思，但另一方面，本书也必须从元理论的高度，追问"学术史"研究作为一门学科或者一个研究领域其自身的研究范式和写作形态方面的问题。因此在结语中，笔者将在总结和梳理本书的主要结论及其局限的同时，结合这些成果进一步反思并补充阐述"学术史"的研究及写作自身的价值与合法性等相关论题。

第一节　本书的意义与贡献

经过一番梳理，我们见证了百年间中国广告学从无到有，从一个研究领域到一门学科的建立，的确取得了长足的进展。在广告基础理论研究和广告分支学科研究等领域取得了许多重要的学术成果，它们都成为中国广告学术史的组成部分；而广告学术与广告产业的良性互动的局面也已经初步形成。随着中国广告业的发展，中国广告学者在国际广告学话语场中也逐渐获得了重要的位置。

这种进展从整体上蕴含着中国广告学的学术源流这层"内在理路"。从中国传统学术的"目录学"方法开始,"辨章学术,考镜源流"(章学诚语)变成了历代学术史研究追摹的目标。但其实,承认了学术有"源"与"流"之分,就等于假设了不同的学派起源于一个或几个共同的源头。《庄子》杂篇中的《天下》,常被论者视为中国学术史上的第一篇文献。在其中,假托庄子的后学对"方术"与"道术"进行了区分,这自然有贬抑前者抬高后者的意味在里面。而在庄子的后学看来,"道术"的一个特点就在于"圣有所生,王有所成,皆源于一",只是因为"天下大乱,圣贤不明,道德不一",而使得"百家往而不反";"后世之学者,不幸不见天地之纯,古人之大体,道术将为天下裂"。但是问题在于,这个"源头"并不是一个自明的概念,它需要研究者的问题意识进行回溯性的梳理与建构。

如同一般人文社会科学领域很多学术史的研究者所看到的那样,学术史的主要任务——所谓"辨章学术,考镜源流,必然体现为一种"追根溯源"式的工作:虽然说没有"源"就没有"流",但是对于一个学科之"源"的确认,往往是后人追溯出来的结果。换言之,"源"是时间在先,但却不一定是逻辑在先。甚至从学术史的角度说,是先有对于"流"的体认,而后才由对于"源"的追溯。因此,古有"江西诗派"把自己的源头追溯到杜甫、黄庭坚等"一祖三宗",今有哲学家福柯甚至指出整个人类思想史上"权力"的无处不在,我们对于"古典"的很多常识竟然也是"建构"的结果。不过,无论是对于"源"的追溯还是对于"流"的体认,在学术建设的意义上都未尝不是一种划定学科边界,从而向未来展开的途径与方法。

所谓"源",意味着学术的渊源、源头,而所谓"流",自然是从"一"变为"多"的一个发展过程。这一提法的基本假设是,学术研究虽然不是一个"自古而然"的自命的本体,但是它的形成必然经过了一定的时间与积累,而在这一绵延至今的学术传统中,必然有一个逻辑的起点。明确甚至回溯、建构这一起点,都有利于我们加深对于广告学这门学科的历史感的认识和尊重。在《庄子·天下篇》这"第一篇学术史文献"中,庄子的后学指出:

> 圣有所生,王有所成,皆原于一。不离于宗,谓之天人。不离于精,谓之神人。不离于真,谓之至人。以天为宗,以德为本,以道为门,兆于变化,谓之圣人。……天下大乱,贤圣不明,道德不一,天下多得一察焉以自好。……悲

> 夫，百家往而不反，必不合矣！后世之学者，不幸不见天地之纯，古人之大体，道术将为天下裂。

这里强调"源"而贬抑"流"，似乎有一种"定于一尊"的霸道。但是，这种"原于一"的基本判断大体还是符合历史事实的。这里的"一"，可以理解为一种学术传统的逻辑起点，对于中国广告学来说，就是清末民初在西方经济学、工商管理学、心理学和新闻学等现代意义上的"西学东渐"的大潮中，对于"广告"这种现代文明的产物进行学理规训（福柯语）的"现代性"的产物。经济学、心理学和新闻学作为广告学的学术源头，已经成为广告学界的常识。[1] 中国广告学在80年代以来的复兴，一方面是因为辗转香港受到了西方广告学和新闻传播教育体制的影响，另一方面与中国广告学从20世纪初就开始发展建设的学术线索存在重要的历史联系。用美国学者余英时的话说，这种历史联系是学术发展的"内在理路"。如果不看到这种"内在理路"，人们很难对于中国广告学百年建立起清晰、完整的历史认识。我们没有理由像《庄子》那样要求所有的"流"都回归"源"才能达到学术上的正统，但是明确"源"，有利于我们完成一种现代目录学式"正本清源"的梳理——明确广告学自身的历史发展线索，立足学术传统，从而指向未来发展创造的一种努力。而未来的广告学研究，尤其应该重在着意培养"流"的分化与多元，从而基于历史，对那些有意义和价值的研究的走向进行后续的关注和把握。

所以，最终呈现于本书的这种"以学术源流（通史）为经，以学科建构（专论）为纬"的结构，试图通过历史和理论两个角度，以一种立体化的研究实践来解决从中国古代的"目录学"与"学案"体，到后来学术史研究中的"专题"与"通史"之争，这也是本书定名为《中国广告学术史论》的原因。这在打通中国广告学术史研究的"近现代"与"当代"的区隔、处理"新中国前三十年无广告学"等问题方面，是有一番积极的意义的。与此同时，它使得我们把广告学置于当代学术的领域中，反思广告学人在过去的一百年的学术历程中，在学科自身建设和回应学术界主流议题等方面所做出的一切努力。正是

---

[1] 参见 Anne C. Osboren, Jef I. Richards & Billy I. Ross 著，崔彤彦译：《当代广告教育的发展趋势分析》，载《广告研究》（即《广告大观·理论版》），2006年第3期。

这些努力，与广告学与业界的互动一起带动了中国广告学学科的建设。其实对于广告学这样一门复杂的、新兴的学科而言，在业界与学界其他领域中都需要得到认可，这两个方面缺一不可。以往我们常常注意到了广告学界在业界实务中的地位的提升，但是当我们把视角置入当代学术的主流时，我们才会发现广告学从一个研究领域到一门学科的建设的过程中，与其他学科的平等对话、从而跻身当代社会科学中的一个重要领域其实也构成了一种重要的工作。这就要求广告学者对学科自身学术史的研究和展开一种持续的学术批评与学科反思，从一门"学科"而不仅仅是"产业"的视角来对待广告学研究。

当然，此时我们并没有总结一种既成事实的轻松与愉快。相反，就现阶段的发展成果而言，与其他人文社会学科相比较，无论是在国内还是国外，广告学还显得十分"幼稚"，整个广告学自身可以进入当代学术主流、甚至对于整个人文社会科学领域的研究方法有所贡献的重量级研究成果还不多见。时至今日，广告学的定位仍然模糊而尴尬，甚至即便是在新闻传播学界内部，广告学也常常受到人们的诟病和忽视。解决这一问题，一方面，广告学界当然还需要在学术规范、学科体系、成果积累等方面付出很多的努力；另一方面，广告学人适时总结学科的进展、展开学术反思、主动梳理和输出自身的学术成果与贡献，就势必成为未来学科内部的一个前沿任务。从自身定位的模糊和边缘这一点上来看，广告学的学术价值也还没有得到学术界的普遍承认。这方面广告学者的工作还有很多，在这个意义上，本书的相关探索也仅仅是开端。

第二节　本书的局限与讨论

任何"当代史"的研究都是有局限的，本书当然也留下了诸多有待后续研究展开的问题。除去由于研究资源和精力的限制，本书没有完成原计划的两个"附录"，即"台湾地区广告学术发展"和"中美广告学研究比较"，在我看来，可能更值得重视的，是其中一些可能是对于任何学科的"学术史"研究都能够形成积极互动的对话的问题。这些问题既构成本书研究的限制，也是笔者和学界应该在今后的研究中重点关注的研究建议。这些思考主要集中在方法论的宏观层面。

首先，在结构体例上，本书是否厘清了"史"和"论"两部分之间的关系？

作为一部以《中国广告学术史论》命名的专著，本书包含"通史"和"专题"两部分内容。当然，无论是通史还是专题部分，在史料、方法、史实等方面，都有很多重合的地方。但所谓"通史"，也绝不是一部事无巨细的大事记那样简单，撰写通史很可能并不比从事自由度更高的专题研究更轻松——尤其是在广告学术史研究领域还没有任何通史教材可做"前车之鉴"的前提下。与此同时，所谓"专题"或者"问题"，也绝非仅仅用理论思辨取代历史的考证或梳理。那么，通史梳理如何和专题研究拉开距离？本书的做法是，在"通史"的部分，除了介绍学术的源头之外，特别着意于分期和此一分期内学术流变的整理面貌，对于相关细节问题不做过多地引申；而在"专题"的部分，则特别着意于理论思维与历史事实（学术史料）的相互参照，以及在历史分期的不同阶段对于同一问题不同或者近似的解决方案，以此来呈现"学科"意识建构的历史联系和整个过程，从而使全书的"史"与"论"两部分既相互联系，又有所区分。在本书的两个部分中，对于基本史实的重复有所删减，从而保证叙述的精练。当然，这种兼顾"史"与"论"的写作体例究竟是否可以为后人提供一个广告（乃至其他社会科学）学术史研究的基本框架，还有待于对于自身所使用的研究方法的不断打磨。

其次，在史料甄别上，本书是否不自觉地持有了一种"双重标准"？

笔者认为，甄别广告（乃至其他社会科学）学术史料的标准，似乎要比一般的人文学科更加困难。这是因为对于一般人文学科（包括文学艺术）而言，学术史上所留下来的，只能是那些经过时间的汰选、具有永恒的人文价值的内容。例如，今天人们写作哲学学术史，大可将冯友兰在"文革"期间所写作的大量作品排除在外。但是对于广告这样一门应用性的社会科学而言，对于其自身学术发展有价值的一些文字，很有可能只具有当时的"时代启蒙"的意义，而不具有永恒的学术价值。例如，今天没有人会把丁允朋的《为广告正名》看作一篇符合学术规范的论文，但是广告学术史却不能忽视这篇文章的意义与价值。因此在本书的写作中，笔者一方面要强调广告基础理论研究的意义，并且蕴含着倡导"广告研究学术规范化"和"广告学学科建设"的愿景，因此必须常常刻意地区分一般谈论感想和实务的文字，与具备理论形态和学术规范的"广告学"文章之间的差别；但是在另一方面，笔者又不得不肯定一些

"速朽"的实效性研究在当时广告产业中的价值,并且给予他们确切的学术史的定位。也许这只是广告学这门学科在草创时期才会出现的问题,它完全有可能随着学术规范化的建设而得到根本的改变,但是至少还是向本书的读者提供了一个似乎有些矛盾的判断:一方面,当然是那些具备理论形态的文字才算严格意义上的广告学术,但是,我们也必须肯定一些感想性质、但确回应了当时广告业的问题的文字也同样具有学术史的地位和价值。

再次,在具体评价中,本书是否常常滑入一种一般学术史著作常见的"简单的评价"?

把学术史写成一种"简单的评价",是当今中国各个领域学术史研究中都容易发现的一种典型的弊端。具体地说,无论是"学案体"还是"通史式"的学术史,由于书中每一位具体学者的个案或者对某一时期研究的概述篇幅有限,所以几乎是不可避免地带来一些浅尝辄止的评论。其具体表现是,著者在夹叙夹议的同时,必须通篇不断地在对研究对象的思想作出简要描述之后使用"在今天看来……仍然具有很高的学术水准和价值";"对于我们今天也不乏深刻的启示";"今天,我们阅读半个世纪以前的这些文字,不禁有……之感"等等这样一些缺乏理论深度和实际意义的句式。[1]这种"转述+简评"时的写作方式的频繁使用,就暴露出这一存在于整个"学术史"写作中的典型问题。这固然与著者材料占有的不完全有一定关系,但也向我们提出了"学术史"这种体例所极容易滑向的一种简单化的写作模式。这也难怪陈平原多次指出"学术史"研究的一种危险,就在于简单的臧否,从而使得研究者对于前辈学者缺乏一种"了解之同情"。在本书写作中,由于篇幅的限制或者一些可能的资料的局限,甚或是受制于体例和篇幅的局限,是否也常常仅停留在这一点而没有深入展开?可以说,本书是一个起点而不是终点,广告学术史的课题,还需要今后在此基础上通过一系列后续的专题研究不断加以深化。

最后,在价值标准上,本书是否同样陷入一种三段论式的"进化论史观"?

也许停留在当下,我们不会提出这样的问题,但是,倘若把笔者的这番研究放在十几年甚至几十年的历史长河之中审视的话,这就成为一个不得不思考

---

[1] 参见章启群:《百年中国美学史略》,北京大学出版社,2005年。

的问题：那就是在当今很多学术史研究的著作（包括本书）中，常常持有一种"三段论"式的学术史观，其具体表现正如刘士林所说："它们一般都把新中国建立前称为创立期或发生阶段；把新中国建立到 70 年代初看作发展期或徘徊期；然后再把本世纪 [指 20 世纪——引者注] 后二三十年看作各种学科的鼎盛期或者辉煌期。尽管 20 世纪的学术史研究异常丰富，但其逻辑结构都严格遵循着这个'三段论'。这是中国当代学术史撰写中最基本的叙事方式。……以进化论为核心的现代中国学术史观，先验地决定了不同的观念、范畴、理论以及不同流派之间在逻辑与价值上的深刻矛盾，它断绝了不同理论之间的对话与交流的知识渠道，也就人为地中止了学术本身的健康成长。"[1] 应该说，且不说刘士林对于"进化论史观"的滑坡式评价是否公允，就其所发现的中国当代学术史研究领域的这一"人云亦云"的现象的观察而言，还是非常深刻的。在本书中，笔者通过对于 20 世纪上半叶广告学术的梳理和彰显，以及对于"新中国前三十年"广告研究的解读和发现，都隐含着避免滑落到一种简单的三段论式的警觉。然而，不同于刘士林所概括的现象的是，笔者并不认为当今是中国广告学的"辉煌期"或者"鼎盛期"，眼下充其量还只是一个"辉煌期"或者"鼎盛期"的前奏。不过，在行文中我无法否认中国广告研究在一个世纪以来，尤其是近三十年来线性的进展。对此，本书是否会引发刘士林所预言的那一系列的"连锁反应"，也还是一个有待后来的论者对本书加以反思和批评的地方。

第三节 本书的方法论反思

在国内文学研究领域较早倡导"学术史"研究范式的北大教授陈平原多次在著作中表示，尽管他本人已经在北京大学为研究生开设了多轮的"中国现代学术史"专题课，但仍然不敢贸然写成专著。[2] 以陈平原教授的"才胆识力"尚且如此谨慎，更加证明了完整意义上的学术史写作的难度。在人文学界尚且

---

[1] 刘士林：《先验批判——20 世纪中国学术批评导论》，第 67、104 页，上海三联书店，2001 年。
[2] 参见陈平原主编：《中国文学研究现代化进程二编·后记》，北京大学出版社，2005 年；陈平原主编：《学术史：课程与作业——以"中国现代文学学科史"为例》，合肥：安徽教育出版社，2007 年。

如此的情况下，这部以"中国广告学术史论"作为标题、隶属"学术史"范畴的专著，是怀着被指责为"大而无当"、"抢占选题"之类的顾虑的（当然如果在高校或研究生院开设的同名课程则不在此列）。那么，我们在广告应用性实务研究占据主流格局的广告学界，进行这样一番基础性、包含历史和理论两个维度的"学术史"研究，其意义与合法性究竟何在？

当然，首先是广告学学科反思和学术史在当下广告学界的重要意义。但是为了从方法论层面回应这个问题，笔者必须首先暂时搁置有关"广告学"的议题，而重新回到整个中国人文社会科学领域在最近一段时间内所发生的某种变化。尤其是自从上世纪90年代初《学人》丛刊的"发凡起例"之后，"学术史"研究逐渐由隐而显，并且经历了从大的"人文学"背景中的通史到不同人文、社会学科各自内部20世纪以来的研究历程的转变。这股"学术史"热在世纪之交借"百年"之名更是达到一个高潮。根据笔者的观察，尽管已经有中国古代目录学的积累以及梁任公、钱宾四等前辈学者的研究实践，但近年来"学术史"的研究在中国学界的兴起，则与一些特定的背景密不可分。

首先，是发生在中国大陆知识分子集体记忆之中的"从思想到学术"的转向。1990年以来的中国人文社会科学知识分子，"介入政治"的时代议题和激情已经日趋消弭，知识分子越来越明白自身所能够坚守的价值，并不在于对于宏大问题的发言，而在于对于"纯学术"问题的某种持守。哲学家李泽厚曾用"思想家淡出、学问家突显"来概括中国上世纪八、九十年代之交的"学术转型"。根据亲历这一知识分子"从思想到学术"的精神历程的陈平原等人的倡导，学术界开始了自身"学术史"研究的第一轮热潮。套用一个有些枝蔓但也很能说明问题的句式，从事学术史的研究，既有"时风转换"这样的时代背景的外在原因，也蕴含了"对于社会上空疏学风的不满和反叛"（陈平原语）的这样一层"内在理路"。但毫无疑问的是，这两者是联系在一起，而并非割裂开来的。抛开这样一层背景来鼓励地看"学术史研究"，你很难进入中国知识分子的心路历程中去，也很难明白八、九十年代之交"学术史研究"异军突起的内在原因。

然而，八、九十年代之交关于"学术史"的讨论，常常是"别有幽怀"，也就是说，其实这一时期的学术史研究，除了在《学人》等同人辑刊上集中出现了几组关于"学术规范与研究方法"笔谈的文章之外，主要的研究成果还是集中在对于晚清、民国时期的"近现代"而不是"当代"的学术史研究之中，其中一个有典型意义的代表性成果，就是陈平原的《中国现代学术之建立——以章太炎、胡适之为中心》。[1] 这当然与研究者以往的学术背景和个人的思路有关，但我更愿意把它解释为一种时代的"症候"。无论如何，在这一阶段（90年代初期）还没有诞生一种写作"百年学术通史"的客观环境。为此，我们还必须追溯到"学术史"在中国成为"显学"的另外一层背景，也就是所谓中国学术的"世纪大盘点"。

之所以把中国学术界此次学术史研究的小高潮称作"世纪大盘点"，是因为其发生时间集中在1999年以来的几年间，学术界的各个人文社会科学领域，都不约而同地涌现出一批题为《中国××学百年》的著作或文章，通过分期、学案、主题、思潮演进等等不同写作方式，以此来反思此一学科在一个世纪以来所发生的进展，这是因为中国很多现代意义上的"学科"，都是从晚清的时期经由泰西或日本传入的，到此正好是一个世纪之久（由于学术生产和出版的滞后性，这一时期内很多著作都是从1999年前后酝酿写作计划，但到了21世纪的最初几年才陆续面世的）。这些专著或文章无论采用什么样的写作方法，都大有"通史"的豪情和气势。这一时期诞生的学术史研究成果，除了大量独立的专著之外，还有"二十世纪中国人文学科学术研究史丛书"（楼宇烈主编，福建人民出版社陆续出版）等系列性的著作。

可是"世纪之交"这个时间节点毕竟太匆匆，太短暂，许多没有赶上这次"世纪大反思"的写作和出版计划只能"胎死腹中"。好在在此之后，我们紧接着迎来了"改革开放三十年"和"建国六十年"这样两个关键的契机，从而把很多人从事学术史研究和写作的热情接续了起来。所以，一时间，学术界有涌现出很多"中国××学三十年"乃至"中国××研究六十年"一类的著作。[2] 并且，与八、九十年代之交的第一轮学术史写作的热潮不同，这次研究的主体，不再是经历了"书斋转向"的个体知识分子，而很多是"国家项目"、

---

[1] 陈平原：《中国现代学术之建立——以章太炎、胡适之为中心》，北京大学出版社，1998年。值得说明的是，该书的部分主要章节，系完成于20世纪90年代初期，并通过《学人》辑刊首先发表。

[2] 这方面的代表性的成果，包括苏力、陈春声主编的"中国文化论坛"丛书《中国人文社会科学三十年》，北京：生活·读书·新知三联书店，2009年；邓正来、郝雨凡主编《中国人文社会科学三十年：回顾与前瞻》，上海：复旦大学出版社，2008年；余三定主编《当代学术史研究》，北京：人民出版社，2009年等。

"重点课题"甚至"献礼工程"。但总的说来，这还只是第二次小高潮的一个余波。

对比来看，中国广告学界在学术史的研究方面还是滞后于其他人文社科领域的发展的。在第一次小高潮中，"广告学"由于自身正在从一门尚没有被完全"正名"的"隐学"转变成一门"显学"的过程之中，显然人们没有太多的余暇顾及这个不太产生价值的"学术史"研究领域，因此在八、九十年代之交的学术史研究热潮中，基本上没有出现广告学人的身影，这一点不足为奇。在"世纪之交"的"百年回眸"的热潮中，广告学人依然没有发出太大的声音，没有出现一本广告学的学术史专著，而只是出现了几篇零散的文章，其中以陈培爱的《20世纪中国广告学理论的发展》一文最为系统。[1] 这或许是"广告学"这门"三级学科"尚没有受到整体重视的原因。但是，随着广告产业的迅速扩展，广告学人也搭上了学术史研究的"末班车"，2008－2009年前后，随着"三十年"这个关键的时间节点的提出，"中国广告学三十年"也随着"中国广告三十年"口号的提出从而成为一个广告学人关注的焦点。其中，陈培爱主持的2008年中国广告协会学术委员会年会的主题，就是"中国广告理论探索三十年"。[2] 显然，相对于"六十年"和"一百年"，改革开放以来的这"三十年"对于中国广告乃至中国广告学的关系更为"顺理成章"。

因此我们必须面对的一个问题就是，当学术史研究失却了学者需要"从思想到学术"、"退回书斋"或者"批判空疏学风"这样几个原因和背景，以及"一百年"、"三十年"、"六十年"这样几个关键的时间节点一一过去、并且在不是任何"纪念日"的此时，我们进行一种"纯粹的"学术史研究的意义究竟何在？换言之，它是否还具有一种起码的"合法性"？

对这一问题笔者自然是持肯定的答案的。本书中的文字最早构思于2002年，而"中国广告学术史论"选题的想法，则是在2004年前后就已经形成的。最初，这固然与笔者在90年代中后期进入学术界有关，当时曾亲身经历的中国学术史的"退回书斋"和"世纪反思"不可能不对笔者的思路形成某种影响，但是，对广告学术史研究之于广告研究格局的意义的思考，并且意识到

---

[1] 陈培爱：《20世纪中国广告学理论的发展》，载《厦门大学学报（哲学社会科学版）》，1999年第4期。
[2] 陈培爱主编：《中国广告理论探索三十年》，厦门大学出版社，2009年。

这种工作必须通过专著的规模来开展，确乎是最为根本的动力。并且更重要的是，21世纪以来学术界陆续推出并且形成一个小高潮、目前进入相对稳定时期的各个学科（自然包括新闻传播学和广告学在内）的学术史著作，都为本书的写作提供了成败得失的基础和鉴戒。因此，本书可以放弃"大事记"、"研究综述"或"百年通史"这样的"宏大叙事"，也暂时搁置作为一个个时间段落序列的"新中国成立后"或者"改革开放以来"这样"断代史"的简化，而是直面中国广告学的学术源流与学科建构，把一个个具体的问题，贯穿于中国广告学整体演进的内在理路之中，成为笔者对于本书的基本预期。

学术史的研究一方面有独立的意义和价值——探索广告学术史这门学科自身的研究方法和学术范式，进而以整合了人文学科和社会科学广告学术史作为一个个案，来透视整个中国人文与社会科学百年学术历程的一个独特的视角；但在现阶段，笔者更看重历史感的养成对于未来广告学研究实务的建设性意义。在广告学学科格局的建设越来越完备的今天，广告学的硕士、博士研究生是否建立起良好的学术史意识，是否具有历史的视野和对于全局的观照，已经成为一个问题被摆在了我们的面前。如同陈力丹指出新闻学界的情况时说："年轻一代的论文引证的内容，一般只追溯到90年代中后期，整个70－80年代[甚至更早——引者注]的新闻学、传播学研究成为一代新学人记忆的空白。他们重复了太多那个时代已经研究过的话题，还误以为是创新。"[1]对于本学科自身学术史的梳理，确乎应该成为广告学以一门独立的社会科学的姿态呈现在学术界之前的一种必要的工作。

"学术史"的研究和梳理，是我们今天在前人基础上展开进一步研究的重要基础和根基。无论是在进行一项具体入微的专题研究，还是构思中国广告学的学科建设之类的鸿篇巨制，都需要以本课题的"文献综述"作为入手点。可以说，"学术史"既是一项基本的"学术训练"，也是广告学术研究得以展开的重要基础。本书也仅仅是从历史和理论两个维度积累史料并进行初步的研究，意在提出中国广告学术史写作的一种可能性。而在当前中国广告学科提出向纵深化建设发展要求的同时，由学界同仁合力梳理出一部涵盖本学科百年研究与学科建构历程的"学术史"，似乎显得尤为必要。无论如何，学术界此前

---

[1] 陈力丹主编：《不能忘却的1978－1985——我国新闻传播学过刊》，北京：人民日报出版社，2009年。

的几轮学术史研究的高潮,为本书的诞生提供了必要的参照系和借鉴。在八、九十年代之交的学术史研究中,主要由人文学科领域的学者们所奠定的"个案"或"专题(问题)式"的写作框架,以及在"世纪大盘点"中主要由社会科学领域的学者们所使用的"通史"意识,都为本书所承袭和借鉴。这得以使笔者的研究,既避免了个案式专题研究之"见树不见林"的弊端,也避免了通史之"事无巨细"、"缺乏问题意识"的指摘。这就是本书从事这样一种"长时段"的学术史研究的必要性之所在。

当然,一门学科是否成熟,是否受到人们的普遍尊敬,不是取决于它的研究对象或者研究领域这些先天性的问题,而是取决于在这个领域中究竟诞生了多少受人尊重的学术成果,对于广告学来说也不例外。笔者坚信广告学领域会在未来不断诞生优秀的学术成果,并且以广告这种研究对象自身的复杂性对整个人文社会学科的方法论做出独特的贡献,最终成为当代学术中的一个重要门类。因此,我们的这番研究只能是一种阶段性的发现和及时的总结,它更多地指向未来的建设而不是一种"盖棺论定"式的"评语"。这样看来,仅有不到百年历史的中国广告学还处在学科建构的初级阶段,处在21世纪第二个十年,我们相信中国广告学还在不断的变动和发展过程中,它的未来还有无限的空间和可能。本书的相关研究,也因此就在某个特定的历史阶段,构成了中国广告学术研究自身的一个必要的组成部分,以及广告学学科建设进程中某种值得关切的现象。

主要参考文献

第一部分：专著

陈昌凤：《中国新闻传播史：传媒社会学的视角》（第二版），北京：清华大学出版社，2009。

陈刚主编：《当代中国广告史（1979—1991）》，北京大学出版社，2009。

陈力丹：《不能忘却的1978—1985——我国新闻传播学过刊》，北京：人民日报出版社，2009。

陈培爱：《中外广告史》，北京：中国物价出版社，1997。

陈培爱主编：《中国广告理论探索三十年》，厦门大学出版社，2009。

陈平原：《学术史：课程与作业》，合肥：安徽教育出版社，2007。

陈平原：《中国现代学术之建立——以章太炎、胡适之为中心》，北京大学出版社，1998。

陈向明：《质的研究方法与社会科学研究》，北京：教育科学出版社，2000。

戴锦华：《隐形书写——90年代中国文化研究》，南京：江苏人民出版社，1999。

邓正来：《关于中国社会科学的思考》，上海三联书店，2000。

邓正来、郝雨凡主编：《中国人文社会科学三十年：回顾与前瞻》，上海：复旦大学出版社，2008。

邓正来主编：《中国学术规范化讨论文选（修订版）》，北京：中国政法大学出版社，2010。

丁俊杰、杨福和主编：《见证——中国广告三十年》，北京：中国传媒大学出版社，2009。

丁文江、赵丰田：《梁启超年谱长编》，上海人民出版社，1983。

丁馨伯：《广告学》，上海：立信会计图书用品社，1944。

樊志育：《广告效果研究》，北京：中国友谊出版公司，1995。

方汉奇主编：《中国新闻传播史》，北京：中国人民大学出版社，2004。

冯鸿鑫编：《广告学》（中华文库·初中第一集），上海：中华书局，1948。

高伯时：《广告浅说》（民众商业丛书），上海：中华书局，1930。

戈公振：《中国报学史》，上海：商务印书馆，1927。

国际广告杂志社、北京广播学院广告学院、IAI国际广告研究所:《中国广告猛进史:1979—2003》,北京:华夏出版社,2004。

何嘉:《现代实用广告学》,上海:中国广告学会,1931。

洪子诚:《问题与方法——当代中国文学史研究讲稿》,北京:生活·读书·新知三联书店,2003。

黄升民、丁俊杰、刘英华:《中国广告图史》,广州:南方日报出版社,2006。

黄勇:《中外广告简史》,成都:四川大学出版社,2003。

蒋裕泉:《实用广告学》(新学制高级商业学校教科书),上海:商务印书馆,1926。

蒯世勋:《广告学ABC》,上海:世界书局,1928。

李彬:《中国新闻社会史》,北京:清华大学出版社,2007。

梁启超:《中国历史研究法》,上海文艺出版社,1999。

林呈绿等:《台湾广告50年:23个关键时间点》,台北:台北市广告公会,2009。

林振彬编:《近十年中国之广告事业》,上海华商广告公司,1936。

刘葆儒:《广告学》,上海:中华书局,1932。

刘家林:《新编中外广告通史》,广州:暨南大学出版社,2000。

刘士林:《先验批判——20世纪中国学术批评导论》,上海三联书店,2001。

卢山冰:《中国广告产业发展研究——一个关于广告业的经济分析框架》,西安:陕西人民出版社,2005。

鲁曙明、洪浚浩主编:《西方人文社科前沿书评——传播学》,北京:中国人民大学出版社,2005。

陆梅僧:《广告》(新中学文库),上海:商务印书馆,1940。

罗宗善编著、徐国桢校订:《广告作法百日通》,上海:世界书局,1933。

马谋超:《广告心理——广告人对消费行为的心理把握》,北京:中国物价出版社,1997。

钱理群:《返观与重构》,上海教育出版社,2000。

屈建民、黄升民、丁俊杰、罗贵生:《中国广告20年》,北京:武警音像出版社,2001。

如来生:《中国广告事业史》,上海:新文化社,1948。

苏力、陈春声主编:《中国人文社会科学三十年》,北京:生活·读书·新知三联书店,2009。

苏上达编:《广告学概论》(万有文库第一集:商学小丛书),上海:商务印书馆,1931。

苏上达编:《广告学纲要》,上海:商务印书馆,1930。

孙顺华:《中外广告史》,济南:山东大学出版社,2005。

孙孝钧:《广告经济学》,南京书店,1931。

唐忠朴、姜弘主编:《当代北京广告史》,北京:中国市场出版社,2008。
王贡三:《广告学》(高级中学商科教本),上海:世界书局,1933。
温儒敏等:《中国现当代文学学科概要》,北京大学出版社,2004。
翁秀琪主编:《台湾传播学的想像(上、下册)》,台北:巨流图书公司,2004。
吴琼、杜予编:《形象的修辞——广告与当代社会理论》,北京:中国人民大学出版社,
    2005。
吴铁声、朱胜愉编译:《广告学》(部定大学用书),上海:国立编译馆、中华书局,
    1946。
现代广告杂志社:《中国广告业二十年统计资料汇编》,北京:中国统计出版社,2000。
肖东发、邓绍根编:《邵飘萍新闻学论集》,北京大学出版社,2008。
肖东发、邓绍根编:《徐宝璜新闻学论集》,北京大学出版社,2008。
徐培汀:《中国新闻传播学说史 1949－2005》,重庆出版社,2006。
许俊基:《中国广告史》,北京:中国传媒大学出版社,2006。
杨海军主编:《中外广告史》,武汉大学出版社,2006。
叶心佛:《广告实施学》,上海:中国广告学社,1935。
余虹、邓正强:《中国当代广告史》,长沙:湖南科学技术出版社,2000。
余三定主编:《当代学术史研究》,北京:人民出版社,2009。
袁军、龙耘:《传播学在中国——传播学者访谈》,北京广播学院出版社,1999。
张金海:《20世纪广告传播理论研究》,武汉大学出版社,2002。
张树庭:《广告教育定位与品牌塑造》,北京广播学院出版社,2005。
张毓强主编:《传播学十年:阐释与重构(1998－2008)》,北京:中国传媒大学出版
    社,2010。
章启群:《百年中国美学史略》,北京大学出版社,2004。
赵君豪编:《广告学》(申报新闻函授学校讲义之十),上海:申报新闻函授学校,
    1935－1936。
郑保卫主编:《新时期中国新闻学学科建设三十年》,北京:经济日报出版社,2008。
郑自隆:《广告与台湾社会变迁》,台北:华泰文化,2008。
中国广告协会编:《中国广告三十年大事典》,北京:中国工商出版社,2009。
中国广告协会学术委员会:《广告真实性论文集——1995全国广告学术研讨会论文选》,
    北京:中国广播电视出版社,2005。
祝帅:《设计观点》,沈阳:辽宁科学技术出版社,2010。
祝帅:《中国文化与中国设计十讲》,北京:中国电力出版社,2008。

Anders Hansen (ed.), *Mass Communication Research Methods*, London: SAGE,
    2009.

Jing Wang, *Brand New China-Advertising, Media and Commercial Culture*, Harvard University Press, 2008.

John Hartley (ed.), *Creative Industries*, Oxford: Blackwell Publishing, 2005.

[澳] 约翰·哈特利等:《传播及文化研究主要概念》, 杨祖珺译, 台北: 远流出版公司, 1997。

[法] 迪尔凯姆 (涂尔干):《社会学方法的规则》, 胡伟译, 北京: 华夏出版社, 1999。

[法] 福柯:《知识考古学》, 谢强、马月译, 北京: 生活·读书·新知三联书店, 1998。

[美] The system company 著、甘永龙编译:《广告须知》(商业丛书第一种), 上海: 商务印书馆, 1918。

[美] W. D. Scott 著、吴应图译:《广告心理学》, 上海: 商务印书馆, 1926。

[美] 艾尔·巴比:《社会研究方法》(第10版), 邱泽奇译, 北京: 华夏出版社, 2005。

[美] 丹尼尔·贝尔:《当代西方社会科学》, 范岱年等译, 北京: 社会科学文献出版社, 1988。

[美] 华勒斯坦等:《开放社会科学》, 刘锋译, 北京: 生活·读书·新知三联书店, 1997。

[美] 杰克逊·李尔斯:《丰裕的寓言——美国广告文化史》, 任海龙译, 上海人民出版社, 2005。

[美] 托马斯·库恩:《科学革命的结构》, 金吾伦、胡新和译, 北京大学出版社, 2003。

[美] 威廉·阿伦斯:《当代广告学》(第7版), 丁俊杰等译, 北京: 人民邮电出版社, 2005。

[日] 井关十二郎著、唐开斌译:《广告心理学》(商业丛书第十种), 上海: 商务印书馆, 1925。

[英] 彼得·伯克:《历史学与社会理论 (第二版)》, 上海人民出版社, 2010。

[英] 查尔莫斯:《科学究竟是什么 (第三版)》, 北京: 商务印书馆, 2007。

[英] 罗宾斯:《经济科学的性质和意义》, 北京: 商务印书馆, 2000。

第二部分: 论文

陈刚:《当代中国广告研究方法的三个问题》,《中国广告》, 2006年第7期。

陈刚:《自觉与反思: 对中国广告学研究方法的分析与思考》, 程曼丽主编《北大新闻与传播评论》第二辑, 北京大学出版社, 2006。

陈刚:《自觉与反思: 广告业与广告研究新的主题》,《广告研究》(即《广告大观·理论版》),2006 年第 3 期。

陈培爱:《20 世纪中国广告学理论的发展》,《厦门大学学报(哲学社会科学版)》,1999 年第 4 期。

方东:《关于广告批评基本问题的理论思考》,《内蒙古社会科学(汉文版)》,2002 年第 11 期。

郭瑾:《民国时期的广告研究及其当代意义》,《广告研究》(即《广告大观·理论版》),2006 年第 6 期。

胡晓云:《现代中国广告学理论研究历程及现状》,《现代广告》,2005 学刊。

黄升民:《转型、聚合与创新——广告教育和广告研究的任务》,《广告研究》(即《广告大观·理论版》),2006 年第 3 期。

黎明:《广告学学科建设与学术规范化》,《广告研究》(即《广告大观·理论版》),2005 年第 5 期。

刘泓:《广告学"学科规训"及其知识谱系》,《新闻大学》,2006 年第 2 期。

乔均、程红:《美国广告教育的历史变迁及现状分析》,《中国广告》,2007 年第 12 期。

杨海军:《论广告学的学科归属》,《河南大学学报(社会科学版)》,2001 年第 1 期。

杨海军:《论广告学学科建设与研究生培养》,《新闻界》,2005 年第 3 期。

姚曦、李名亮:《我国广告学学科现状与发展的思考》,《现代广告》学刊,2003。

于静:《中国广告学术发展研究——1989－2003 年广告期刊、论文统计分析》,东北师范大学情报学硕士论文。

张殿宫:《广告文化批判研究范式探析》,《学术论坛》,2003 年第 4 期。

张殿元:《批判研究:广告文化传播的另类解读》,《现代传播》,2004 年第 5 期。

张金海、姚曦、张亚萍:《民国时期广告学术风貌初探》,《广告教育定位与品牌塑造》第九章,中国传媒大学出版社 2006。

祝帅:《中国大陆艺术设计理论二十年反思》,《美术观察》,2002 年第 9 期(全文转载于中国人民大学复印报刊资料《造型艺术》,2003 年第 1 期)。

Anne C. Osboren, Jef I. Richards, Billy I. Ross, *An Analysis of Development Trends in Modern Advertising Education*(崔彤彦译《当代广告教育的发展趋势分析》),《广告研究》(即《广告大观·理论版》),2006 年第三期。

John C. Schweitzer, *The Growth of Advertising Education in the United State*(李世凡译《美国广告教育的发展研究》),《广告研究》(即《广告大观·理论版》),2006 年第三期。

第三部分：期刊

《北大新闻与传播评论》辑刊，程曼丽主编，北京大学出版社。

《大公报》，天津：大公报馆。

《东方杂志》，上海：商务印书馆。

《广告大观》杂志，南京：江苏广播电视总台。

《广告学报》辑刊，陈培爱主编，厦门大学出版社。

《广告学研究》杂志，台北：政治大学传播学院。

《广告研究》杂志（即《广告大观·理论版》），北京大学现代广告研究所。

《国际广告》杂志，北京：中国商务广告协会。

《国际新闻界》杂志，北京：中国人民大学新闻学院。

《美术观察》杂志，北京：中国艺术研究院。

《美术》杂志，北京：中国美术家协会。

《清议报》，横滨：新民社。

《申报》，上海：申报馆。

《现代传播》杂志，北京：中国传媒大学。

《现代广告》杂志，北京：中国广告协会。

《心理学报》杂志，北京：中国科学院心理研究所。

《新闻与传播研究》杂志，北京：中国社会科学院新闻研究所。

《营销科学学报》杂志，北京：清华大学经济管理学院。

《中国广告学报》杂志，台北：中国文化大学新闻暨传播学院。

《中国广告》杂志，上海：中国广告杂志社。

《装饰》杂志，北京：清华大学美术学院。

后 记

2006 至 2010 年，笔者从此前就读并任教的中央美术学院考入北京大学新闻与传播学院攻读传播学博士学位，为的是突破此前单一的人文学科背景，通过系统的社会科学训练更新自己的知识结构，从而拓展美术研究的学术视野。现在看来，这个目标已经初步达成。在北大读博的四年间，除了出版两部设计方面的专著（《中国文化与中国设计十讲》、《设计观点》）、翻译两部文学艺术类的原著（《流派·艺术卷》、《智慧文学》）之外，笔者的学术研究还经历了社会科学的转向，对于美术和设计问题的观照从过去的史论与批评转向产业实务与实证研究，并且逐渐意识到国内的美术研究领域在艺术市场和文化创意产业兴起的大背景下，很可能要经历一场重要的学术转型。

由于学术兴趣的分散，笔者的研究领域一直在"跨界"的游移之中，但上述学术思路的转换，则贯穿于近年来所涉足的各个学科门类。本书即是笔者自从 2002 年以来在广告学领域中所展开的系统性思考。对于笔者个人而言，它的一端链接起在广告学领域具体的个案研究，另一端则链接起对于 20 世纪中国学术史问题的整体思考。因此，它同时反映出笔者对广告学这一个学科门类自身独特性的观察，以及对"学术史"这种体例的偏爱。需要说明的是，在笔者的研究实践中，设计研究与广告研究虽不乏关联，但却是学科特点不同的两个领域，因此本书对于中国设计学术史议题未作展开，相关成果将体现在笔者其他的专著中。

如果没有中国国家图书馆、北京大学图书馆、中国人民大学图书馆、南京图书馆、上海图书馆、浙江图书馆、香港中央图书馆的丰富收藏和相关工作人员的热心服务，本书的资料收集工作是无法顺利完成的。资料收集过程中，正值各收藏机构对其民国文献进行"数字化"整理。本书尚未能完全享用到这些数字资源，而更多是通过检索书籍或报刊原件、影印本或查阅缩微文献胶片所得，沧海遗珠之憾在所难免。相信随着民国文献电子全文检索系统的建立和完善，一定会给日后的研究者提供更加优越的条件。此外，文中的部分章节，曾作为独立的论文发表在《新闻与传播研究》、《国际新闻界》、《美术观察》、《文艺研究》、《广告研究》、《复印报刊资料》等刊物，或在国际国内多种学术研讨会上作为会议论文提交，但均未收入此前笔者的其他专著或文集。在此谨向以上图书馆和刊物表示感谢。

成为陈刚教授指导的第一届博士，笔者深感荣幸，本书中的许多观点正是在他的影响与启发之下形成的，其中个别段落也取自与导师联合署名发表的文章。本书的出版也凝聚着北大出版社高秀芹老师和好友黄敏劼的心血。写作过程中还有幸得到方汉奇、洪一龙、姜弘、吕品田、徐泓、程曼丽、陈昌凤、何洁、黄升民、倪宁等专家学者的关怀指导，以及好友李彪、郭瑾等不同程度的帮助。借此机会，也向诸位师友、家人、学生，以及笔者的工作单位中国艺术研究院和美术观察杂志社的同仁一并致以衷心谢忱！

作　者

2013年2月于北京